JN401400

The_encounter_with_God

내가 만난 하나님

| 이소평 지음 |

내가 . 만난 . 하나님 . 그리고 . 그 후

러빙터치

The Encounter with God

_Reminiscing about the road map of
the 40-year ministry.

Jesus Loving Touch Press Printed in Korea
Korean Version Published June 15. 2021.

Author-Korean *by* Lee, So-Pyeong
Publisher-Korean Version Soo. Y. Pae D.G.Miss.
Editorial and publication-Jesus Loving Touch Press

Publication Registration
25100-2016-000073(2014.2.25.)
17 (Jugong Apart 1709-203), Deongneung-ro 66-gil,
Dobong-gu, Seoul, Korea
010-3088-0191/ E-mail: pjesson02@naver.com

Requests for information should be addressed to:
Author Contact : Lee, So-Pyeong
Cell. Phone : 010-6732-1003
Tel. : (02) 487-0087

Managing Director(Pastor)
New Life Gospel Missionary Society
Woosung Petite officetel 10th floor *No.* 1004
10-8, Seochojungang-ro 5-gil, Seocho-gu, Seoul, Korea

지금까지 다섯 권 분량의 저술 작업과
사십 년이 으스하게 넘어가는 나의 목회 여정에서
하나님이 내게 주신 비전, 은혜, 체험을 쓰려면
그래도 한 권의 책으로는 부족하다고 고백해 본다
가능한 솔직하고 정확하게 최선을 다하여
믿음과 삶의 현장에 부름받은 사랑하는 동역자에게
넉넉한 위로가 되고 딱 맞는 자료가 되도록
'내가 만난 하나님 그후'로 선을 보인다

서 문

십 년이면 강산도 변한다는 말이 있는데 필자는 "너는 정치로 네 민족을 구하려 하지 말고 내 복음으로 네 민족을 구하라!"는 사명을 받고 43년을 수년처럼 4개 성상을 오직 한국교회를 살려서 복음통일을 이루어야 한다는 일념으로 앞만 보고 달려왔습니다. 하지만 이제는 남은 생애가 얼마 남지 않았다는 절박감이 무게를 더하고 있습니다.

사람은 누구나 다른 사람의 잘못은 비판하고 지적하기는 쉬워도 자신의 잘못은 인정하고 반성하는 일은 쉽지 않습니다. 그럼에도 다섯 번째 책을 출간하게 된 것은 "알아서 가르치는 것이 아니라 배우면서 가르친다"고 고백한 어느 학자의 고백같이, 이 글을 쓰은 것은 완벽해서가 아니고 글을 쓰지 않으면 안 된다는 책임감과 내 조국과 한국교회를 아끼고 사랑하는 열정 때문이라고 할 수 있습니다.

21세기를 항해하는 오늘의 '한국 호'는 나침반이 고장 나서 방향감각을 잃고 있으며, 사공은 많으나 유능한 선장은 찾아보기 어려운 위기를 맞이하고 있는 실정입니다. '내가 아니면 안 된다'는 소위 국가경영의 자칭 지도자는 많으나, 실은 주체성도 역사성도 다 팔아먹은 소인배들이 부동산 투기꾼처럼 모여들어 오합지졸을 이루고 있습니다. 교계는 신성한 주님의 몸된 교회를 기업화(企業化) 내지는 사유화(私有化)하고 있는 위기에 처해 있습니다.

지난 반세기 동안 고난의 역사 속에서 순교적 삶을 살았던 초대교회 목회자와 성도, 피땀 위에 세워진 한국교회가 지금에 와서 신앙과 교회의 본질을 망각한 채 세상에 대하여 할 말을 잊고 있습니다. 시간이 지날수록 분열만 거듭하면서 어찌 침묵만 지키고 있을 수 있습니까?

"내가 만난 하나님"을 저술하면서 …

우리 모두는 한배를 탄 공동 운명체이며 한몸 된 지체들입니다. 그러기에 우리는 분란과 분열의 상처를 더 이상 방치하지 말고 서로 용서하고 힘을 모아 이 국난과 위기를 대화로 풀어나가야 하겠습니다. 사람이 너무 기쁠 때는 웃음보다 울음이 먼저 터지기도 합니다. 필자는 한국교회를 너무 사랑하기 때문에 듣기 좋은 말 대신, 나 지신을 쳐서 훈육하는 심정으로 한국교회 앞에 감히 이 글을 내놓습니다.

돌이켜보면 지금 이 시대는 본질과 비본질이 뒤바뀌어졌고, 모든 우선순위가 뒤집혀 졌고, 선과 악이 혼돈되어 버렸습니다. 그리하여 교회 지도자들 조차도 무산안일주의와 외형적 물량주의에 취해 우리 조국과 한국교회를 난도질하고 있으며, 세상 사람들에게 점점 심한 협오의 대상으로 바뀌어 가고 있습니다.

그뿐만 아니라 작금의 한국교회는 교황 향수병에 걸린 교권주의자들과 종교업자들에 의해 좌지우지되고 있으며, 철새 교인들은 '연기 잘하고'(acting well), '말 잘하는'(speaking well) 스타 목사들의 연기에 미혹되어 벌떼처럼 몰려다니는 실정입니다. 이런 와중에도 "나는 괜찮다!", "우리 교회는 괜찮다!", "나는 아니다!"고 위안하고 있는 이 추태를 강 건너 불구경하듯 해서야 되겠습니까?

아무쪼록 이 책이 이 시대의 정신에 물든 사람들에게 조금이나마 자극이 되어 물맷돌 다섯 개로 블레셋의 거장 골리앗을 대적한 다윗과 같이, 한국교회를 바로 세울 수 있는 동역자들이 많이 나오기를 기도합니다.

2021년 6월

새생명복음선교회 서초동 연구실에서

한국교회를 위해 태어난 從 이소평 드림

목 차

1 부 경험하지 못했던 시간

제2부–하나님나라 확장/유학

Table/리스트

하나님은 역사의 주인이시며 그 역사를 이끌어 가시기 위해
모든 나라, 모든 시대를 그냥 묵과하고 계신 것이 아니었다.
그 시대, 그 나라, 그 공동체를 간섭하시고 인도하시고 지켜 보호하고 계심이 분명했다
-본문 2장 내용 중에서.

The encounter of God

내가 만난 하나님

제1부 경험하지 못했던 시간

1
내가 만난 하나님!

"어리석은 자는 그 마음에 이르기를 하나님이 없다 하도다
저희는 부패하고 소행이 가증하여 선을 행하는 자가 없도다"
(시편 14:1).

인생의 여정에서 중요한 사건

우리 인생에 가장 중요한 사건은 무엇보다도 '좋은 만남'이라고 생각이 든다. 그리고 인생의 출발은 만남에서 시작하여 만남이 끝나면 인생도 끝난다고 해도 틀림없는 말이다. 사람은 세상에 태어나면서 제일 먼저 부모님을 만나고 그리고 형제자매와 일가친척과 이웃과 친구 등등 많은 사람을 만나면서 그들과 교제하며 그들로 더불어 희로애락을 경험하면서 나름대로의 꿈을 성취하려고 열심히 노력하면서 나아가고 있다.

그 많은 수고와 애씀의 궁극적인 목적은 아무래도 내가 원하는 것을 성취하고자 하는 꿈 곧 성공과 행복 이 두 가지 범주를 벗어나지는 않는 것으로 알고 있다. 이 세상에 살다간 사람치고 내가 실패자로 살고 불행

한 인생으로 살기를 원한 사람은 한 사람도 없다. 그러나 막상 '나는 성공한 사람이다', '나는 행복하게 생을 살았다'고 자부할 만한 사람은 얼마나 많을까 사려 깊게 헤아려 본다. 우리는 이 질문을 남에게 던지지 말고 자기 자신에게 한 번 던져보면 좋을 것 같다. 사람마다 꿈이 없는 사람이 없고 욕망이 없는 사람도 없지만, 각자가 성공과 행복에 대한 기준과 관점은 다 달라서 누가 성공자이고 어떤 사람이 행복하게 산 사람인지는 아무도 판단하고 결정할 수는 없다. 행복과 성공은 객관적인 평가와 주관적인 평가가 다 다르고 가치기준이 각자 다르기 때문에, 우리가 섣불리 판단해서는 안 되며 이것은 함부로 말할 수 있는 성격도 아니라고 하고 싶다.

동일한 죽음의 사건, 다른 정서

오늘 우리는 서울 시장 박원순 씨의 죽음과 6.25 전쟁의 영웅 백선엽 장군의 죽음을 거의 같은 시간에 경험하면서 양분되는 국민여론을 볼 때, 우리 국민이 참으로 불행한 백성이고 우리의 역사가 얼마나 비극적인 역사로 기록하고 있는지를 뼈저리게 느낀다. 두 분의 공통점이 하나 있다면 두 분 다 불행한 역사의 희생 제물로 살다간 역사의 증인이라는 점이 우리 모두의 아픔으로 다가온다.

동일한 죽음이라는 사건을 가지고 이렇게도 상반된 국민정서로 나타나는 현상이 무엇을 말하고 있는지 심각하게 생각할 수밖에 없다. 우리 모두가 이 일을 남의 일로만 생각하지 말고, 나의 일 나의 사건으로 유추(類推)해보는 것도 유익하다고 본다. 세상은 누구도 무인도에서 혼자 살도록 지어진 존재가 아니고 서로 의지하고 도우며 살도록 지어진 사회적 동물이기 때문에, 참으로 행복한 삶은 우는 자와 같이 울고, 웃는 자와 같이 웃는 그런 다정다감한 인간관계가 진정한 친구요, 진정한 이웃이다. 이런 관계를 오래 유지하고 싶은 것이 우리 모두의 소원이고 간직하고 싶은 꿈이 아닌가 싶다.

인간의 위치와 본분 저버림

안타깝게도 우리 인간은 우리의 조상 아담과 하와 때부터(하나님의 명령을 소중히 여겨 지켜 행하기보다) 죄의 조상 사탄의 궤계에 속아 스스로 우리의 위치와 본분(자리)을 저버리고 말았다.

> 급기야 하나님의 창조질서를 파괴함으로 평화롭고, 자유롭고,
> 고상하고 아름다운 본성을 잃어버리고, 다투고, 불행하고,
> 고뇌하고, 거짓되고, 추한 사탄의 하수인이 되어
> 자손대대로 불행을 유산으로 물려받게 되었다.

그러나 하늘이 무너져도 솟아날 구멍이 있다는 옛말처럼 하나님의 아들 독생 성자 예수 그리스도께서 중생들의 억만 가지 모든 죄를 한 몸에 지시고 십자가 위에서 하나님과 원수 되었던 죄악의 담을 헐어버리고, 우리가 하나님 앞에 당당히 '아버지'라고 부르며 그 앞에 하나님의 자녀로 설 수 있게 되었으니 이 얼마나 놀라운 기적인가를 새삼 감사하게 되었다.

우리 인간은 그 무엇으로도 죄값(the original sin, a self-imposed sin)을 치를 수 없었는데 사랑의 하나님께서 독생 성자 하나님(the Son of God)이신 예수 그리스도를 육신의 옷을 입혀 이 땅에 보내주셨다. 그 분 안에 계신 성부 하나님(the Father of God)과 우리의 대화가 가능해졌고 성령 하나님(the

Holy Spirit of God)의 감동하심과 인치심으로 우리가 하나님을 '아바 아버지'라 부를 수 있게 되었으니 그 얼마나 큰 은혜이며 큰 축복인가를 감사하고 감사해야 한다.

무속신앙에 깊이 길들여진 조상의 유전 속에 만난 그분

바로 그 하나님을 내가 만난 것은, 생각해보니 꽤 오래전 내 나이 열다섯 살 때 중학생 3학년 때로 기억된다. 우리 가정은 그때까지 조상 대대로 우상을 섬기는 불교와 유교 그리고 무속신앙에 뼛속 깊이 길들여진 조상의 유전 속에서 하나님에 대하여 무지하기만 했던 부모님 세대였다. 조상을 잘 섬겨야 자손이 복을 받는다고 조상 제사가 1년에 열 번 정도 지극정성으로 밤늦게(오후12시 이후) 목욕재계(沐浴齋戒)하고 드리는 제사를 어릴 때 끊임없이 목격하면서 자랐다. 거기에 또 복을 배로 받겠다고 해마다 한두 차례 금산(보리암)이라는 명산에 있는 부처 앞에 공을 드렸다.

한 번은 어머님께서 집안에 되는 일이 없고 너무 꼬이니까 10월 대보름(불교에서 크게 여기는 절기) 전날 10개 마을을 한 집씩 다니면서 시주(공양미) 쌀을 모아서 새벽 일찍 아무도 만나지 않고 그 먼 길(약100리 정도)을 가게 되었다. 제가 어머니보다 앞서가며 길을 나섰는데 험한 산길을 가다보니 중간지점에서 길을 잘못 들어 한나절을 산속에서 헤매다 어둠이 시작될 때쯤 겨우 그 절을 찾아 구사일생으로 목적지에 도착해 불공(나무아비타불)을 드렸다. 며칠간 그 사찰에서 절식(節食)을 하며 공을 들인 것이 우리가 부처와 인연을 끊은 마지막 추억으로 기억하고 있다.

우리 가족은 워낙 오랜세월 동안 우상을 섬기면서 복을 받기보다는 시달림을 받고 어려움을 많이 겪었던 관계로 쉽게 교회생활에 익숙하게 되었다. 갑자기 삶의 번지수가 뒤집혀지고 새 주인(신앙적으로)을 모시게 되니 주변에 일가친척들과는 거리가 멀어지게 되고 우애가 없어지기 시작했다. 많은 제사를 다 반납하고 명절에 모이는 행사마저 불참하게 되니 집안에서는 이방인이 될 수밖에 없었다.

마을 전체가 '전주 이씨(全州 李氏)' 문중, 오랜 조상의 전통 이어옴

우리가 살던 마을은 전체가 전주 이씨(李氏) 문중의 집단부락으로 오랫동안 전통을 지켜왔는데, 우리 가족이 아웃 사이더로 빠져나와 기독교로 홀로서기를 하는 일이 쉬운 일은 아니었다. 우리 마을에 있던 작은 교회는 원래가 일반교회와 달리 왜정(倭政) 치하에서 신사참배를 반대하여 전국각지에서 피난 온 분들이 합심해서 세운 재건교회였기 때문에, 가까운 곳에 성산(聖山)이라 불리는 기도원이 있어서 기도하러 오는 분들의 방문이 늘 계속되어 우리 집에도 목회자들이 자주 방문했다.

우리 고향 남해는 지형적으로 산과 바다가 잘 조화를 이루고 있어서 사시사철 따뜻한 기후와 산천이 잘 어우러져있어 왜정시대는 그야말로 피난처로 알맞은 요새였으며, 6.25 동란 중에도 큰 피해가 없이 어려움을 많이 겪지 않은 요새요 피난처였다.

부모님을 따라 교회는 다녔지만 명목상 신자

그 당시 나는 어린 나이에 부모님을 따라 교회는 다녔지만 신앙심은 없었고 어머님 신앙은 극성이어서 문맹이면서도 찬송가 한 권을 거의 암송할 정도였고, 노회주관 성경암송대회나 퀴즈대회 때는 맡아 놓고 우승을 하는 정도로 열심이셨다.

오십이 넘은 연세임에도 성경을 못 봐서 답답하다고 한글을 배워야겠다고 하도 극성을 부리셔서 때로는 짜증을 내면서 글을 가르쳐드리고 했

더니 스스로 당신 이름과 아라비아 숫자를 통달하고 성경도 조금씩 읽기 시작할 정도가 되었다. 늦은 나이에 권사 임직을 받고 십여 년 시무 권사직을 감당하다가 아흔다섯 되는 해에 소천하셨고, 슬하에 칠 남매는 지금까지 생존해있고 세 자녀는 주의 종으로 사역자가 되었으며 네 자녀는 집사직을 받았다.

아무튼 일곱 자녀를 교회로 인도하고 세상을 떠났으니까 우리 가문에서는 제일 많은 복을 받고 사신 분임에는 틀림 없다. 지나온 날들을 되새겨보면 그래도 우리가 살던 마을에서는 우리 가족만큼 장수하며 온 가족이 복음화된 가정은 없으니 얼마나 감사한지 그 은혜를 잊을 수 없다. 남은 과제는 하나님께서 그 많고 많은 시련과 역경 가운데서도 우리를 눈동자처럼 지켜 보호해주셨고 막중한 시대적 사명까지 맡겨주셨으니 감사할 따름이다. 이제부터 내가 만난 하나님을 대략 기억해보려 한다.

나는 원래가 성격상 철학적 사고방식이 강해서인지 모든 사물을 적당히 보아 넘기지 못하고 원인과 결과를 따져보아야 하고 무엇을 해도 합리적이고 분명하지 않으면 받아들이지 못해서 교회는 오랜 시간(중 3때부터) 다녔지만 마음 속에는 하나님이 도무지 보이지 않는 시간들을 보내야 했다. 교회에 가면 설교를 듣고 성경을 배우고 하나님이 분명히 계신다고 가르침을 받지만 믿어지지 않는게 나의 신앙생활이었다.

하나님이 분명히 계신다고 그렇게 가르치고 배웠지만 나는 그런 믿음에까지는 성장하지 못했다. 하나님이란 존재는 인간들이 해결하지 못하는 난제를 해결해 주는 해결사로, 인간 스스로가 만들어낸 하나의 자구책으로, 인간의 무능과 무지함을 해결해주기 위한 하나의 방편으로, 스스로 위로받고 자위하기 위한 하나의 가공작품이지 무슨 절대자가 되고 조물주가 되며 심판주로 오신다는 말인가! 말도 되지 않는 그런 이론이며 전혀 이치에 맞지 않고 사리에도 안 맞는 허구 같은 이야기를 그대로 받아들이는 것은, 소위 무지에서 오는 맹목적인 잘못된 신념이며 종교라고 나는 자신에게 그렇게 세뇌를 끊임없이 하면서 오랜 시간을 껍데기 신자로 살아야 했다.

> 남들이 뭐라 설명하고 주장하던 간에 나는 내 주관,
> 내 이성에 맞추어 믿어야 하지 남들이 만들어놓은 가공된
> 신념에 치우칠 필요가 없다는 것이 나의 신앙관이고,
> 나의 철학이었다.

어떻게 보면 믿음이 좋은 사람 같고 착실한 기독교인처럼 보이기도 했지만 자신의 내면의 사람은 무신론자도 유신론자도 아닌 중립적 존재로 자리를 굳히고 살았다. 스스로가 가장 고귀한 존재이고, 가장 의롭고, 가장 믿을만한 대상이라고 자위하며 교회 마당만 밟고 다니는 위선자로서 내 눈에 들보는 전혀 보지 않고 남의 눈에 티만 보고 저것이 기독교인가? 잣대를 들이대며 남을 정죄하고 판단하기를 습관적으로 하고 다녔다. 그러나 세상만사가 때가 있다고 나에게도 때가 찾아왔다. 대한민국 남자로써 반드시 넘어야하는 병역의무를 마치고 제대했으니 이제는 사회진출이 불가피한 일이었다.

또 한가지 내 속에 잠재해있는 영적인 의문은 그냥 건너뛸 수 있는 문제가 아니었다. 십여 년을 교회마당을 밟고 많은 부류의 사람들에게 가르침을 받고 들어서 내면에 쌓여있는 문제들… 신의 존재와 그 많은 이

론들 중에 어느 것이 정도(正道)인지 모든 사람이 자기가 믿는 신앙노선이 절대적이고 정도라고 주장하는 편협된 고정관념 그리고 과연 신이 존재한다면 나는 어느 노선을 따라야하며, 무엇을 기준으로 어떻게 믿는 것이 참인지 쌓이고 쌓였던 문제들을 잔뜩 껴 앉고, 1967년 말 새해를 중심으로 그 차가운 마룻바닥에 엎디어 신의 응답을 받아야만 하는 절대 절명의 시간 앞에 나는 사생결단의 승부를 걸어야만 했다.

이 문제가 풀리지 않고는 내 인생이 허무하고 존재가치가 없음을 절실히 깨닫고, 하나님이 계시다면 이 밤이 지나기 전에(새해를 시작하기 전에) 나에게 응답해달라고 부르짖기를 새벽 4시 경까지 추위를 잊은 채 안타까운 절규를 할 수밖에 없었다. 만약 이 밤에 내게 어떤 응답이 없으면 나는 또 다시 한 해를 허우적거리며 살아야 한다고 생각했다. 그래서 죽기 아니면 까무러치기로 기도로 승부를 걸 수밖에 없었다. 왜냐하면 나에게 사회진출은 내 생애에 가장 중요하고 결정적인 시간임이 분명했기 때문에 오늘 밤 내 기도는 나의 인생을 결정하는 로드맵이고, 생사를 결정하는 시간이기 때문에 진지하고 간절할 수밖에 없었다.

기도란 적당한 선에서 그칠 수 없고 생사를 거는 도박처럼 전인적인 시간이기 때문에, 그 추운 날씨에 아무런 방비도 없이 입은 옷에 그대로 마룻바닥에 꿇어 엎드렸다. 한참 동안 기도를 하는 중에 그때 마침 재건(성경학교) 집회에 참석했던 그 지방 여성도 한 분(지금은 미국에서 믿음의 가정을 이루고 행복하게 LA에 거주함)이 하도 딱해 보였는지 자기가 입고 온 외투를 벗어서 나의 등 위에 덮어주어서 그나마 다소 추위를 면할 수 있었다.
이제 곧 새벽기도시간이 다가오고 있는데 지금까지 아무런 응답이 없으니 내게는 답답한 심정과 안타까운 마음이 봇물처럼 밀려오기 시작했다.

만약 하나님이 계시다면 나의 이 답답한 궁금증을 풀어주시고 조그마한 증거라도 보여 달라고 울부짖는 그 상황은 마치 해산하는 여인처럼 애타게 부르짖으며 기도할 수밖에 없었다. 그러는 순간, 강단 높은 곳에서 수천수만 볼트의 밝은 빛이 내려와 나에게 비치기 시작하면서 동시에 음성이 우레소리 처럼 들려왔다.

> "**너는 성경대로 살아라!**"하는 짧은 한마디가
> 내게 들리는 순간, 전류에 감전된 느낌이 들 정도로
> 하나님의 사랑과 은총이 내게 임했다.
> 그 순간 나는 벌떡 자리에서 일어나면서 "할렐루야!"로
> 화답했다.

그 이후로 나의 인생여정을 바꿔놓은 사건이 되었고 자신의 로드맵은 주님의 오묘하신 섭리로 이끌림을 받고 새롭게 시작되었던 것을 고백하지 않을 수 없다.

2
능력 있는 지도자

'Vision'(비전)과 유사한 단어는 'Dream'(꿈)이라는 단어이다. 개인 삶에나 공동체의 운명에 필수적인 것이 바로 '꿈'이라고 할 수 있다. 비전의 원리는 리더십을 이해하는 열쇠와 같다. 비전에 대한 소명감이 없이는 지도자가 될 수 없다. 그렇지 못하면 그가 바라는 바를 흉내 내는 '모방자'가 될 뿐이다.

"묵시가 없으면 백성이 방자히 행하거니와"(잠29:18).

이 말의 뜻은 '묵시가 없는 곳에서 백성들은 구속을 벗어 버린다'는 의미로, 백성들이 비전이 없으면 혼돈과 무질서와 방종(放縱)에 빠져 소용돌이에 빠지게 된다는 의미로 해석된다. 분명한 비전을 가진 사람은 앞에 내다보이는 인생을 이끌어갈 수가 있지만, 비전이 없는 사람은 과거에 머물거나 상황에 얽매어 먼 앞을 내다보지 못하고 움츠러들고 포기해 버리고 만다.

지금 우리나라에 현 상황을 보면 비전이 잘 보이지 않는다. 지도자가 되겠다고 큰 소리 치는 사람은 많으나 지도자의 자질을 갖춘 훈련받은 사람은 쉬운 표현을 사용하여 말한다면, 비전을 가진 사람은 잘 보이지 않기 때문에 어떻게 보면 춘추전국(春秋戰國)시대와 같은 위기감이 감돈다.

이스라엘은 오랜 세월 동안 애굽의 노예로 살면서 인구는 엄청나게 증가했지만 비전있는 지도자가 없어서 백성들은 아우성치며 탄식하는 곤경에 빠져 있었다. 그럼에도 불구하고 이스라엘을 특별히 보호하시고 지키시는 하나님께서는 아무도 모르는 가운데 별볼 일없는 노인(양치기)인 '모세'(Moses)라고 하는 지도자를 준비하고 계셨다. 하나님은 역사의 주인이시며 그 역사를 이끌어 가시기 위해 모든 나라, 모든 시대를 그냥 묵과하고 계신 것이 아니고 그 시대, 그 나라, 그 공동체를 간섭하시고 인도하시고 지켜 보호하고 계심이 분명했다.

인류가 극도로 범죄하고 타락했을 때에도
나이가 꽉찬 노아를 준비하셨고,
백성들이 우상숭배에 빠져 극도로 타락한 때에도
노년기의 아브람을 준비하셨다.

아무튼 우리 인간이 아무것도 알 수 없고 아무것도 할 수 없다고 포기하고 있을 때에도 하나님께서는 포기하지 않으시고 비전 있는 지도자를 준비하고 계셨음을 성경을 통해서 우리는 알 수 있다.
초대교회 당시에도 하나님께서는 사도바울을 통하여 빌립보 교회에 보내는 서신을 통해 다음과 같이 고백하게 하셨다.

> "오직 한 일 즉 뒤에 있는 것을 잊어버리고 앞에 있는 것을 잡으려고 푯대를 향하여 하나님이 위에서 부르신 부름의 상을 위하여 좇아가노라"(빌립보서3:13-14).

사도바울의 삶은 끊임없는 미래를 향한 비전을 가지고 자신이 맡은 사명에 헌신하고 있음을 볼 수 있다. 뿐만 아니라 바울은 이제 노령(老齡)이 되었음에도 불구하고 예루살렘에 올라가 복음 증거하는 일을 감당하기 위해서 고백했다.

> "보라 이제 나는 심령에 매임을 받아 예루살렘으로 가는데 거기서 무슨 일을 만날는지 알지 못하노라 오직 성령이 각 성에서 내게 증거하여 결박과 환난이 나를 기다린다 하시나 나의 달려갈 길과 주 예수께 받은 사명 곧 하나님의 은혜의 복음 증거하는 일을 마치려 함에는 나의 생명을 조금도 귀한 것으로 여기지 아니하노라"(행20:22-24).

이 말의 뜻은 '나는 이미 생명(목숨)을 내어놓았다'는 뜻이 내포되어있는 비장한 모습이다. 나를 아까워하고 내게 속한 것을 내 것이라고 생각하는 지도자는 진정한 비전 있는 지도자가 못 된다.

미국의 흑인 목사 '마틴 루터 킹'은 1963년 링컨 기념관에서 불후의 연설을 했다. "I have dream!" 그 내용에 "나는 언젠가 조지아의 붉은 언덕에서 옛날 노예들의 후손과 전에 노예를 부리던 사람들의 후손들이 형제우애를 나누면서 한 식탁에서 자리를 함께 할 수 있을 것이라는 꿈을 가지고 있습니다. 나는 언젠가는 불의와 억압의 열기로 가득 찬 미시시피 주 당국이 자유와 정의의 오아시스로 바꾸어질 것이라는 꿈을 갖고 있습니다. 나는 내 어린 네 아이들이 그들이 지닌 피부색으로 분열되어지는 나라가 아니라 그들이 품고 있는 인격으로 판단되어지는 그런 나라에서 사는 날이 오리라는 꿈을 가지고 있습니다. 나는 꿈이 있습니다. 모든 하나님의 자녀들 흑인이건 백인이건 유대인이건 이방인이건 구교도이건 신교도이건 모두가 다 같이 손에 손을 잡고 옛날 우리조상들이 부르던 흑인영가에서 '마침내 자유다! 전능하신 하나님께 감사하자! 우리는 마침내 자유를 찾았다'는 노래를 할 수 있는 그 날에 대한 꿈을 가지고 있습니다"

'마틴 루터 킹' 같은 한 사람이 필요한 시대
먼 미래를 꿈꾸는 지혜로운 사람, '마틴 루터 킹'과 같은 한 사람이 참으로 필요하다. 지금 미국 전역에 일어난 흑인들의 폭동을 보면서 한편으로는 안타깝지만 한편으로 보면 어쩔 수 없는 인종차별의 원인을 찾으면 해답은 있기 마련인데, 흑인들은 어떻게 보면 불행한 종족의 운명을 스스로 해결하지 않으면 대안이 없는 민족(인종)임을 지난 미국생활 가운데 경험을 했다.

정말 비전이 없는 민족이지만 '루터 킹'과 같은 비전의 지도자가 아쉬운게 현실이 아닐 수 없다. 그들이 인종차별을 받지 않기 위해서 스스로 각성하고 훌륭한 지도자를 만나지 못하면 시대가 바뀌고 역사가 바뀌어도 이런 불행한 사건은 결코 없어지지 않을 것이라는 생각이 떠나지 않는다. 왜냐하면 그들이 가지고 있는 고정관념이 우리사회 우리시대의 모든 가치기준을 이기적이고 소위 '내로 남불'식의 편향되고 잘못된 기준을 버리지 못하고 있기 때문에 즉 내 눈에 들보는 안 보이고 형제(남)의 눈에 티만 보이는 문제로 그들은 삶의 방식이 쉽게 바뀌지지 않는다는 것이다.

문제의 해결은 여러 가지 방식이 있는 것이 아니고 '내가 죽고 내 안에 예수가 살고 예수가 나의 주인이 될 때' 새로운 역사는 시작된다고 믿는 마음 간절하다.

하나님께서 모세를 통해 히브리 민족을 구원하시기 위해 제일 먼저 하신 일은 모세의 자아를 죽이는 훈련을 먼저 하셨고, 애굽 왕의 공주의 아들로 왕궁에서 애굽의 모든 학문을 갈고 닦고 답습하게 한 후에, 또 미디안 광야로 보내셔서 자아를 죽이는 40년의 산 제사훈련을 시키신 후 꺼지지 않는 불꽃가운데서 사명을 깨닫게 해 주신 것이다.

"이제 가라 내가 네 입과 함께 있어서 할 말을 가르치리라"(출4:12).

3
천국의 주인공은 누구일까?

"가라사대 진실로 너희에게 이르노니 너희가 돌이켜 어린아이들과 같이 되지 아니하면 결단코 천국에 들어가지 못하리라 그러므로 누구든지 이 어린아이와 같이 자기를 낮추는 그이가 천국에서 큰 자니라"(마태복음 18:3.4).

천국이 없으면 왜 혼돈상태가 될까?
수일 전 저는 갑자기 이런 생각을 하게 되었다. 천국이 없으면 왜? 모든 것이 혼돈상태일까? 교계와 나라도 비정상이다. 악하고 불의한 자들이 주도권을 잡고 있어 억울한 사람들이 날로 더해 가고 극단적인 선택을 하는 사람들이 점점 늘어나고 있다. 매일같이 이런 현상을 눈으로 보고 귀로 들으면서 느끼는 감정은 뭐가 잘못 되어도 한참 잘못되었다는 생각을 하게 되었다. 이렇게 된데 대해서 누군가가 책임을 지든지 아니면 어떤 대안제시가 있어야 할 텐데 전혀 보이지 않고 있다.

원인이 없는 결과가 없다고 했다. 인간의 가장 기본권인 신앙의 자유,

표현의 자유, 언론의 자유가 점점 사라져가고 있다. 헌법상 가장 상위의 법이라는 종교의 자유마저 지켜지지 않고 있다. 이 자유는 국가(정부)가 지켜주고 보호해 주어야 할 텐데 그 반대로 하고 있다. 행복하게 살 권리마저 빼앗겨버리면 우리는 무슨 즐거움으로 살 수 있을까?

그래서 저자는 천국이 없다면 억울하고 분해서 어떻게 살겠느냐고 외친다. 여러분은 어떠신가요? '그저 등 따습고 배부르게 먹을 것 먹고 가족끼리 즐기며 살면 되지 무얼 더 바라나!' 하지는 않나요? 하나님 없는 내세(來世)의 소망이 없는 세상 사람들은 의식주 문제만 해결되어도 만족할 수 있을지 모르지만 동물의 세계라면 몰라도 인간은 결코 그것으로 만족할 수 없는 일이다. 북한 같은 사회는 당장 굶어 죽는 극단의 처지에 놓이니까 배만 채워줘도 살겠다고 하지만, 인간의 가치는 거기에 만족할 수 없는 영적인 존재이다. 공산주의 사회는 모든 기준이 유물사관에 기초하고 있기 때문에 인간의 가치를 하나의 물질로 간주하니까 배만 채워주면 된다.

> 우리는 하나님의 형상대로 창조된 영적인 존재이므로
> 하나님과 동행하는 삶, 하루하루를 주님과 함께 하는 삶이
> 더욱 귀하다. 그 삶이 바로 자유, 평화, 행복이라고 한다.

*언더우드 선교사의 기도노트에는 이런 글이 있었다고 한다.

1. 걸을 수만 있다면 더 큰 복을 바라지 않겠습니다. 왜? 누군가는 지금 그렇게 기도하고 있습니다
2. 들을 수만 있다면 더 큰 복을 바라지 않겠습니다. 왜? 누군가는 지금 그렇게 기도하고 있습니다

3. 볼 수만 있다면 더 큰 복을 바라지 않겠습니다. 왜? 누군가는 지금 그렇게 기도하고 있습니다
4. 살 수만 있다면 더 큰 복을 바라지 않겠습니다. 왜? 누군가는 지금 그렇게 기도하고 있습니다

〈Table-1〉 언더우드 선교사 기도 노트 메모

놀랍게도 나는 누군가의 간절한 소원을 다 이루고 살았습니다.
놀랍게도 내게는 날마다 누군가의 간절한 소원을 기다리는 기적이 날마다 일어나고 있습니다. 나의 하루하루는 기적의 연속입니다.
나는 행복한 사람입니다!
이억 만 리 타국에 와서 온갖 고초를 다 겪으면서도 행복할 수 있었던 이유는, 하나님이 기적과 같은 하루하루를 허락하심으로 사명감당을 할 수 있다는 놀라운 사실(비밀)을 알았기 때문입니다"

130년 전 우리나라 형편은 상상하기도 힘들지요! 우리는 삶의 지혜와 행복의 비결을 세상 사람들에게서 배우려고 하지 말고 하나님께로 부터 배워야 한다.

1. 여호와를 잊지 말라(50~60년대 형편처지)(신8:14-20).
2. 여호와를 기억하라. 지금 우리가 이 만큼 행복하게 잘 사는 것은 하나님의 은혜이다(고전15:10).
3. 다른 신들을 섬기지 말라(신28:58-62 지금의 코로나, 불순종=저주).

남은 자가 있다. 어린아이와 같아야 한다. 어린아이는 욕심, 거짓말, 꾸밈, 사기가 없다(4無). '결단코'라는 단어에 유의하기 바람.
인간이 타락하고 부패하여지는 것은 갑자기, 저절로 되는 것이 아니다.

예수님께서 바리새인들과 대화하시며 “너희가 소경되었더면 죄가 없으려니와 본다고 하니 너희 죄가 그저 있느니라”(요9:39-41)하셨다. 모든 종교는 다 다르나 한 가지 같은 것이 있다. 불교-자비, 유교-윤리, 도덕, 효, 기독교의 핵심은 “사랑”이라고 한다. 그러나 모든 종교의 핵심은 깨달음이다. 공자도 ‘아침에 도를 깨달으면 저녁에 죽어도 가(可)하다’ 했다.

> “존귀에 처하나 깨닫지 못하는 사람은 멸망하는 짐승 같도다”(시편49:20).

모든 진리는 깨달음에서 출발한다. 아무리 명(名) 설교, 해박한 지적인 강의를 들어도 깨닫지 못하면 아무것도 아니다. 이스라엘 민족은 하나님의 선민이자 나라인데도 그들은 온전하지 못했으며 깨닫지도 못했다.

구약성경의 역사는 이스라엘의 역사다. 이스라엘의 역사는 모든 인류역사의 축소판이나 다름없다. 그래서 성경은 모든 민족, 모든 족속의 교과서와 같다. 우리나라도 초, 중, 고, 대학(전공)마다 교과서가 있다. 성경은 모든 민족, 모든 나라, 모든 사람에게 유익한 필수교과서이다. 성경을 제대로 배우고 바로 깨우치면 어디에 가도 어떤 위치에 처해도 괜찮다. 지구상에서 베스트셀러는 성경이다. 성경은 우리 인간을 바르게 지도하고 인도하는 교과서이다. 성경은 우리 인간을 교훈, 경고, 책망, 심판한다.

> “하나님의 말씀은 살았고 운동력이 있어 좌우에 날선 어떤 검보다도 예리하여 혼과 영과 및 관절과 골수를 찔러 쪼개기까지 하며 또 마음의 생각과 뜻을 감찰하나니 지으신 것이 하나라도 그 앞에 나타나지 않음이 없고 오직 만물이 우리를 상관하시는 자의 눈앞에 벌거벗은 것같이 드러나느니라”(히4:12-13).
> “또 네가 어려서부터 성경을 알았나니 성경은 능히 너로 하여금 그리스

도 예수 안에 있는 믿음으로 말미암아 구원에 이르는 지혜가 있게 하느니라 모든 성경은 하나님의 감동으로 된 것으로 교훈과 책망과 바르게 함과 의로 교육하기에 유익하니 이는 하나님의 사람으로 온전케 하며 모든 선한 일을 행하기에 온전케 하려 함이니라"(딤후3:15-17).

우리 기독교의 교과서는 성경인데 신학자들과 지도자들이 제대로 바로 알고 가르쳐야 성도들이 천국을 안심하고 갈 수 있을 텐데! 많은 신학교 교수들이 왜곡시켜 성도들이 제대로 구원에 이르지 못하고 있는 현실이 안타깝다(90~95%실패). 우리나라는 전교조 선생들이 역사를 왜곡하여 이승만 대통령을 미제 앞잡이로, 박 대통령을 일제 앞잡이로 잘못 교육시켜 대한민국의 정통성을 훼손시키고 있다. 한국교회가 회복하는 길은 성경을 바로 가르쳐야 한다. 성경을 제대로 모르고 신앙생활 하는 것은 '소경이 소경을 인도하는 것'과 같다.

저자는 수많은 사역자(목사님)로부터 같이 일하자는 권면과 상담이 있었지만 한 번도 동의하지 않았다. 귀국하던 해 1990년 말에는 모 교단 총무 목사님이 그 교단 총회장으로 초대하겠다고 해서 일언지하(一言之下)에 거절했다. 한국교회 개혁운동을 하기 위해 들어왔는데 총회장은 정치성이 있어야 하고 정치꾼이 안 되면 그런 자리는 맞지 않는다고 즉석에서 거절했다. 그 당시 그 총회는 100여 교회 되는데 그 총회 내에는 마땅한 분이 없어서 타 교단 목사님을 총회장으로 모셔왔는데 자기 챙길 것만 챙기고 총회를 부흥시키지 못해 내년도에 교체할 대상을 찾고 있었다. 이동환 선교사님과 나는 교단도 다르고 연세도 맞지 않지만 딱 한 가지 맞는 것은 '한국교회에 대한 진단과 이대로는 안 된다' 그리고 기독교의 교과서와 같은 교재를 수년에 걸쳐 손수 쓰고 있었다. 유명한 신학박사 교수가 해도 힘든 일인데, 묵묵히 준비하는 모습에 감동을 받았다.

필자는 신학교 2학년 때에 선교사님과 같은 깨달음 때문에 하나님은 누구? 교회란 무엇? 기도란? 성경이란? 기독교의 기본이 되는 교과서를 쓰다 보니 목회에 전념하기가 힘들어 초안은 다잡아 놓고 지금까지 그 일을 못하고 있었다. 저자는 분명히 선교사님이 한 번 빛을 봐야 한다고 믿고 있다. 사람은 외모(겉모습)를 보고 판단하지만 하나님께서는 사람의 중심을 보신다고 했다. 그 하나님의 깊고 오묘하신 중심은 우리 인간으로서는 다 알 수가 없는 일이 당연한 일이다.

예레미야 선지자는 BC627년 이스라엘이 둘로 분단되어 먼저 북이스라엘이 멸망하고 얼마 안가서 남 유다가 멸망할 것을 내다보면서, 하나님께서는 자기 백성이라도 죄를 범한 데에 대한 죄과를 묵과하지 않고 반드시 징벌하시고 심판하신다는 것을 들려주고 경고했다.

예레미야서(예레미야 애가 포함)는 회개를 촉구하는 경고의 메시지였다. 듣기 좋은 아첨하는 말은 일체 하지 않았다. 하나님의 심판과 징계는 이스라엘 나라뿐 아니고 모든 나라가 그렇고 모든 개인도 마찬가지다. '죄 짓고 망하지 않은 나라 없고 죄 없이 망한 사람 없다'는 옛말도 있다.
지금 이 시대는 혼돈의 시대다. 선과 악이 진리와 비진리가 분명한 기준이 없다. 교회도 세상과 다를 바 없다. 어디를 가도 참 사람을 만나기가 어렵고 참된 말씀을 듣기가 어렵다. 바른말을 하면 불이익을 당하고 왕따를 당하는 세상이라 듣기 좋은 말, 포장된 말만 할 수밖에 없다. 교회 강단에서조차 소신껏 진리를 선포할 수 없는 참담한 현실! 지금이 바로 그때라고 확신하고 있다.

4
포기하지 마라!
(Never give up!)

우리 조상적부터 흔히 쓰는 말 가운데 '죽어도 눈을 감지 못한다'는 말이 있다. 살아생전에 마음에 원한이 쌓이면 죽은 시신도 눈을 감지 못한다는 말이다. 한을 품고 사는 것이 결코 좋은 일은 아닌데 우리 조상들은 너무 한을 많이 품고 살아서 세계 어느 나라에도 없는 홧병 환자가 많다고 한다. 다음 말씀은 권고하고 있다. 할 수만 있으면 우리는 분을 품고 살아서는 안 된다고 요구하고 있다.

> "분을 내어도 죄를 짓지 말며 해가 지도록 분을 품지 말고 마귀로 틈을 타지 못하게 하라"(엡4:26).

왜정 치하에서 태어나 파란만장한 굴곡을 겪음

우리 인생에는 꿈과 소원은 있어야 하고 그것들이 이루어지지 않아도 쉽게 포기하거나 낙심하지 말아야 할 것이다. 내가 태어난 시기는 너무 열악하고 불공평하고 어려운 시대였다. 어디를 보아도 희망이란 털끝만큼도 보이지 않는 깜깜한 시대, 왜정치하(倭政治下)에서 가난한 농부의 셋째 아들로 태어났다. 그것도 보릿고개를 숙명처럼 여기며 하루 세 끼니를 잇기도 어려운 시절에 태어났다. 초등학교를 들어가기도 전에 6.25라는 동족상잔(同族相殘)의 뼈저린 고통을 목격해야 했고, 고등학교를 들어가자 곧 4.19학생 의거를 치러야 했다. 곧이어 5.16 군사혁명을 지켜보면서 잠시 지낸 후 병역의무를 치르기 위해 군입대를 하자마자 학생들 데모대를 진압하기위해 총 끝에 칼을 꽂고 연병장에 나가 진압훈련을 매일같이 받으면서 원치 않는 역사의 한 토막을 거쳐야 했다.

작은 소원을 빌기 시작한 청소년

가까운 이웃나라에 주권을 다 빼앗기고 36년을 노예처럼 산 것도 억울한데 같은 동족끼리 이념의 갈등으로 수많은 희생자를 내며 피비린내 나는 전쟁을 겪고, 또 얼마 안 되어 적과의 싸움이 아닌 내분으로 한 많은 시절을 보냈으니 우리민족은 정말로 한(限)이 많은 민족임에 틀림없다. 불행하고 한 많은 시대에 태어난 저자는 청소년기부터 실낱같은 믿음이 있어서 그런지 역사의 주권자이신 하나님께 작은 소원을 빌기 시작했다. 장차 나는 성인이 되면 양심적이고 깨끗한 지도자가 되어 어렵게 유지해온 나라를 정말 살기 좋은 나라로 만들고 싶었다.

누구나 행복하게 살 수 있고 일할 수 있고 학업에 열중할 수 있는 복지국가로 만들어 우리 후대(後代)에게는 자랑스러운 통일조국을 물려줘야 하겠다는 꾸밈없는 순박한 꿈이 저자의 내면에 싹트기 시작했다. 이 꿈과 소원은 나를 위한 것도 아니고 내 일신의 영달을 위한 것도 아니었다. 그때만 해도 나는 이미 청소년기를 지나 성인이 되었고 그리스도인이라는 정체감으로 교회가 교회다워지기를 바라고 있었다. 또 우리나라의 현실을 보면 세계국가 중 유일하게 같은 동족끼리 적(敵)이 되어 대치

상태에 머물지 않고 평화통일이 이루어기를 소원해 본다. 두갈래로 나눠진 민족이 하나의 통일조국으로 우리 때에 성사되어야 한다는 소박하고 순수한 꿈이 내 마음 속에서 싹트기 시작했다.

일본에 체류하며 법학도로 꿈을 키움

오래전부터 소원은 있었지만 현실적으로는 거의 불가능한 꿈이 내게 현실로 다가오는 날이 오고 있었다. 왜정치하 선발대로 일본에 건너가서 그곳에 자리 잡고 사업을 일으켜 많은 업적을 남긴 외가(外家)의 도움으로 나는 일본을 방문할 기회를 갖게 되었다. 그 당시 나의 꿈은 일본에서 한국으로 재산을 도입하거나 그곳의 문물을 한국에 수입하여 미래를 개척했으면 하는 욕망이 있었다.

그런데 내 생각보다는 하나님의 큰 뜻이 그곳에 있어서인지 곧 일본회사에 아르바이트를 하면서 야간에는 외국어 전문학교를 다닐 수 있게 되었다. 그러면서 점차 길이 열려 2년 만에 그곳의 법률전문가와 정치생도를 양성하는 동경법과 대학(법률정치학)에 입학하여 비로소 나는 외부의 일체 도움을 받지않고 고학생(주경야독)으로 힘들고 고독한 과정을 시작하게 되었다. 그후 뼈를 깎는 고통을 감내하면서 무사히 졸업을 할 수 있었고 당시 일본에서 '경영의 신'(神)이라고 칭하는 '다나베 쇼이치'의 문하에서 경영대학원과정을 마치기까지 6년이란 시간이 언제 지나갔는지 모를 정도로 분주하고 고되게 지나갔다.

고국으로의 귀국과 정치계로의 포부

이제 나는 그 지긋지긋한 인고의 세월을 하루도 편히 쉬어보지 못하고 달려온 삶을 마무리하고 고국으로 되돌아오기로 결심하고, 모든 재산을 총정리하여 컨테이너 한 대에 싣고 하관에서 부산까지 왕래하는 부관 헤리호에 몸을 싣고 부산항에 도착했다. 이제부터 나는 새로운 인생을 다짐하고 부산시 서구에 거주지를 정하고 그곳에서 나의 꿈을 키워보려고 사업을 시작했다. 부산시 서구는 옛적에 김영삼 씨가 정계에 입문한 곳이고 그곳은 무역업에 가장 적합한 곳이다. 정치자금을 마련하기위해서 일본 식품회사와 제휴를 맺고 수출하는 쪽으로 일을 시작했다. 생각보다 빠르게 몇 년 되기도 전에 집도 자가용도 마련되어 수년 내로 정치입문이 가능함을 감지할 수 있었다.

여의도로 가는 꿈이 10년 내로 성사되면 청와대로 가는 꿈은 20년에서 늦어도 30년 걸리겠다고 판단하게 되었다. 선견지명이 있는 몇 분은 앞으로 청와대가 내 목표가 되어야 한다고 귀띔을 해주는 분들도 있었다. 그러나 내가 바라고 소원하는 꿈은 권력이나 정치세력에 대한 야망이 아니고 정말 미개한 우리나라가 선진 일본을 추월할 수 있는 복지국가로 가는 것이 내 소원이고 꿈이었다. 이때까지 내가 장차 무엇을 하겠다고 외부에 알리고 세력을 확보하는 일에는 거의 관심을 나타내 보이지 않았다. 말을 앞세우기보다 내실을 기해야 한다는 순진한 욕망이 있었다. 그리고 만사가 때가 있다는 신념 때문에 오로지 사업 쪽에(정치자금, 종자돈) 관심을 가지고 열심히 매달리고 있었다. 그러나 한계가 있는 인간의 계획과 꿈은 믿을 수 없었다.

실패의 늪으로 빠져들기 시작

모든 일이 꼬이기 시작하니까 건강도, 가정도, 사업도 서서히 바닥이 드러나기 시작했다. 첫째는 마련했던 집을 먼저 처분하고, 다음은 자가용을 처분하고, 하나씩 처분하다 보니 어느새 천애고아(天涯孤兒)가 되고 알거지가 되고 말았다. 돈을 모으는 데 몇 년 걸렸지만 부도가 날 때는 1년 남짓밖에 안 걸렸다. 그리고 내게는 결단의 순간이 찾아오고 있었다. 거사(擧事)하기에 가장 알맞은 장소를 찾았고 'D day'를 한 달 내로 정했다.

이제 나에게 남아있는 것은 아무것도 없고 잘난 자존심 하나뿐이었다. 남의 수하에 남의 신세를 지고는 살 수 없다는 자존심 때문에 아무도 모르게 세상과 하직해야겠다는 생각에 모든 것을 정리하고 싶었다.

꿈이 크면 실망도 크다는 말이 있듯이 상한 마음을 부모 형제에게도 알리지 않고 해외로 도피한 것처럼 자취를 감추고 싶었다. 그 장소는 아무도 모르게 자취를 감출 수 있는 적합한 장소였다. 그동안 여러 사람들과 맺혀있는 문제들을 말끔히 정리하는 일은 한 달이면 충분하다고 작정했다. 그런데 한주간 째 되는 어느 날 밤, 신기하고 이상한 꿈을 꾸다가 잠에서 깨어났다. 그 신기한 꿈은 끝도 안 보이는 높은 하늘에서 사다리가 내려왔다. 그런데 그 사다리는 로프 줄로 된 사다리인데 중간쯤 까지는 잘 올라갔는데 올라갈수록 사다리는 심하게 흔들렸고 공포에 질리기 시작했다.

낙심 중에 꾸게 된 꿈

이제는 겁에 질려 진퇴양난의 위기에 처해 있었다. 위를 쳐다보니 나이가 상당히 많으신 노인 목사님이 조금도 주저하지 않고 앞서 올라가는 모습이 보여 나도 용기를 얻어 간신히 꼭대기까지 도착했다. 그 노인 목사님은 보이지도 않고 포장된 도로가 나타나는데 거기에 닫자마자 택시가 바로 내 앞에 섰다. 나는 지체하지 않고 그 택시를 타고 출발을 하면서 꿈을 깨고 말았다.

금식기도를 시작하면서

너무 신기하고 이상한 꿈이라 궁금했는데 교회에 가게 되어 그곳에서 기도원에 대한 이야기를 듣는 중 내게는 갑자기 기도원에 가서 금식기도를 해야겠다는 생각이 들었다. 그 기도원에 가는 주소를 알아가지고 뒷날 서둘러서 그 험한 무척 산 기도원으로 떠났다. 난생 처음 금식기도를 한다는 것이 쉬운 일이 아니었지만 그 때가 내게 주어진 기회였다.

기도원에 올라가 보니 마침 집회가 열리고 있었다. 원장님(명향식 권사님)의 설교는 내 전신에 폭포수처럼 감동과 감화를 주었고 삼일 동안 작정하고 금식기도에 몰입했다. 예배시간과 잠자는 시간을 제하고는 끊임없이 회개의 눈물을 쏟는데 어디서 그 많은 눈물이 쏟아지는지 주체할 수가 없었다.

삼일을 넘어서 2차 금식기도로

삼일은 어느새 지나가고 금식기도가 끝나자마자 응답이 임하는데 삼일은 너무 짧으니 다시 금식기도를 시작하라는 엄명이 임했다. 사람의 명령이라면 타협이나 의논이라도 할 텐데 하나님의 명령이라 타협도 의논도 할 수 없었다. 삼일 보식(補食) 후에 제 2차로 10일 금식기도를 작정하고 하나님의 두 번째 응답을 간구하기 시작했다.

5
영계로 전입하다
(Turning point)

"젊은 사자는 궁핍하여 주릴찌라도 여호와를 찾는 자는 모든 좋은 것에 부족함이 없도다"(시편 34:10).

3일 동안 금식은 30년 이상의 불순물을 제거하는 기회

이제까지 내가 살아온 모든 순간이 하늘에 뜬 구름을 잡는 허상(虛想)이었음을 깨닫게 되었다. 지난 3일 동안의 금식기도는 교만한 나를 꿇어앉히고 꼼짝달싹 못하게 순종하게 하여 그 단계를 넘어 절대복종으로 훈련시키는 재창조의 기회로 접어들게 하셨다. 어디서 그렇게 많은 눈물을 쏟아내게 하셨는지 계산해 볼 수 없을 정도로 큰 우물 하나에 가득 채울 만큼 많은 물을 쏟아낸 느낌이 들었다. 아무튼 이번 기회에 나는 지난 30년이 넘게 내 속에 쌓아온 불순물을 완전히 청소한 것처럼 심신이 가벼웠고 평안함을 느낄 수 있었다.

2차 금식 10일은 제 2의 자아를 재건하는 시간이다

이제 다시 시작하는 열흘 금식(10일)은 지금까지의 나를 다 제거한 터 위에 다시 제2의 자아(自我)를 재건하는 결심과 각오로 하루하루를 이어가기 시작했다. 이번 기회는 하나님께서 나의 본질에 관한 문제부터 서서히 손을 대기 시작하셨음을 인식하게 했다.

이전의 나는 참된 내 자신이 아니었다. '이제부터 참된 나를 찾고, 참된 나를 성취하고, 참된 나를 깨닫는 순서로 진행하셨다'(From now on, he went in the order of finding the true me, achieving the true me, and realizing the true me). 십여 년간 교회 마당만 밟고 드나들면서 아직까지 내가 거듭난 존재인지 육에 속한 존재인지 의식하지도 못하고 그저 그리스도인이라는 간판 하나만 믿고 다녔는데, 이번에는 내가 아직 거듭나지 못한 육신의 사람(자연인)임을 깨우쳐주시고 요한복음 3장의 거듭남의 체험을 하도록 한 발자국씩 주님께서 인도하기 시작하셨다.

옛사람에서 새사람으로 바뀌지 않으면…

지금까지는 거듭남(Born again) 자체에 대해서 무관심했고 의식하려 하지 않았는데 3~4일 정도 이 문제를 인정하도록 구체적으로 이끌어 주셨다. 내가 아무리 오랫동안 교회를 출석하고 교인행세를 했다 하더라도 옛사람(육신에 속한 사람)이 새 사람(영에 속한 사람)으로 신분이 바뀌지 않으면 나의 삶은 허공을 치는 열매 없고 실속 없는 삶이란 것을 깨우쳐주시고, 거듭남이 그리스도인으로의 출발이라는 사실을 알게해주셨다.

유대인의 관원이고 율법과 하나님에 대한 기본적인 지식과 지성을 겸비한 니고데모도 예수님 앞에서는 동문서답을 한 것처럼, 교회 마당을 수십 년 밟고 다니며 '할렐루야 아멘!'을 외치고 다녀도 나의 내면의 자아

(속사람)가 죽어있거나 깨어나지 못하면 헛수고인 것을 이제부터 깨닫기 시작했으므로 내가 아직 세상에 태어나지 못한 모태에 갇혀 있는 태아 교인과 같은 존재였었다.

영적인 신분 변화의 체험

지금까지는 말과 귀로만 듣던 하나님을 이제는 눈(영안)으로 보고 손으로 만지고 피부로 느끼며 미소 지을 줄 아는 성숙한 영의 사람으로 신분이 변화되는 것을 느낄 수 있었다. 마치 누에가 뽕잎을 먹으면서 자라지만 다 성숙한 뒤에는 집을 짓고(고치) 그 속에 있다가 때가 되면 나비로 변화되는 것처럼, 나의 자아도 육에 속한 옛 사람을 벗고 영에 속한 새 사람으로 마치 하늘을 자유롭게 날아다니는 것처럼 신기한 나를 체험하게 되었다. 이렇게 영적으로 신분의 변화를 체험하고 나니 이제는 내 눈에 보이는 자연계(自然界)마저, 하늘에 떠다니는 구름도, 산천에 지저귀는 새들도, 심지어 공중에 바람소리, 시냇물 소리마저도 저마다 각기 하나님을 찬양하는 소리를 내며 모든 만물이 아름다운 음악의 하모니를 연상케 하는 순간이었다.

산천초목과 모든 만상이 이전에 그대로 있음에도 불구하고 내가 변하고 나니 모든 것이 다 변하는 것을 느낄 수 있었다. 이제는 들쥐 한 마리도 사랑스럽고 귀하게 보일 정도로 달라져 있었고 내 생각 속에는 미워하거나 싫어하거나 감정이 생기는 사람은 있을 수 없었다. 이렇게 나를 새롭게 변화시킨 후에 하나님께서 나에게 또 다른 학습을 시키셨다.

한국교회의 현재의 모습을 보여주심

이번에는 한국교회를 소재로 현재의 모습을 보여주시고 들려주시며 깨우쳐주시는데 너무 놀라운 모습이었다. 1970년 대는 한국교회가 급속도로 부흥하고 발전하는 그런 때인데 이를 보시고 하나님께서 만족해하시고 기뻐하시는 것이 아니라, 심히 안타까워하시고 탄식하시는 모습으로 염려하시면서 수많은(90%) 성도들이 영적으로 실패하는 신앙생활을 하고 있으며, 교회를 위임받은 주의 종들(목회자) 중 50% 정도는 자칭 주의 종(삯군)이고 50%만 하나님이 쓰시는 종이라고 조심스럽게 깨우쳐주시는 까닭은 무슨 일인가?

그 당시 나(저자)는 아직 집사도 아니고 전도사도 아니고 가장 미말(微末)의 철부지 어린 신자인데 한국교회의 문제를 내 자신의 문제처럼 보여주시고 들려주시며 염려하게 해주시는 상황을 이해하기가 쉽지 않았다. 아직 나는 겨우 눈을 뜬 어린아이와 같은 처지인데 하나님께서 내게 이렇게 구체적인 깨달음을 주시는 것은 결코 우연은 아니었다. 이때까지만 해도 평신도로 일생을 주님 앞에 충성할 줄 알았지 주님의 나라에 사역자로 쓰임 받을 자신이 없었다. 그러나 하나님께서 보여주시고 들려주시고 깨닫게 해주신 모든 비밀을 나는 지워버릴 수도 없고 잊어버릴 수도 없었다. 아직까지 한국교회 문제를 염려하고 깊이 알고 싶지도 않은 때였다. 하나님의 시간은 과거, 현재, 그리고 미래가 별개가 아닌 모두가 현재 진행형이라는 것을 그때까지도 알지 못했으며, 한국교회 문제와 나는 아무런 상관이 없는 일로만 여기고 있었다.

우리 인간은 눈에 보이는 현상세계(물질계)에만 관심을 갖지만, 하나님께서는 지나온 과거와 다가올 미래를 다 보시고 염려하시며 안타까워하고 계셨음을 세월이 지나면서 저자가 목회자가 되고 실제로 한국교회에 몸을 담고부터 차츰 알게 되었다. 부족하지만 한국교회의 이 모습 저 모습 다 보여주시고 들려주시면서 염려하셨던 것을 훗날 깨달았으며, 열흘이라는 짧고도 긴 시간 나는 영의 세계와 나중 천국에 가서 누릴 영광과 하나님 앞 심판대에 서는 날 어떻게 심판을 받게 된다는 것까지 여러 가지로 깨닫게 해 주셨다.

10일 동안의 영적 체험은 훗날 사역에 자양분되게 함

아직까지 나는 영적으로 어린아이와 같으므로 깊은 체험은 못했지만 많은 체험을 하면서 열흘 동안 금식기도를 통해 깨닫고, 배우고, 느낀 것은 훗날 나의 목회와 신앙생활에 엄청난 도움을 주었고 힘이 되었다. 이제 나는 열흘 동안 받은 은혜와 놀라운 체험 가운데 금식이 끝나고 세상에 들어섰다. 영적인 삶을 어떻게 해야 하며, 사역을 어떤 방향으로 나가야 하는 계획과 결심을 굳건히 가지고 어떤 유혹과 시련이 와도 싸워 이길 수 있다는 용기도 생겼다.

세상 부귀영화와 천국의 상급은 비교조차 할 수 없어서 마치 하늘과 땅의 차이라는 위로의 마음으로 금식을 끝내고 하산(下山)하는 날이다. 이제는 몸도 마음도 날아갈 듯이 가볍고 기쁘고 감격하면서 가방하나를 들고 찬송을 부르며 오전 일찍 기도원을 내려 왔다. 그런데 불과 절반도 못 내려왔는데 생각과는 달리 몸에 무리가 오는 것을 느끼기 시작했다. 2차로 금식하면서 몸이 쇠약해진 것이 밖으로 나타나기 시작했다. 할 수 없이 길가에 주저앉아서 가방을 들어줄 사람이 나타날 때까지 기다려 한 청년에게 도움을 청해 버스를 타는 길까지 겨우겨우 집으로 갈 수 있었다. 마음 같아서는 날아갈 것 같았지만 육체는 어쩔 수 없이 연약한 존재임을 처음으로 경험하게 되었다. 무척산 기도원은 해발 1,000미터 가까운 높은 산인데 오솔길을 한 시간 반 정도 걸어서만 갈 수 있는 곳으로 교통이 전국에서 가장 열악한 편이었다.

더 겸손해 지기를 요구하는 삶이 나를 기다림

금식기도를 안 해본 사람은 잘 모르겠지만 기도 중에 은혜를 많이 받고 이적과 기사를 많이 체험했다고 자만하거나 자랑하는 일은 절대금물이다. 2차에 걸쳐 그렇게 많은 은혜를 받고 신령한 체험도 많이 했다. 나는 세상을 다 얻은 것처럼 의기양양해서 하산했는데 사단(마귀)은 내가 하산하기를 기다렸다는 듯이 나를 괴롭히고 유혹의 손길을 멈추지 않았다. 내가 은혜를 받고 세례교인이 되고 은사들을 받았다고 해서 완전하고 하늘나라에 들어갈 수 있다고 자만하면 아주 위험천만한 일이라는 것을 알아야 한다.

영적체험 비례대로 도전하는 마귀의 시험

내 삶 속에 주님께서 깊이 개입하시고 나의 삶을 완전히 장악해서 성령의 충만함을 입기까지 언제나 불완전하고 미숙한 존재임을 잠시도 잊어서는 안 되는 것이었다. 많은 은혜를 입었고 영적체험을 했는데도 마귀가 역사를 그친 것이 아니고 그때가 마귀가 발동을 거는 때라는 것을 비로소 깨닫기 시작했다.

비유로 깨닫게 해 주신 성경(마12:43~45) 말씀처럼 내게서 떠난 마귀는 더 많은 군사를 데리고 비어있는 집을 점령해 버린다. 그리고 내게서 떠난 사단은 자기를 배반한 원수를 가만히 내버려두지 않는다. 조폭 세계에서도 전에 함께하던 무리가 중간에 배신하고 다른 적과 함께하는데 박수쳐 주고 환영해 줄 이유가 없다. 어떻게 해서라도 보복하고 해를 가해서 괴롭게 한다. 이처럼 우리를 고통스럽게 하는 것이 사단의 본성이다.

서원 기도를 위해 다시 찾은 무척산 기도원

하산하고 3개월 정도 버티었는데 이제는 더 이상 견딜 수 없어 나는 또 다시 사단과 영적전쟁을 선포할 수밖에 없었다. 먼저 하나님의 도우심이 아니고는 이 싸움은 불가능한 터이라 하나님 앞에 서원기도를 먼저 드렸다. "주여! 이번 금식은 나의 생사를 걸고 했습니다. 이번에 이 금식 기간을 잘 통과하면(이기면) 완전한 성령의 포로가 되어 세상을 이길 수 있게 해 주시고, 아니면 금식 기도 중에 천국으로 데려가 주십시오"

"이제는 죽어도 천국 갈 확신이 생겼고 살면 이 생명 바쳐 하나님 나라와 하나님 영광위해 충성하는 참 종(사역자)이 되겠다"고 단단히 맹세하고 다짐을 했다(Now I'm sure I'll go to heaven even if I die. I will devote this life to the kingdom of God and to the glory of God. I made a firm vow to be a minister).

또 다시 무척산 기도원을 향해 고지를 탈환하러 가는 야전군 사령관처럼 선언하고 집을 떠나 산으로 향했다. 죽기 아니면 살기로 살아 돌아오면 끝까지 충성된 주의 종이 될 것이고, 죽으면 육신은 그곳에 묻히고 내 영혼은 영원한 안식에 들어갈 것을 생각하니 조금도 망설일 이유가 없었다.

6
오아시스를 만나다

"여호와께서 사람의 걸음을 정하시고 그 길을 기뻐하시나니"
(시편 37:25).
"내 길을 굳게 정하사 주의 율례를 지키게 하소서"(시편 119:5).

20일 장기 금식이 끝날 무렵, 환상

이십일 장기금식이 거의 끝나갈 즈음 나는 주님께서 머리에 가시관을 쓰시고 나를 정면으로 바라보시면서 "이 피를 보아라 이 피는 내가 너를 위하여 흘리는 대속의 피니라"하시며 주님께서 십자가에 높이 달리신 채로 나를 향하여 온몸에서 피를 방울방울 흘리시고 계셨다. 그 모습을 쳐다보면서 나는 주님 앞에 말을 잇지 못했다.

저 피가 내 죄를 대속하는 속제의 보혈로 내 죄가 말갛게 씻겨지는 놀라운 환상을 두 눈으로 바라볼 수 있었다. 그 보혈 앞에 나는 말로 할 수 없는 희열과 감격을 감당할 수 없었다.

환상 앞에 절로 터진 찬송

1."내 주의 보혈은 정하고 정하다 내 죄를 정케 하신 주 날 오라 하신다.
후렴~내가 주께로 지금 가오니 골고다의 보혈로 날 씻어 주소서"
2. 약하고 추해도 주께로 나가면 힘주시고 내 추함을 곧 씻어 주시네. 후렴~
3. 날 오라 하심은 온전한 믿음과 또 사랑함과 평안함 다 얻게 함일세. 후렴~
4. 큰 죄인 복 받아 빌길을 얻었네. 한없이 넓고 큰 은혜 베풀어 주소서. 후렴~
5. 그 피가 맘속에 큰 증거 됩니다 내 기도소리 들으사 다 허락하소서. 후렴~

헤아릴 수 없이 거듭해서 이 찬송을 부르고 또 불렀다. 이 세상에서 최고의 큰 복은 돈도 명예도 권세도 아닌 죄사함 받는 일이 최고의 축복임을 깨달을 수 있었다. 이 세상 어디에서도 맛볼 수 없는 그 환희와 기쁨에 도취되어 시도 때도 없이 "내 주의 보혈은 정하고 정하다 내 죄를 정케 하신 주 날 오라 하신다. 내가 주께로 지금 가오니 골고다의 보혈로 날 씻어 주소서" 찬송을 부르며 십자가 위에서 날 위하여 보혈을 흘리신 주님을 찬송하고 묵상하기를 그칠 줄 몰랐다. 그 은혜와 사랑에 사로잡힌 나는 죄에서 해방 받고 보혈의 공로로 천국백성된 것을 생각하니 나도 모르게 저절로 춤을 추고 싶어 내 발이 땅에 닿았는지 공중에 떠 있는지 모를 정도로 가볍고 즐겁기만 했다.

잠들기 전 환상-큰 화로의 장작더미에 불붙는 환상

며칠 지나면 금식은 끝나고 그토록 원하던 만나를 마음껏 먹을 수 있다는 기쁨이 폭포수처럼 임했다. 드디어 금식이 끝나는 20일째 되는 날 오전예배를 끝내고 피곤하여 잠시 자리에 누워 쉬는 시간을 가졌다. 잠이 채 들기도 전에 환상처럼 내 앞에는 큰 화로가 있었고, 그 안에는 생나무 장작이 가득 채워져 있는데 그 장작더미에 불이 붙기 시작했다.
그 장작나무 타는 소리는 '쩍쩍'하고 타오르는데 그 불기운이 내 온몸에 다가오면서 그 불기운에 전신이 뜨거워지고 나는 견딜 수 없어 벌떡 일어나고 말았다. 온몸에 불이 당겨진 것처럼 뜨거운 몸을 이기지 못하여 나는 서재에 꽂혀있는 책 한 권을 빼 들고 맞은편 산봉우리로 올라갔다.

불붙듯 몸이 뜨거워 순교에 관한 책을 읽기 시작함

그 책 이름은 '주기철 목사의 생애'라는 책인데 그 책을 펴서 읽기 시작하면서 눈물을 쏟기 시작했다. 그침 없이 흐르는 눈물을 감당할 수 없어서 손수건으로 눈물을 계속 닦으면서 해 질 무렵까지 책을 눈에서 뗄 수 없었다. 놀라운 일은 주기철 목사님의 이름이 기록된 구절구절마다 그 자리에는 내 이름이 대신 보였다. 내가 당해야 할 일과 내가 가야할 길을 주 목사님께서 대신 가셨다는 죄책감에 몸 둘 바를 몰랐다.

그 책을 다 읽으면서 나는 주 목사님처럼 순교자의 길을 가야하고, 주 목사님께서 나를 위해 먼저 고난을 당하셨다는 것이 믿어졌다. 나는 주 목사님을 뵌 적도 없고 전연 생면부지(生面不知)의 관계인데 책속에서 영성으로 주 목사님을 만나서 생시(生時)처럼 대화하며 감사의 뜻(영적인 대화)을 나누었다. 반드시 내가 목사님 뒤를 이어갈 것을 약속하면서 산봉우리에서 기도원 숙소로 내려오기 전 오후시간 내 책을 다 읽고 말았다.

3차 금식이 끝나는 날 사명을 받음

이제 내게는 아무것도 미련도 욕망도 없어졌다. 이제부터 사는 것은 덤으로 사는 인생이니 내가 걱정하고 욕심부리고 이런저런 계획을 세울 필요가 없다. 살아도 주님 것이요 죽어도 주님 것인데 내가 할 일이 있다면, 하나님의 뜻을 따라 하나님께서 기뻐하시고 시키시는 대로만 하면 된다고 생각하니 세상에 미련이 있을 수가 없었다. 그리고 나는 금식이 끝나는 날 처음이고 마지막으로 사명을 받게 되었다. 그 사명은 지금까지 한순간도 내게서 떠나지 않고 있으며, 지금까지 내가 살아있는 것도 그때 받은 사명 때문에 생명을 연장시켜 주신 줄로 믿는다.

하나님의 부름받은 사람은 누구나 사명을 부여받고 이 세상에 보내진 사명적 존재인데 그것을 발견하지 못하고 일생을 허비하는 사람이 있다. 또 일찍부터 사명을 받고 그 사명에 매진하다 죽을 때에는 그 사명을 다하고 하나님 앞에 가는 사람이 있는 줄 안다. 깊은 기도 속에서 하나님께서는 내게 엄숙한 말씀으로 **"너는 정치로 네 민족을 구하려하지 말고 내 복음으로 네 민족을 구하도록 하라"**는 너무도 분명하고 또렷한 음성을 들려주셨다.

그때 받은 사명은 내 생애에 가장 두렵고 떨리는 하나님의 명령이었고 잊을 수 없는 기억으로 영원히 남아 있을 것이다. 이제 나는 받은 사명 앞에 겸손히 순종하는 마음으로 나의 서원기도를 드리기 시작했다.

그 서원도 하나님과의 약속이기 때문에 엄숙했으며, 변할 수 없었다.

첫 번째 서원기도	'나를 이 민족의 모세로 사용하여 주옵소서!'
두 번째 서원기도	'나를 이 시대의 바울처럼 영성의 사람이 되게 하옵소서!'
세 번째 서원기도	'나를 생애 마지막에는 순교자의 반열에 들게해 주옵소서!'

〈Table-2〉 사명 앞에서 드리는 나의 서원 기도

이상 세 가지 서원기도를 하나님 앞에 드리고 금식기도를 마무리했다.

> "이제 내가 사는 것은 내가 아니요 오직 내 안에 그리스도께서 사신 것이라 이제 내가 육체 가운데 사는 것은 나를 사랑하사 나를 위하여 자기 몸을 버리신 하나님의 아들을 믿는 믿음 안에서 사는 것이라"(갈2:20).

사도 바울의 고백을 나의 고백으로 삼기로 했다. 이제부터 나의 모든 존재와 삶과 사상을 주님 앞에 이전등기해드리자! 이제는 사나 죽으나 그리스도와 복음을 위해 죽기까지 충성하기로 다짐을 했다(From now on, Let's register all my existence, life, and thoughts before the Lord! Now, Let's be loyal to Christ and the gospel until death).

그 다짐을 하고 나니 이 세상은 낙원이 되고 사막의 오아시스처럼 만족함이 넘쳐흐르는 듯했다.

7

"거듭나야 한다"

"Must be born again"

믿음에 대한 진단, "당신은 거듭났는가?"

교회는 수십 년을 다녔는데 여전히 영적생활은 무기력하고 연약하기 짝이 없으며, 예수님을 사랑한다고 고백하며 오랫동안 신앙생활을 해 온 많은 그리스도인이 실상은 참된 복음을 온전히 알지 못하여 죄의 사슬에 매여 해방되지 못하고 있는 모습을 어디서나 쉽게 발견할 수 있다.

"당신은 거듭났는가?" 한번 믿음에 대한 진단을 할 필요가 있다. 거듭난 참된 그리스도인은 삶의 향기로 하늘가는 밝은 길을 보여주며 그리스도께서 어떤 분이신지를 소개하는 증인들이다. 죄의 사슬(올무)에서 벗어나는 삶, 은혜의 삶 속에서 완전한 평화를 맛보는 삶이 참된 그리스도인으로서 진정한 삶이다.

이 일은 오직 위로부터 내려온 새 생명이 내 안에 역사함으로 가능하다고 본다. 죽은 심령에 성령의 능력이 임하여 생기를 불어 넣을 때 우리는 새로운 거룩한 삶을 살 수 있게 된다.

예수께서 대답하여 이르시되 진실로 진실로 네게 이르노니 사람이 거듭 나지 아니하면 하나님의 나라를 볼 수 없느니라"(요3:3).

예수 그리스도께서 말씀하신 것은, 하나님의 말씀과 성령의 능력을 힘입어 새 마음과 새 목적과 새 동기를 받아서 새 삶으로 돌아가지 아니하면 다른 대안이 없다는 것을 일깨워준 주님의 말씀이다.

〈Table-3〉 **Jesus 말씀의 대안**

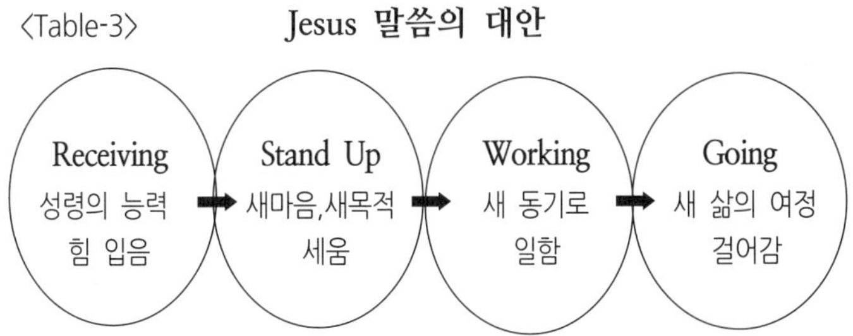

어떤 사람들은 우리가 힘써 노력하고 우리 속에 있는 선한 양심을 계발하면 천국갈 수 있다고 말하고 있다. 그것은 새빨간 거짓말일 수밖에 없다. 지옥으로 직행하게 하는 속임수다.

"육에 속한 사람은 하나님의 성령의 일을 받지 아니하나니 저희에게는 미련하게 보임이요 또 깨닫지도 못하나니 이런 일은 영적으로라야 분변함이니라"(고전2:14).

그저 믿음으로 구원받고 믿음만 있으면 천국 가는 일이 저절로 되는 것으로 교회가 그렇게 성경을 가르치고 있다. 자신(목회자)에게 맡겨준 양떼를 잘못된 길로 가게 하면 그 책임은 누구의 몫이 되는가? 부담 없고 듣기 좋은 말, 달콤한 사탕발림에 우리와 우리의 자녀들이 원치 않는 곳으로 가고 있음을 심사숙고(深思熟考)해야 한다.

"복음에는 하나님의 의가 나타나서 믿음으로 믿음에 이르게 하나니 기록된바 오직 의인은 믿음으로 말미암아 살리라"(롬1:17)

공짜 같아도 공짜는 없다

주님의 피 값! 나(우리)를 불 속에서 건져내기 위해 내 어머니가 생명을 버려 나를 불 속에서 건져내어 주셨다면 나는 그 어머니의 사랑과 희생과 은혜를 잊어버리고 되는대로 방탕한 삶을 살아도 괜찮다는 것일까?
"기독교는 이론의 종교, 사색의 종교, 교리의 종교가 아니다". "기독교는 사랑의 종교, 체험의 종교, 전인격(변화)의 종교이다"(Christianity is a religion of love, a religion of experience, and religion of the whole personality with change).

온전하게 통째로 드림
예수 그리스도께서 하나님 아버지께 기도하실 때, 다음 말씀처럼 모범인 한 실례를 보여 주셨다.

"아버지께서 내 안에 내가 아버지 안에 있는 것 같이 저희도 다 하나가 되어 우리 안에 있게 하사 세상으로 아버지께서 나를 보내신 것을 믿게 하옵소서"(요17:21).

우리의 죄악성에 가까운 마음을 본성적으로 그분께 연합시키기 원하신다는 교훈이 담겨 있다. 그래서 예레미야 선지자를 통해 "너희가 전심으로 나를 찾고 찾으면 나를 만나리라"고 말씀하신 것이다. 더 쉽게 설명하면 우리가 하나님과 함께 거하고 하나님을 알고 하나님을 믿기 원한다면, 우리 마음을 반쪽만 드려서는 안 되고 온전히 통째로 바쳐야 한다는 뜻이다.

초대교회 당시 아나니아와 삽비라는 "소유를 팔아 그 값에서 얼마를 감추매 그 아내도 알더라 그 판 값 얼마를 가져다가 사도들의 발 앞에 두니 베드로가 가로되 아나니아야 어찌하여 사단이 네 마음에 가득하여 네가 성령을 속이고 땅 값 얼마를 감추었느냐 이 일은 사람에게 거짓말한 것이 아니요 하나님께로다"(행5:1~4)라고 하였다. 이 사건은 모든 그리스도인이 귀 담아 들어야 할 내용이다. 이사야 선지자는 다음과 같은 경계의 말씀을 전했다.

> "온 머리는 병들었고 온 마음은 피곤하였으며 발바닥에서 머리까지 성한 곳이 없다"(사1:5~6).

우리 그리스도인은 죄인된 심령으로 삶을 이어가면서 하나님께 붙들려 있지 않으면 사단에게 꼼짝 없이 붙들려있다(둘 중에 하나).

> "너희의 허물과 죄로 죽었던 너희를 살리셨도다"(엡2:1).

하나님께서는 죽었던 우리를 살려 주시기 원하시고 고쳐 주시기 원하시고 자유롭게 해 주시기를 원하신다(God wants to save us who died, to fix us, to set us free).

거룩한 열정과 거룩한 습관을 추구함

그렇게 하려면 우리가 이 상태로는 안 되고 거룩한 열정과 거룩한 습관을 가질 수 있도록 우리를 완전히 변화시키는데 내 놓아야 한다. 그런데 그 일을 하나님께서 억지나 강제로 하시지 않는다. 창조 시에 하나님께서는 우리를 로봇이나 기계처럼 만들지 않으시고 자유의지를 함께 주셨다. 우리에게 생기를 불어넣으셔서 생령이 되도록 하셨다.

우리 인간이 싸워야 할 싸움이 많다. 그 중에 가장 힘든 싸움은 자기와의 싸움이다. 싸움은 우리가 해야 하는 몫으로 우리 자신을 하나님께 드려서 우리의 마음(영)을 하나님께서 완전히 지배하시도록 무조건 순종해야 하는데 그게 쉬운 일이 아니다.

왜 그럴까? 우리의 전부를 그분께 이전등기해드리지 못했기 때문이다. 하나님께서는 우리를 무조건 복종하게 장치를 해 놓은 것이 아니라는 사실을 깨달아야 한다.

8
우리 모두의 기원, 간구

우리가 진정한 마음으로 다니엘과 같이 한국의 총체적인 국가와 사회 그리고 교회의 부패를 나의 잘못으로 여기고, 주님께 간곡한 마음으로 아래의 기도문을 읽어가며 회개하면 하늘에서 하나님이 들으시고 회복시켜 주실 것이라고 사료(思料) 된다.

| 한국을 위한 진정한 회개기도 |

사랑과 은혜와 자비가 크신 하나님 아버지!
우리는 조상 때부터 수천 년 우상과 샤머니즘으로 하나님의 백성답게 살지 못하였음을 회개합니다. 이 나라와 이 민족을 불쌍히 여겨 주시옵소서.
일본의 압제와 수탈 속에서 나라를 사랑하며 민족을 사랑했던 수많은 독립투사가 하나님의 보호하심을 믿고 생명까지 아끼지 아니하였습니다.
전능하신 하나님께서 그들의 기도를 들으사 이 나라와 민족을 구하여 주셨건만 하나님께 감사하지 못하였음을 회개합니다. 이 나라와 민족을 불쌍히 여겨 주시옵소서!.

대한민국은 하나님께서 소수 의인들의 기도를 들으시고 건국의 기초부터 하나님께서 간섭하시고 보호하셔서 세우신 나라임을 늦게나마 고백하고 감사드립니다. 반만년의 긴 역사 가운데 수 많은 선교사의 피 뿌림을 허락하사 복음이 뿌리내리고 싹이 틀 수 있었음을 우리가 감사하지 아니하였음을 회개합니다. 이 나라 이 민족을 불쌍히 여겨 주시옵소서. 몸을 찢으며 생명을 불살라 지켜낸 이 땅의 복음과 믿음과 민주주의를 너무나 쉽게 친북좌파에게 내어준 우리 국민의 무지를 회개합니다. 이 나라와 이 민족을 불쌍히 여겨 주시옵소서!.
하나님이 없다고 하는 공산주의 사상과 북한이 주적(主摘)의 상대가 아니라 '동행'과 '협력'의 대상이라는 사상이 전교조를 통하여 이 땅의 어린아이들과 청소년들에게 전파되는 것을 막지 못한 것을 회개합니다. 이 나라와 이 민족을 불쌍히 여겨 주시옵소서!.
기도가 없고 회개가 떠난 교회로 만든 목회자들과 사역자들의 죄악을 용서하여 주시옵소서. 성령의 인도함을 받기보다는 사람의 인정을 받아 유명해지기를 원하는 목회자들과 사역자들의 죄악을 용서하여 주시옵소서.
우리 주 예수 그리스도의 이름 힘입어 간절히 기도 하옵나이다. 아멘!

〈Table-4〉

"내 영혼아 네가 어찌하여 낙망하며 … 내 속에서 불안하여 하는고 너는 하나님을 바라라 그 얼굴의 도우심을 인하여 내가 오히려 찬송하리로다"(시42:5).

이번 기도의 단계-하나님 나라의 일들로 채워짐

지나간 약 반년 동안 기도원에서 지나온 시간은 나(저자)의 삶에 엄청난 지각변동을 가져온 것은 틀림없는 사건이었다. 이전에는 눈에 보이는 현상위주였는데 이제부터는 이 몸과 세상은 간 곳이 없고 구속하신 주님과 하늘나라에 대한 소망으로 가득 차고야 말았다.

영적 단계를 한 단계 업그레이드 됨

이번에 시작하는 첫날부터 본론으로 들어가 마치 천국잔치에 참가한 느낌이었다. 계속되는 천국의 향연에 하루하루가 잔칫집 분위기에 은혜를 감당할 수 없을 정도였다. 지난번 기간은 내 개인의 중생과 한국교회가 주제였는데 이번 기간은 포괄적인 천국 체험단계로 매일 진행되었다. 지난 학기는 영적세계의 초등학생 과정이었다면 이번학기는 중.고등학생과정을 체험하는 수준이었다. 시간마다 말씀을 들을 때 감동과 감화가 밀려오고 이제는 기도하는 시간이 점점 길어지고 깊어지기 시작했다.

지난번 기도할 때는 한국교회가 어떻게 잘못되었고 무엇이 문제인지를 깨우쳐주셨는데, 이번에는 우주적인 교회관으로 보고 느끼고 체험하게 해 주셨다. 이전에는 우물 안 개구리의 시각으로 하늘을 측정하던 것이 이제는 하늘을 마음껏 비행하는 독수리의 시각으로 영계를 보는 훈련을 시키시고 있었다. 설교를 듣는 시간은 송이 꿀을 먹는 맛이었고 하루 3번씩 드려지는 예배시간은 연인을 기다리는 심정처럼 기다려졌다.

목회 방법에 대하여 구체적인 예시를 주심

기도원 원장님의 간증(설교)말씀은 어릴 때 맛있게 먹던 떡보다 더욱 감미로웠다. 저녁시간은 피곤하고 힘이 들었지만 아침이 되면 어디서 힘이 솟아나는지 넉넉히 이길 수있는 힘이 생겼다. 하나님께서는 일찍부터 나에게 목회를 어떻게 하라는 목회방침을 구체적으로 가르쳐주셨다. 목회자들이 목양사역을 사명감으로 감당하지 않고 생활방편으로 직업적으로 임하는 숫자가 얼마나 많다는 것도 들려주고 알게 해 주셨다. 그 결과 성도들은 하나님을 만나지도 못하고 성전 뜰만 밟고 다니는 구경꾼 신자들이 얼마나 많다는 것을 퍼센트로 알려주시기도 했다.

이제까지 알고 믿었던 것이 얼마나 허구였는가도 깨닫게 해 주셨다. 아직 나는 목회자로 준비되지 못했고 확신도 없었지만, 하나님께서 이미 이전부터 나를 주의 종으로 선택해 놓으시고 여러 가지로 체험하게 해 주시고 준비시키시고 계셨다. 이제는 무더위가 지나가고 만물이 여물어 가는 결실의 계절 가을이 온 자연에 무르익는 계절에 내게도 영적으로 여물어가는 신앙의 가을이 찾아왔다.

이번 금식기도 중 나(저자)를 정확히 기록하고 계심

금식기도 중에 환상과 음성(영음)으로 많은 체험하게 하시는 중 가장 잊을 수 없었던 기억은, 하나님께서 내 생애를 하나도 빠짐없이 촬영(녹화)하고 계신다는 것과 이 세상 끝날 심판대 앞에 설 때, 추호도 어김없이 다 직고(直告)해야 한다는 두려운 사실과 하나님 앞에서 상급과 책망의 보상이 반드시 있다는 것을 깨우쳐주셨다.

어떤 사람처럼 나는 천국을 직접 구경하고 오거나 여기저기 다녀보고 실제처럼 체험하지는 못했지만, 성경(말씀)을 통해 인지하고 깨닫게 해 주시는 것은 거의 의심 없이 체험할 수 있었기 때문에, 성지순례를 하지 못했어도 의심하거나 아쉬워하는 것은 조금도 없다. 예수 그리스도께서는 제자에게 아버지를 보지 못하고도 믿는 것이 더욱 복되다고 하셨다. 예수님의 제자 도마는 예수님의 몸에 생긴 손에 못자국과 옆구리의 창자국을 만져보지 않고는 믿지 못하겠다고 했지만 나는 이미 영안(靈眼)으로 보았고, 영의 귀로 들었고, 영성으로 만져본 것처럼 체험했기 때문에 천국을 의심하거나 부인하는 것은 조금도 없다. 세상의 그 무엇보다 가장 정확하고, 가장 안전하고, 가장 확실하게 기록된 하나님의 말씀이기 때문에 나는 의심하거나 편견(偏見)된 것은 거의 없어졌다.

천국을 인간 지성과 이성과 체험으로 판단할 수 없음

하나님께서는 나에게 꼭 필요한 것과 반드시 알아야 할 것은 거의 빠짐 없이 허락해주셨기 때문에 좌로나 우로나 치우칠 염려가 없으며 억지로 풀려고 애를 쓸 필요도 없다. 우리 인간이 하나님의 나라와 그의 비밀을 다 알려고 할 필요도 없고 억지로 풀려고 하다가 실수나 착각할 이유도 없다고 깨우쳐 주셨다(In the wake of this prayer, humans should not know the kingdom of God and all his secrets, do not make mistakes or mistake while forcibly solving God's will). 천국의 비밀을 인간의 지성과 이성과 경험으로 알려고 하는 것은 인간의 교만과 자만임을 알아야 한다.

9
인생은 너무 짧은 나그네(人生無常)

"사람은 헛것 같고 그의 날은 지나가는 그림자 같으니이다"(시편 144:4).

성경에는 인생을 나그네라고 표현한 곳이 여러 번 있다.

"사랑하는 자들아 나그네와 행인 같은 너희를 권하노니 영혼을 거스려 싸우는 육체의 정욕을 제어하라 너희가 이방인 중에서 행실을 선하게 가져 너희를 악행한다고 비방하는 자들로 하여금 너희 선한 일을 보고 권고하시는 날에 하나님께 영광을 돌리게 하려 함이라"(벧전2:11-12).

비단 성경에만 그렇지 않고 철학자들, 과학자들 중에도 인생의 의미와 가치를 가장 쉽게 표현할 방법이 없어 인생은 나그네 또는 역려과객(逆旅過客)이라는 표현으로 쓰기도 한다. 그러면 인생을 나그네라고 하는 의미가 무엇인가를 살펴보는 것도 중요한 일이다.

1. 나그네는 잠시 머물다 떠나는 것이다.

나그네는 한 곳에 오랫동안 머무는 게 아니고 잠시 동안 머물다 떠남을 의미한다. 인생은 고향인 하나님 나라를 떠나서 나그네처럼 잠시 동안 이 세상에 와서 살다가 하나님 나라로 돌아가야 하는 유한의 존재라는 뜻이다. 이 세상에 태어난 인생은 누구나 반드시 죽는다. 영웅호걸, 천하장사, 빈부귀천, 남녀노소 모두 한 번은 죽고 마는 것이 인생이다. 그래서 모든 인생은 왔다 가야하는 숙명적 존재이기 때문에 '나그네'라고 표현한 것이 맞는 말이다. 오가는 정처를 몰라도 나그네 임에는 틀림 없다.

2. 나그네는 떠날 때 모두 다 버려두고 떠난다.

모든 인생은 이 세상에 사는 동안에는 여러 가지 많은 것을 소유하고 살지만 떠날 때는 모두 다 버려두고 떠나야하기 때문에 나그네이다. 요즘같이 가는 곳마다 여관, 호텔, 숙박시설이 많이 있고 잘 되어 있지만 손님으로 있는 동안은 내 마음대로 취향대로 쓰고 즐기고 사용하지만 정한 기한이 끝나면 아무것도 가지고 가지 못한다. 왜? 그것은 내(온전한) 것이 아니고 여관과 호텔의 주인 것이기 때문이다.

머무는 동안에는 모든 시설과 도구가 내 것같이 사용할 권리가 있지만 떠날 때는 하나도 못 가져간다. 내 생명도 내 마음대로 못하는데 사랑하는 아내도 남편도 부모자식과 형제 가장 가까운 관계도 동행할 수 없다. 혼자 외롭게 떠나야하기 때문에 여행객이나 마찬가지다.

우리가 아무것도 세상에 가지고 온 것이 없으매 아무것도 가지고 갈 수 없다. 빈손으로 왔다가 빈손으로 가는 것이 나그네이다. 그래서 인생은 소유보다 존재가 더욱 귀한 것이다(딤전6:7).

3. 인생은 너무 짧기 때문에 나그네이다.

'초로인생!' 풀잎 위에 이슬이 한두 시간이면 말라버리고 떨어져 버리듯 인생도 천년만년 살 것처럼 계획을 세우고 애를 쓰고 건강관리를 하지만 영원에 비교해보면 한 경점에 지나지 않는다.

> "내일 일을 너희가 알지 못하는도다 너희 생명이 무엇이뇨 너희는 잠깐 보이다가 없어지는 안개니라"(약4:14).

구약 성경 창세기 47:9에 이스라엘 족속 중에 야곱이 아들 요셉을 찾아 애굽으로 갔을 때 바로가 '당신의 연세가 얼마나 되냐고 물었을 때 야곱이 답하기를 "내 나그네 길의 세월이 일백 삼십 년이니이다 내 나이가 얼마 못되니 우리 조상의 나그네 길의 세월에 미치지 못하나 험악한 세월을 보내었나이다"하며, 지나온 자기 인생을 '나그네 길'이라고 했다.

유명한 성군 다윗 왕도 하나님을 향하여 기도하기를 "우리는 우리 열조와 다름이 없이 나그네와 우거한 자(거류민)와 세상에 있는 날이 그림자와 같아서 내 무덤이(소망) 없나이다"라고 고백하고 있다. 성경에 베드로 사도는 아시아 여러 곳에 흩어져 살고있는 성도들에게 편지하기를 "사랑하는 자들아 나그네와 행인 같은 너희를 권하노니 영혼을 거스려 싸우는 육체의 정욕을 제어하라"고 말하고 있다.

어떤 사람이 말하기를 인생을 네 등분으로 나누어 '엄벙덤벙 20년, 이것저것 20년, 아차아차 20년, 껄껄 20년', 소년기를 엄벙덤벙 지나고 청년기를 이것저것 여기저기 다니느라 어느새 40이 되고 아차! 아차! 하다가 또 20년, 60이 되어 껄껄 후회하다가 80에 죽는다고 했다. 후회 없이 살다 후회 없이 죽고 싶으면 이 세상에 너무 집착하여 정신없이 살 것이 아니고 잠깐 후면 떠나야 한다는 것을 유념(有念)하고 장차 들어가 살 영원한 본향 하늘나라를 바라보고 살아야 한다.

천지만물의 주권자시고 인류의 심판주로 계신 창조주 하나님을 만나서 그 분과 동행하면서, 그 분의 인도하심 따라 이 땅에 사는 동안에도 심령의 천국을 이루어야 한다. 내 마음 성전에 그분을 모시고 영원한 나라 새 하늘 새 땅에 들어가 영원토록 행복을 누리는 삶을 준비하고 예행연습하면서 기쁘고 즐겁게 사는 '나그네 길'이 되어야 한다.

10
'지금'이
나의 마지막 기회

언젠가 성공할 날이 오기는 올까?

'칠전팔기'라는 말이 있다. 위기를 만나거나 어려움에 처했을 때 용기를 잃지 않도록(잠24:16), 알기 쉽게 표현하면 일곱 번 넘어져도 여덟 번 일어선다는 말이다. 몇 번이고 거듭거듭 실패를 했을지라도 낙심하거나 실망해서 포기하지 않고 계속하여 다시 일어나면 언젠가는 성공할 수 있는 날이 반드시 오고야 만다는 소망의 메시지이다. 비슷한 단어로는 백 번 꺾여도 굴하지 않는다는 뜻으로 '백절불굴'(百折不屈) 어떤 어려움에도 굽히지 않는다는 뜻이다. 어떠한 위력이나 무력에도 굴복하지 않는다는 뜻으로 두 단어의 뜻은 거의 같은 의미로 쓰이고 있다.

이 단어의 유래는 전쟁 때에 생겨진 단어로 전쟁터에서 패하여 적군을 피하여 한 장수가 바위 틈 굴속에 몸을 숨기고 숨을 죽이고 쉬고 있는데, 그때 마침 큰 거미 한 마리가 굴 입구에 거미줄을 쳤다. 그때 장수는 별다른 생각 없이 거미줄을 걷어치웠다. 그런데 그 거미는 그것으로 포기하지 않고 계속해서 치우면 또 치우고 해서 일곱 번이나 걷어 치웠는데도 끝내 거미는 포기할 줄을 모르고 여덟 번째 거미줄을 치는 것을 보고 이제는 장수도 포기하고 내버려 두었다.

장수는 부질없는 거미의 하는 짓을 보고 거미의 우둔함을 탓하면서 얼마간 쉬고 있는데 적군의 수색대가 굴 입구에 오는 발자국소리가 들렸다. 아! 이제는 죽었구나 하고 아무 소리 않고 숨을 죽이고 가만히 엎드려있는데, 적군의 한 병사가 굴 입구에 와서는 거미줄이 입구에 처져있는 것을 보고 이 속에는 아무도 출입을 하지 않았다고 수색할 필요가 없다고 하면서 돌아가고 말았다. 그때 굴속에서 숨을 죽이고 있던 장수는 거미가 그렇게 끝가지 포기하지 않고 거미줄을 치는 것을 보고 감동을 받아 이 장수도 용기를 내어 그 전쟁에 포기하지 않고 끝까지 분투하고 분투하여 마침내 전쟁을 승리로 이끌어 큰 공을 세웠다는 유래에 이 '칠전팔기'라는 사자성어가 생겨났다고 한다.

한반도부터 지구의 종말이…

잠언서는 솔로몬 왕이 쓴 지혜서로 "대저 의인은 일곱 번 넘어질지라도 다시 일어나려니와 악인은 재앙으로 말미암아 엎드러지느니라"고 말했다. 지금 우리가 살아가는 이 세대가 어쩌면 불확실성의 시대라고 단정할 정도로 모든 것이 확실한 것이 없어 보인다. 특히 요즘은 국제정세도 그렇고 남북 간의 냉전도 그렇고 '코로나 19' 위기는 전 세계를 불안하게하고 있다. 이제부터 세계 지구의 종말이 도래할지 예측 불허한 것이 우리 한반도의 현실이다.

고래 싸움에 새우 등 터진다는 말도 예사롭지 않다. GⅠ와 GⅡ간의 무역전쟁과 이념전쟁이 언제 폭발할지도 예상이 어렵다. 어떻게 보면 지금의 사태는 위기에 처하고 있다기보다 백척간두! 앞이 보이지 않는 불안한 때이다. 그러나 이럴 때 일수록 우리는 재기할 줄 아는 역경지수, AQ가 필요한 때인 줄 안다. 역경지수가 높은 사람일수록 어떤 상황에도 도전하려는 의지가 강하고 위험을 만나도 긍정적으로 대처할 줄 알고 그 위험을 잘 감내할 줄 안다고 한다.

성공이라는 산을 오르는 사람들에게는 지혜와 용맹도 꼭 필요하지만 역시 가장 중요한 것은 위기와 역경을 극복하는 강인한 의지가 더욱 필요하지 않을 까 생각된다. 인생에게는 위기와 역경이 반드시 한 번은 있기 마련이다. 그러한 때를 우리가 피해가는 것도 좋은 방법이지만 그보다 더욱 좋은 길은 강인한 의지와 '하면 된다'는 용기가 더욱 좋은 무기라고 생각한다.

우리가 시간에 다가가는 현명함이 필요함

인류역사상 수많은 위인이 살다 갔지만 그중에 가장 위대한 한 사람을 택하라면 우리는 누구를 택할지 백인 백색 천인 천색이겠지만, 시대와 역사를 초월해서 가장 위대하게 살다간 사람은 죄 없으신 예수 그리스도! 그분을 가장 위대한 분이라고 믿는 것이 가장 지혜로운 판단이고 현명한 결단이라고 믿는다. 시간은 우리를 기다려주지 않는다. '오늘' '지금'이 나의 마지막 기회라고 생각하고 '오늘'에 최선을 다하는 지혜로운 사람이 후회하지 않는 인생을 살아가도록 바라는 마음 간절하다.

11
"문제는 요나다!"

"그가 대답하되 나를 들어 바다에 던지라 그리하면 바다가 너희를 위하여 잔잔하리라 너희가 이 큰 폭풍을 만난 것이 나 때문인 줄을 내가 아노라 하니라"(요나 1:12).

지금은 자다가 깰 때이다.
모든 시간 깨어 있는 자에게는 기회가 되지만 잠자는 자에게는 위기이다. 지금 우리나라는 어디를 보아도 정상인 데가 하나도 안 보인다.

"땅이 혼돈하고 공허하며 흑암이 깊음 위에 있고 하나님의 신은 수면에 운행하시니라"(창세기1:2).

모든 것이 불완전하고 비정상인 상태에서 하나님의 창조사역은 시작되었고, 이레 동안 하나님의 예정과 섭리대로 만물이 창조되고 조화와 균형을 이루어 아름답고 살기 좋은 에덴동산에 아담과 하와는 아무것도 부족함이 없는 낙원생활이 시작되었다.

지금 우리 시국(時局)은 한 치 앞도 보이지 않는 불확실성의 시대에 처해 있고, 사방에서 갈등과 분노와 저주와 불협화음이 연속되고 있는 악의 도시로 점점 변해가고 있다. 우리는 그 원인을 찾아야 하고 하나님이 창조하신 에덴을 벤치마킹해야 하는데 누가 나설 것인지 대안이 없고 모든 것이 오리무중이다.

2017년 박 근혜씨가 대통령에 당선된 후 이런 말을 한 것이 기억난다. "지금 우리나라는 비정상적인 것이 너무 많다. 이 비정상적인 것들을 정상으로 돌려놓는데 최선을 다하려고 한다"고 야심차게 당신의 소신을 밝혔다. 모두가 그렇게 할 수 있을 것이라고 믿었다. 그런데 그렇게 힘차게 선포를 한 후 임기 절반도 못 되어 자신이 그 올무에 걸려 넘어지고 말았다. 국가경영의 가장 큰 장애물인 부정부패를 제거해서 일류국가를 만들어 통일 조국을 앞당기겠다던 그가 그 올무에 걸려 넘어졌다. 야당이 야합하여 쳐 놓은 탄핵이라는 올무에 걸려 꼼짝 못하고 말았다.

우리는 이 사건을 어떻게 평가하는가? 이것이 누구의 탓인가? 누가 이런 시나리오를 만들어 이런 세상을 만들었는가? 사람마다 다르게 평가하고 제각각 판단하고 있다. 모든 문제는 밖에 있지 않고 안에 있다. 문제의 시작은 언제고 멀리 있는 것이 아니고 가장 가까운데 있다. 그러므로 모든 문제의 답은 밖에서 찾으려고 하지 말고 안에서 찾아야 하고, 멀리서 찾으려고 하지 말고 가장 가까운 데서 찾아야 쉽게 풀리는 것이다. 우리나라가 불과 5,60년 전까지만 해도 세계 여러 나라로부터 구걸(원조)해서 먹고살던 나라였다.

10대 강국에 잘 사는 나라?

그런데 지금은 세계 경제 10대 강국에 잘 사는 나라가 되었고 매 년 먹고 남은 음식쓰레기 수거비가 천문학적인 숫자에 도달하고 있다. 우리나라가 이렇게 잘 사는 나라가 된 것이 누구의 덕분인가? 우리 조상의 덕분인가? 아니다. 개인이나 단체나 국가도 힘이 있어야 한다. 힘이 없으면 별수 없이 설움당하고 천대받고 소외당하는 천덕꾸러기가 될 수밖에 없다.

우리나라가 유엔 240여 개국 가운데 국력을 평가하면 몇 위나 될까? 그 나라의 국력을 평가할 때 기준은 무엇인가?

1. **영토**–곧 땅이 얼마나 넓은가이다.
2. **지하자원**–(금, 은, 광물질, 석유, 천연가스 등)이다.
3. **인구**–(1억 정도는 되어야, 많이 낳는 것도 애국)이다.

〈Table-5〉 국력의 평가 기준

이 세 가지를 놓고 평가할 때 우리나라는 세계에서 몇 위 정도 되겠는가? 저자가 처음 해외로 간 것이 60년대 후반이고, 두 번째로 해외 간 것은 80년대 중반인데 처음 외국으로 나갈 때는 두 가지 목적이 있었다. 첫째는 돈을 좀 벌어야 하겠고 둘째는 공부를 좀 더 해야겠다는 꿈을 가지고 나갔는데 막상 밖에 나가서 보니까 나는 우물 안 개구리였다. 우물 안에 사는 개구리가 하늘과 땅이 어느 정도 넓은지 알리가 없다. 처음에 일본에 나갔을 때도 그 당시 일본은 세계경제 대국으로 미국 다음가는 나라였다. 그런데 당시 그 나라의 청년들 특히 일류대학의 엘리트들이 매일같이 머리에 붉은 띠를 두르고 반정부 시위를 하면서 각목과 투석을 일과처럼 하고 있었다. 그러다가 얼마 후에는 요도호 낫도리

납치사건을 일으켰다.

우리의 기독교, 교회에 희망은 있는가?
그 당시 우리나라의 젊은이들은 애국심과 반공사상에 뜨거웠고 잘살아 보겠다고 의지가 대단했다. 그런데 하나님께서 저에게 영안을 열어보여 주시는데 우리나라는 희망이 있는 나라였다. 우리나라의 교회와 기독교 신자(당시 160만)가 바로 대한민국의 희망이고 자신감이었다. 그래서 나는 그 나라의 청년 학생들 앞에 기가 죽지 않고 지금은 우리나라가 당신들보다 몇 십 년 뒤떨어져 있지만, 내 생전에 나는 우리나라가 당신네 나라를 앞서가게 될 것이라고 말했다.

그리고 나는 그 당시의 환상과 꿈을 5년 전에 큐슈 선교여행 때에 보았고, 4년 전에는 오키나와(미군기지)에 가족여행을 다녀오면서 확인할 수 있었다. 그 당시 우리 가족들은 비행기로 렌터카로 또는 지하철로 여행을 다니면서 우리나라 교통편과 도로사정이 결코 일본에 뒤떨어지지 않는다는 것을 확인할 수 있었다. 50년 전에 내가 본 환상이 결코 허황된 꿈이 아니고 현실로 변한 것을 볼 수 있었다.

비록 지금은 우리의 현실이 힘들고 어렵고 불편하지만 현상(물질세계)만 바라보지 말고 영안을 뜨고 영계를 보면 결코 포기할 수 없다. 희망이 보이고 미래가 보인다. 하나님의 말씀을 받았지만 순종대신 불순종하는 마음으로 다시스로 도망가던 요나가 배 밑창에 내려가 깊은 잠에 빠져 있을 때, 큰 풍랑이 대작하여 배에 탄 모든 사람이 다 죽게 되어 제비를 뽑아 원인이 누구의 탓인가를 물었다.
바로 그 풍랑이 요나로 인하여 일어난 것을 알고 요나는 즉시 "나로 인하여 이 풍랑이 일어났으니 나를 들어 바다에 던지면 이 바다가 잔잔하여 질 것이라"고 고백했다. 요나는 깊은 바다에 던져졌고 하나님은 큰 물고기를 예비하여 3일 동안 뱃속에 가두어 두시고 요나로 하여금 회개할 수 있게 했을 때 그 바다는 잔잔했고 그 배의 선원들은 다 무사할 수 있었다. 이 사건은 어쩌면 우리 대한 호가 지금 이 풍랑을 만난 것과 유사하다.

지금 우리나라는 입법, 사법, 행정, 모든 요소마다 야누스의 두 얼굴로 가장(변장)하고 숨어서 음모를 꾸미는 정치브로커, 고위공직자, 국가경영의 지도자들이 공산주의 이데올로기와 김 일성 주체사상과 좌익편향 사상으로 우리나라를 적화시키고 자유와 민주와 평화를 송두리째 무너뜨리려는 주사파들과 합작하거나 세뇌되어 앞뒤를 못 가리는 모리배들이 우후죽순처럼 일어나고 있다.

그 뿐만 아니다. 대한민국의 마지노선인 교회가 길을 잃고 있으며 교회를 사유화하고 적그리스도 사상으로 오염시키고 있는 종교업자들, 하나님의 이름을 이용하여 치부하고 이용가치로 사용하고 있는 지도자들, 교권주의자들, 물질적으로 타락한 지도자들, 교계 구석구석에 둥지를 틀고 분쟁을 일삼고 있는 종교업자들도 요나처럼 끄집어내어 회개하도록 촉구해야 한다. 지금 우리나라는 요나와 같은 지도자들이 양심선언을 하고 통회자복하는 영적 대각성운동이 한번 일어나야 한다. 목회자들은 강단에서 설교하는 것으로 할 일을 다 한 것이 아니다.

한 사람을 키워도 진리 편에 서게함

죽음 앞에 서더라도 할 말은 하고 복음 진리는 진리 그대로 선포하며 한국교회를 회복시켜야 한다. 한 사람을 키워도 진리 편에 설 수 있는 올바르고 곧은 사람을 키워야 한다. 지도자 한 사람이 바로 서면 우리나라도 아직 희망이 있고 소망이 넘치는 나라이다.
하나님께서 우리나라를 말씀 위에 세우셨고 기도하는 지도자들을 앞세워 1948년 8월 위기의 때에 건국의 값진 선물을 주셨다. 요나가 결국은 순종하여 니느웨로 돌아가 하나님의 경고를 외쳤을 때에 니느웨 성이 왕으로부터 백성들과 짐승들까지도 금식하며 회개했다(욘3:4-9).

하나님은 니느웨 성을 지켜 보호해 주셨다. 역사의 주인은 여호와 하나님이시요 인류의 생사화복은 하나님의 손 안에 있다.

지금 우리나라와 전 세계에 코로나(COVID) 바이러스가 두렵지 않다. 하나님의 피조물인 우리 인간들이 하나님을 두려워하지 않고 우상 숭배와 자기의 배로 하나님을 삼는 악한 영들의 창궐함을 보고도 못본 체 침묵하고 방조하는 죄를 가슴을 치며 통회 자복해야 한다. 우리가 요나처럼 바다에 던져져야 이 '유라굴로'와 같은 광풍이 저 북한 땅에서부터 잠잠해지고 이 한반도에 평화통일의 날이 찾아오리라고 본다.

12
"새로운 피조물이란?"

새 사람=새 생명

> "진리가 예수 안에 있는 것같이 너희가 과연 그에게서 듣고 또한 그 안에서 가르침을 받았을 찐대 너희는 유혹의 욕심을 따라 썩어져 가는 구습을 좇는 옛 사람을 벗어버리고 오직 심령으로 새롭게 되어 하나님을 따라 의와 진리의 거룩함으로 지으심을 받은 새 사람을 입으라"(에베소서 4:21-24).

내가 중생했다고 완성된 자아가 아님

우리가 영의 사람으로 거듭나고 옛사람(겉, 육의 사람)을 포기했다고 하지만 결코 안심할 수 없는 존재이다. 사도바울이 로마서를 기록한 당시는 초보신앙이 아니고 온갖 영계의 체험을 다했고 수없는 영적고뇌와 갈등을 다 경험했지만 아직도 탄식하기를 "오호라 나는 곤고한 사람이라 이 사망의 몸에서 누가 나를 건져내랴"하고 절규하고 있다.

우리가 착각하기 쉬운 것은 내가 중생했다고 완성된 자아 곧 완전한 영의 사람이 다 된 것으로 착각해서는 안 되는 것이다. 바닷물이 언제나 평평한 것처럼 보이지만 밀물과 썰물의 시조에 따라 엄청난 차이가 생기듯이, 우리의 신앙생활에도 수은주의 오르내림이 항상 있다는 사실을 유념해야 하고 때를 따라 나의 연약함과 나의 필요를 진솔 되게 고백하는 것이 반드시 필요한 것이다.

젊은 남녀 사이에도 사랑의 감정을 고백하지 않고 혼자 품고만 있으면 상사병이 생기고, 사랑하는 부부간에도 사랑의 고백을 하지 않고 사는 가정에는 진정한 사랑과 애정이 소통되지 않아 오해와 불신을 가중시킬 것이며 가정의 행복과 평화가 엄청 감소해지는 것이다. 영의 세계도 마찬가지로 부자간에 형제간에 고백이 없으면 안 된다.

새 생명으로 거듭나기 위한 기본 조건!

회개 : 성령 충만의 간구
회개를 한 번 한 것으로 더 이상 회개가 필요하지 않다고 잘못 생각하는 사람이 의외로 많다. 구원에 이르는 회개는 단회적으로 끝나지만 모든 회개가 다 끝난 것은 아니다. 회개와 거듭남과 성령의 임하심은 동시적이기도 하고 개별적이기도 하다. 거듭난 사람이 때에 따라 연약함으로 미혹을 받아 범죄하고 실족할 때도 있음을 알아야 한다.

인간은 누구라도 완제품이 아니고 미완성 작품이기 때문에 부지중에 실족하고 범죄하고 넘어졌을지라도 하나님 앞에 철저하게 회개하고 돌이키면 사유해주시고 회복시켜주시는 것이 하나님의 약속이다. 할렐루야!
아무리 영의 사람으로 거듭난 자라 할지라도 성령 충만의 능력을 입지 못하고 영적전쟁에 익숙해 있지 못하면 사명 감당하기가 어렵고 안팎에서 밀려오는 유혹을 피하기가 쉽지 않다. 그러므로 우리는 늘 성령 충만을 간구해서 무장하고 있어야 하며, 먼저는 나의 삶에 넘쳐흐르고 있어야 세상에도 또 다른 사람들에게도 좋은 영향을 미칠 수 있고 하나님께 영광 돌리는 일이 가능하게 되는 것이다.

예수님의 제자들마저 그의 교훈을 깨닫지 못하자

> "내가 땅의 일을 말하여도 너희가 믿지 아니하거든 하물며 하늘 일을 말하면 어떻게 믿겠느냐"(요3:12).

탄식하시며 곧이어 오병이어의 기적을 보여 주신 후에 바다 건너편에 예수님을 찾아온 무리들에게

> "너희는 썩는 양식을 위하여 일하지 말고 영생하도록 있는 양식을 위하여 하라" 하셨다(6:27).

역시 깨닫지 못하는 무리들을 향해 거듭 말씀하셨다.

> "살리는 것은 영이니 육은 무익하니라 내가 너희에게 이른 말이 영이요 생명이라"(요6:63).

영성은 양 떼를 새생명으로 인도하는 원동력

여태 거듭나지 못한 제자들과 무리가 영이신 예수님의 교훈을 알아들을 수 없었던 것은 지금이라도 다를 바 없다. 영의 세계를 체험하지 못한 옛사람(육의 사람)에게는 영성의 고귀함과 위대함을 아무리 설명하고 납득

시키려고 해도 결코 쉬운 일이 아님을 알아야 한다. 영이신 하나님(삼위일체)을 이해하지 못하는 영적으로 소경인 목자들이 수백 명, 수천 명, 수만 명의 양 떼를 양육하고 그들을 구원으로 인도한다는 것은 도저히 불가능한 일이고 있을 수도 없는 일이다. 그래서 우리는 한사코 생사를 걸고 영성을 강조하지 않을 수 없다. 영(루아흐 프뉴마)이란 쉽게 설명하면 비물질적인 존재로 빛과 같고 생명과 같은 신비의 존재이다. 이 영은 영에 속한 곧 거듭난 자아를 볼 수 있고, 활동하는 역할을 하게 한다.

예를 들면 실내(공간)에 지금 밝은 불이 켜져 있어 모든 사물을 밝히 볼 수 있는데 갑자기 외부전기를 차단 시키면 깜깜해지고 아무것도 볼 수 없는 암흑천지가 되고 말 것이다. 그와 동시에 모든 사물은 볼 수 없게 되고 답답함이 우리의 심신을 심히 괴롭게 할 것이 틀림없다. 모든 사물은 하나도 움직이지 않고 그대로 다 있는데도 불구하고 없어진 것처럼 보이지 않고 눈의 활동도 정지된 상태처럼 아무것도 볼 수 없게 된다.

거듭나지 못한 옛사람은 성령의 능력과 무관함

이와 마찬가지로 거듭나지 못한 옛사람 곧 육에 속한 자아는 영이신 하나님을 알 수도 없고, 볼 수도 없고, 깨달을 수도 없고, 영향력을 받을 수도 없다. 하나님이 안 계셔서가 아니고 우리의 겉 사람이 깨어지지 않아서 그 겉 사람이 속사람을 덮고 있으므로 보지 못한다. 사도바울은 고린도 교회 성도들에게 자기의 사역과 사명에 대하여 설명하기를 '내가 복음의 일군이 된 것은 모세의 율법에 의한 것이 아님'을 설명하면서, 이스라엘 백성들이 구약의 율법에 매인 바 되어 영적으로 자유하지 못함은 얼굴에 수건을 쓰고 있어 보지 못하는 것으로 비유하고 있다.

"저희 마음이 완고하여 오늘까지라는 구약을 읽을 때에 그 수건이 오히려 벗어지지 아니하고 있으니 그 수건은 그리스도 안에서 없어질 것이라 오늘까지 모세의 글을 읽을 때에 수건이 오히려 그 마음을 덮었도다 그러나 언제든지 주께로 돌아가면 그 수건이 벗어지리라 주는 영이시니 주의 영이 계신 곳에는 자유함이 있느니라"(고후3:14-17).

사도바울과 같이 성령으로 거듭난 영적인 사람은 이 같은 고백을 하게 된다.

"우리가 다 수건을 벗은 얼굴로 보는 것같이 주의 영광을 보매 저와 같은 형상으로 화하여 영광으로 영광에 이르니 곧 주의 영으로 말미암음이니라"(고후3:18).

우리는 이와 같이 율법에 매여 있거나 형식과 전통과 인간이 만든 제도에 매여 있으면, 아무리 인간적인 열심과 노력과 공로가 있다 할지라도 진리 안에서 참된 자유와 평안과 기쁨을 누릴 수 없음을 알아야 한다.

문제 해결을 위해 예수 안으로

우리가 영적인 사람으로 새사람이 되어 영적인 삶을 살려면 마치 모세가 백성들과 상대할 때는 수건을 쓰고 있다가 하나님 앞에 나아갈 때는 수건을 벗은 것같이, 우리도 그리스도 안에 들어가기만 하면 지금까지 우리의 눈과 마음에 가려져 있는 수건이 벗겨져 율법으로부터 죄로부터 자유로워져서 모든 것을 밝히 보게 된다. 지금까지 우리 눈에 가려져 있는 수건(육에 속한 옛사람, 겉사람)이 벗겨지고 의문의 법에서 자유로워지는 것은, 생명이 되시고 빛이 되신 그리스도 예수 안에 들어갈 때 모든 것이 다 해결되는 것임을 깨달아야 한다.

우리 옛사람이 새사람 곧 영의 사람으로 거듭나고 진리 안에서 자유하게 되는 것이 우리 인간의 의지, 노력, 지식, 경험으로 되는 것이 아니고 그리스도 예수 안에서만 가능해진다. 사도바울이 말한 "언제든지 주께로 돌아가면 그 수건이 벗어지리라"한 것은, 우리가 죄를 회개하여 영이신 하나님 앞에 사유함을 받고 새사람 즉 영의 사람으로 거듭나기만 하면 우리의 신분이 교체되어 바울의 고백처럼,

> "그런즉 누구든지 그리스도 안에 있으면 새로운 피조물이라 이전 것은 지나갔으니 보라 새것이 되었도다"(고후5:17) 할렐루야!!!

사도바울이 에베소교회에 보낸 서신에서

> "진리가 예수 안에 있는 것 같이 너희가 과연 그에게서 듣고 또한 그 안에서 가르침을 받았을진대 너희는 유혹의 욕심을 따라 썩어져가는 구습을 좇는 옛사람을 벗어버리고 오직 심령으로 새롭게 되어 하나님을 따라 의와 진리의 거룩함으로 지으심을 받은 새사람을 입으라"(엡4:21-24).했다.

하나님 앞에서 충성된 일군이 되고 복음사역에 증인이 되려면, 먼저 옛사람(옛 자아)을 포기하고 말씀 앞에 순종하고 성령의 인도와 역사하심에 100% 순종할 때, 그의 능력이 내 능력이 되고 그의 은혜가 내게 넘치게 된다. 사도바울이 고린도교회에 권면한 것처럼,

> "너희는 너희의 것이 아니라 값으로 산 것이 되었으니 그런즉 너희 몸으로 하나님께 영광을 돌리라"(고전6:19-20) 했다.

이전에는 우리의 주권이 옛사람인 육신 곧 겉사람에게 있었지만 거듭난

새사람 영의 사람에게는 주권이 영이신 하나님께로 이관되었다는 뜻이다. 그래서 옛사람이 포기되어지고 성령하나님께서 내 주인이 되어 성령님의 인도와 통제하심에 순응하면서, 내 속사람은 계속하여 성화가 진행되고 영적으로 변화하고 성장되면서 선한열매(의의 열매)를 맺게 된다. 거듭난 새사람이 되었다고 하루아침에 완전해지거나 초고속으로 성장되는 것은 결코 아니다. 육의 사람, '겉 사람'이 세상에 태어나서 정상인으로 성장하는데도 2,30년이 경과하면서 지속적으로 성장하고 성숙해야 한다. 영의 사람 '속 사람'도 단시일에 성장이 끝나는 것이 아니고 육신의 장막을 벗어나기까지 성장을 거듭해야 되는 것이라고 말한다.

예수 그리스도께서 가르치신 대로 "하나님 아버지의 온전하심 같이 너희도 온전하라" 고 하신 말씀에 순종할 때, 이전에 인본주의로 내 유익과 내 의지와 내 뜻 중심으로 살던 자아가 서서히 사라지고 이제는 신본주의로 하나님 말씀 중심(the center of God's Word), 교회 중심(the center of Church), 이타 중심(the center of altruism)으로 변화되고 성숙되어지는 것이다.

영에 속한 사람(새사람, 속사람)**을 성장하게 하고**
변화시키는 하나님의 방법?

1. 성경(하나님 말씀)을 통해 역사하신다.

성경은 곧 하나님이시기 때문에 제일 먼저 이 방법을 사용하신다. "하나님의 말씀은 살았고 운동력이 있어 좌우에 날선 어떤 검보다도 예리하여 혼과 영과 및 관절과 골수를 찔러 쪼개기까지 하며 또 마음의 생각과 뜻을 감찰하나니 지으신 것이 하나라도 그 앞에 나타나지 않음이 없고 오직 만물이 우리를 상관하시는 자의 눈앞에 벌거벗은 것 같이 드러나느니라"(히4:12-13)고 했기 때문에, 우리는 매일 영의 양식인 말씀을 육신의 양식인 밥을 먹듯이 거의 습관적으로 먹어야 한다.
우리가 영의 사람으로 거듭나서 변화와 성장을 원할진대 반드시 영양섭취를 위하여 유일한 주식인 성경을 먹어서 골고루 영양섭취가 되어야지. 정. 의와 진. 선. 미의 조화와 균형이 이루어져 주님의 형상으로 주님의 인격으로 닮아져가게 되는 것이다.

2. 기도

기도는 성령의 통제와 인도하심에 따라 지속적으로 기도해야 한다. 영의 사람이 하는 기도는 단순하게 필요를 구하거나 신고 혹 보고하는 정도의 차원이 아니라 시간마다 때마다 그와 동행하면서 대화하는 것처럼 해야 한다. 그리고 영의 사람의 기도는 호흡과 같은 것이어서 성령 안에서 무시로 해야 한다. 기도의 중단은 호흡의 중단처럼 위기를 불러온다. 그래서 바울 사도는 데살로니가 교회를 향해,

> "항상 기뻐하라 쉬지 말고 기도하라 범사에 감사하라 이는 그리스도 예수 안에서 너희를 향하신 하나님의 뜻이니라"(살전5:16-18)고 했다.

지상에 대기가 오염이 심하면 그 공기를 호흡함으로 신체 안에 각종 질병이 유발되고 신체기관을 망가지게 하는 것처럼, 우리의 기도 역시 성령의 감동과 인도하시고 역사하심을 힘입지 않으면 우리 기도가 영혼을 곤고케 하고 잘못된 기복주의, 인본주의, 성공주의, 물량주의의 타락된 신앙으로 빠지게 하는 위험을 주의하지 않으면 안 된다. 우리가 옛사람

을 이기고 성령을 좇아 행하기 위해서는 무엇보다 먼저 기도의 승자가 되라고 주님께서 우리에게 재촉하고 있다.

3. 고난과 연단(시련)

일반 사람은 땀 흘리는 고된 운동, 노동, 수고를 싫어한다. 영의 사람으로 변함없이 성장하고 성숙하기 위해서는 고난과 연단이 반드시 필요하기 때문에, 하나님께서는 자녀 된 우리를 사랑하심으로 때로는 채찍을 드시고 시련의 낭떠러지에 던져서 절망을 체험케 하실 때도 있다.
고난과 연단이 당장에는 괴롭고 감당하기 힘들지만 신속하게 옛 자아를 포기하고 하나님만 전적으로 신뢰하도록 하기위해 반드시 필요한 대안의 하나이다. 옛사람은 언제나 자기가 중심이 되어 자기가 주인이 되고 자기 유익을 앞세워서 하나님까지도 나를 위한 방편의 이용 가치로 삼으려고 한다. 그러나 영의 사람으로 성숙한 후에는 고난과 연단이 무거운 멍에가 아니라고 고백한다.

> "고난 당한 것이 내게 유익이라 이로 인하여 내가 주의 율례를 배우게 되었나이다"(시110:71).
> "고난당하기 전에는 내가 그릇 행하였더니 이제는 주의 말씀을 지키나이다"(119:67).

이처럼 고난과 시련이 유익이 되었다고 자신 있게 시편 기자처럼 고백할 수 있게 된다. 일하는 소에게 반드시 멍에(굴레)가 필요하듯 인생은 고난이 반드시 필요한 것을 깨닫고 보면, 인내가 가능해지고 그 인내가 우리를 구원에 이르게 하는 최상의 방법인 것을 깨닫게 된다. 자동차에 제

어장치(브레이크)가 없으면 흉물이 되고 사고를 면할 수 없게 되는 것처럼, 하나님께서 우리 인생이 범죄 한 순간부터 고난과 시련이라는 제어장치를 준비해 놓으시고 필요한 때에 우리에게 유익하도록 사용하시는 오묘하신 섭리를 생각하지 않을 수 없다.

The encounter of God

내가 만난 하나님

제2부-하나님나라 확장/유학

13
나는 야전군 사령관으로 선발되었다

"나를 대적하는 자 많더니 나를 치는 전쟁에서 저가 내 생명을 구속하사 평안하게 하셨도다"(시편 55:18).

저자(나)가 목회자로 부름 받고 지나온 시간을 회상해 보면, 지금까지 40년 이상 나의 목회는 누구도 이해하기 어려운 기적 같은 사건의 연속이었다. 십 년 전에 어느 선배 목사가 날더러 "이 목사님은 야전군 사령관"이라고 별명을 붙여 주었다. 가만히 생각해보니까 그 별명은 주님의 음성처럼 느껴졌다.

이미 세상에서 웅비(雄飛)하며 날 수 있는 사회적인 기반을 한 단계씩 쌓아가며 꿈을 키워 성공만을 위할 즈음이었다. 30대 중반이 지난 나이에 성령의 불을 체험하고 가슴에 뜨거운 열정을 품고 시작한 목회는 어떤 여건과 상황도 개의치 않고 지사충성(志事忠誠) 할 수밖에 없는 오직 예수밖에 모르는 소위 '바보 목사'였다.

교회 없는 지역에 개척하라

신학대학원 1학년 때 목회 장소를 위해서 기도하던 중 **"교회가 없는 지역에 개척교회를 하라!"**는 엄명을 받고, 강원도에서부터 경상도(부산 근교)지방까지 목회 장소를 찾아보았다. 이듬해 봄에는 신학교 동료 한 분이 충북 제천에 교회가 없는 큰 마을이 하나 있으니까 한번 가보라는 정보를 주었다. 수업이 없는 토요일 아내와 함께 제천행 버스를 타고 그 지역을물어 물어 찾아갔다. 터미널에서 십 분 정도 거리에 시내에서 조금 외곽에 200~300호 되는 마을이었는데, 예배처소가 될 만한 시설을 찾아보았지만 대체적으로 단층 건물에 오래된 낡은 건물들이었다. 마땅한 장소를 못 찾고 돌아오려는데 맨 끝자락 대로변에 조그마한 신축건물이 하나 보였다. 15평 정도 되어 보이는 콘크리트 건축물인데 아래층은 가게를 하고 있고 2층은 세를 주려고 비어있는 상태였다. 우리는 주인에게 교회를 시작하려고 하지만 마땅한 건물이 없어 여기까지 왔다고 인사를 했다. 주인 아주머니는 지난주에도 교회할 분이 왔다갔는데 월세 3만원을 이야기하고 갔다고 했다. 그런데 아저씨는 인상이 좋아서 마음에 들면 2만원에 월세로 주겠다고 했다. 그래서 즉석에서 계약금을 주고 영수증을 받아 돌아왔다.

제일 먼저 한 일은 교회간판을 '초대교회'로 하고 이것저것 준비를 하는 중에 이전에 부산에서 사업을 할 때에 다니던 교회 담임목사님이 서울에 담임목사로 계시는 회현동에 위치한 '성도교회'를 처음 방문했다. 개척교회를 준비하고 있다고 말씀드리니 우리교회에서 후원을 할 테니까 교회명칭은 '제천 성도교회'로 하면 어떻겠냐고 해서 그렇게 하기로 합의를 했다. '여호와 이레'로 믿고 서로 의견이 맞아서 감사한 일이었다.

개척교회의 첫 동역자

며칠 후에는 그 당시 망우리에 있는 금란교회에서 전도사로 시무하던 여동생이 오빠 목회에 협력하겠다고 동의해 왔다. 나는 목회 경험도 전무하고 학생 신분인데 그런 오지에서 목회하는 것은 모험이고 성공 가능성이 지극히 낮은 지역이었다. 그러나 나의 형편과 처지를 잘 아시는 하나님께서 그 상황에 딱 맞는 일군을 감동시켜 그곳으로 보내주셨다. 이미 수년 전에 나를 신학교에 가라고 예언했던 남매간으로 하나님께서 미리부터 예정하고 계신 것 같았다.

개척교회 설립 예배를 2부로 드림

이런 일련의 과정을 보면, 역시 '여호와 이레'로 하나님께서 보내주신 응답이라고 본다. 교회개척을 하려는 그 지역은 무속(巫俗) 신앙인들이 많이 살고 있어 매일같이 꽹과리 소리가 울리는 영적으로 아주 거센 마을이었다. 전도사도 교사도 경험하지 않은 내가 그런 지역에서 개척교회를 한다는 것은 거의 불가능한 일이라고 생각이 들기도 했다. 지난해에도 교회가 하나 쫓겨나고 비어있는 마을인데 나는 교회가 없다는 이유 하나로 호랑이 굴속에 몸을 던진 격이 되었다. 모든 준비를 마치고 1979년 7월 9일(월) 창립예배를 드렸는데 상상치도 못했던 축하객들이 서울에서부터 대형버스 두 대가 오고, 지역 출신 국회의원과 경찰서장이 먼저 다녀간 후 예배를 시작하자 축하객이 너무 많아서 2부로 나누어 예배를 드리게 되었다.

개척교회 창립예배를 2부로 드린 경우는 한국교회사에 보기 드문 일이었다. 은혜롭게 예배드리고 나니 심신이 지쳐서 쉬고 싶었는데 마침 뒷날 아침부터 비가 내려 삼 일동안 편히 쉬도록 일기까지 나를 도와주었다.

개척교회 설립예배 후 부흥일로 걷게 됨

개척교회의 설립예배를 드리고 난 후, 열심히 전도를 시작하는데 날씨가 맑은 어느 날 교회와 마을 위에 오색무지개가 드리워져서 하나님께서 기뻐하신다는 증거라고 생각을 했다. 몇 개월 지나니까 제천군이 시(市)로 승격되면서 마을 전체가 개발되기 시작하고 들판과 산야가 전부 주거지역으로 변하기 시작했다. 교회 바로 옆에 시청이 세워졌고 갑자기 도시화 물결이 일어나기 시작했다. 개척 삼년 후 나는 목사안수를 예장합동 충동노회에서 받게 되었다.

그곳이 개발되고 도시가 확장되니까 청소년 문제도 생기게 되는 터라, 나는 평소에 청소년 문제에 관심이 많았기에 '제천시 청소년 선도위원회'를 그 지역 유지인사들 20여명을 초청하고 발족하게 되었다. 시내 모든 중, 고등학교를 중심으로 청소년 집회와 경찰서와 법원을 순회하면서 청소년 선도사역을 적극적으로 하게 되므로 시간이 모자랐고 교인들은 별로 좋아하지 않았다. 교회 안 일만해도 바쁜데 충청북도를 대상으로 활동을 하게 되니 교인들은 좋아할 리가 없었다.

한참 부흥되는 교회를 두고 백령도로…

교회창립 후 개척1년 만에 교회건축을 하느라 예산이 없이 거의 빚으로 공사를 해서 7년째 빚은 다 갚고 채무에서 해방되었다. 그러나 7년째 되는 해에는 백령도에 오래된(80년 지난) 교회에서 담임목사를 구하는 터에 동료목사님 소개로 그곳을 다녀왔다. 제직회에서 사임의 뜻을 밝히자 상상외의 사임소식을 들은 집사님 한 분은 못마땅해 하면서 이제껏 죽도록 고생만 하시다가 도시교회도 아니고 그 먼 섬나라로 왜 귀양을 가시려느냐고 항의를 했다.

하나님께서 떠나기를 원하시는데 순종할 수밖에 없지 않느냐고 설득을 했다. 3년간 청소년 선도위원회 활동 중 인근에서 나를 많이 도와준 '가나안 농군학교' 김용기 장로님과 김범일 장로님께서는 내가 그곳을 떠나는 것은 충청북도의 큰 손실이라고 했다. 하지만 하나님께서 하시는 일에 순종하는 것 뿐 어쩔 수 없다는 말로 인사를 대신했다.

이제는 누가 와도 마음 놓고 목회할 수 있는데 내가 더 이상 꼭 있어야 할 이유가 없었다. 개척 7년 만에 교인은 약 백여 명으로 청소년과 유치원생 등 이백 명이 넘는 숫자인데, 몇 년 후에는 제천에서 굴지의 교회가 되는 것은 조금도 어렵지 않다는 생각으로 일 년 후배 목사님을 후임으로 내정하고 인천 연안부두에서 백령도를 가는 배를 탔다. 1985년 6월 18일 저녁시간에 부두에 여러 장로님이 마중나와 감격의 포옹을 했다.

백령도교회에서의 첫 당회

첫 당회에서 나는 예상치 않았던 놀라운 안건을 하나 제시했다. '우리교회가 오랫동안 어려움을 많이 겪었는데 성령님의 감동이 장기간 집회를 하기를 원하시는데 장로님들께서는 어떻게 생각하십니까?'라고 제시했다. 너무 즉흥적인 제안 같았는데 장로님들 여덟 분이 한 분도 이의 없이 '목사님 의견대로 하십시오' 하고 동의를 해주었다. 그리고 주일예배시간에 광고를 했다. '오순절 회개 금식성회' 라는 현수막을 강단 위에 걸고 6월 25일 저녁부터 50일간 모든 성도가 각자 원하는 대로 금식을 하면서 집회에 참석해달라고 광고를 했다.

50일 간 금식을 겸한 집회 후 달라진 백령도교회

강제성은 띄지 않았지만 하루 한 끼를 하든지 며칠을 하든지 성령님 인도하시는 대로 동참해주실 것을 부탁했다. 놀랍게도 8월 15일 저녁 금식집회 끝나는 날이 되었고 교인들의 금식 일자를 통계해보니 꼭 365일이 되어 너무 신기했다.
하나님의 크신 은혜가운데 금식성회가 끝나고 나니 교회 분위기는 상상외로 달라졌다. 집회 중에 결정한 것 하나는 여 성도 중심으로 새벽예배 시간마다 찬양순서를 넣기로 하고 새로운 성가대를 조직하여 20여 명이 열심히 봉사했다. 모르긴 해도 한국교회 안에 새벽예배에 성가대가 있는 교회는 흔하지 않은 줄 안다.

집회가 끝나고 나니 교회가 전반적으로 분위기와 시스템이 많이 달라졌다. 건물도 리모델링 되고 피아노 반주는 전자오르간을 병행하기로 하고 교회 행정도 거의 새로운 방식으로 교체를 했다. 은혜받은 성도들로 재정도 풍성해졌다. 교회가 안정되어가고 분위기가 새로워지니 성도들 입술을 통해 '이렇게 행복하게 신앙생활 하기는 평생에 처음이라'고 고백하기도 했다.

백령도 부임 삼 년 만에 미국 유학의 길을 감

그 기쁨이 항상 계속되지 않았다. 그곳에 부임할 때는 몇 년은 예상을 하고 갔는데 삼년도 되기 전에 미국으로 유학가는 기회가 찾아 왔다. 그 당시는 목사 신분으로 미국에 유학 가는 것은 거의 통제된 상태인데 기적으로 비자를 받게 되어 정든 교회와 성도들과 이별해야 하는 날이 다가왔다.
2월초에 정이 든 백령도를 떠나 육지로 나왔고 그동안 준비를 마치고 2월 24일 김포공항에서 LA행 비행기에 탑승했다. 야전군 사령관은 내 자의로 움직이는 것이 아니고 상부의 지시에 따라 오고가야하는 직책이니,

나의 계획과는 아무 상관없이 이제 조금 안정된 목회를 시작하자 곧 그 자리를 떠나 낯설고 물설은 이국땅으로 보내졌다.

미국 도착 후 제3의 목회지로

학교가 있는 네브라스카 주는 아직 하얀 눈으로 덮여 있었다. 학교에서 6개월간 어학코스를 마치고 제3의 목회지를 찾아간 곳은, 겨울에 풀이 살아나고 여름에는 시들어버리는 정반대의 현상이 있는 곳이었다. 평균 40도를 오르내리는 한증탕 같은 열대지역으로 비행기에서 내리면 숨통이 막힐 듯 더워서 에어컨이 없으면 살 수 없는 지역이었다. 세 도시에 우리 교포는 100여명 되는데 거의가 상업하는 성도들로 다른 지역에서 실패한 소위 세상에서 고난의 쓴잔을 마시고 마지막으로 가는 곳이 그 곳이었다. 그곳은 목회자가 와도 교회가 자립못해 떠나는 지역이었다.

지역사령관으로 파송, 이민 목회 시작

몇 년 동안 교회가 문을 닫고 목회자를 찾고 있는 지역인데, 내가 그곳에 사령관(목회자)으로! 파송을 받게 되었다. 먼저 교회 건물을 구하고 사택을 구하는 일을 하면서 교회 명칭은 '밸리한인선교교회'로 정했다. 그 지역 미국 장로교단의 교회를 무료로 사용하게 되었다. 그리고 첫 달부터 한국에 있는 어려운 교회(경남 하동군 영암)에 선교비를 보내고 매월 점점 확대해 나갔다.

선교지 12 곳을 정하고 지원함

선교하는 교회는 하나님께서 기뻐하시고 부흥하게 해 주시는 것을 실제 검증을 했고 체험했다. 그곳에서는 오직 선교하는 일에 전력하니까 교회 부흥은 저절로 되는 것처럼 쉬웠다. 3년 동안 교회를 섬기니까 그 지역

주민의 절반이상이 교회출석을 하게 되고 이.취임예배를 드릴 때에는 집사님 한 분을 안수집사로 세우는 임직식을 겸했다. 새로 오신 목사님에게는 월 2천불(미국 장로교단 규정) 사례금을 결정하고 선교지는 열두 곳을 보내도록 약속을 했다.

미국 유학과 이민 목회를 마치고 귀국

그리고 90년 2월에 그곳 목회를 마무리하고 3월 초에 귀국하기로 했다. 한국교회 갱신을 위해 귀국하는 것을 알고 그 교회에서 매월 500불씩 후원 약속을 하고 귀국 길에 올랐다.

이 글을 마무리하면서 마지막으로 꼭 하고 싶은 이야기가 있다면 혹시라도 오해나 착각이 없기를 바라는 마음에서 해본다. 사람의 생각은 언제나 틀릴 수가 있고 변할 수가 있지만 하나님의 생각은 우리 인간의 생각과 다르기 때문에 내 생각, 내 지식, 내 경험을 기준으로 하지 말고 겸손하게 어린아이 같은 자세로 읽고 깨달을 수 있기를 부탁해 본다.

저자(나)는 목회도, 신학도, 대인관계도 제대로 할 수 없는 미숙한 존재이기 때문에 "남을 자기보다 낫게 여기라"(빌2:3)는 주님의 가르치심에 순종하려고 한다. 혹시 내가 쓴 기록의 내용들이 오류가 생길지도 몰라 무척 조심하지만, 내게 유익하거나 자랑하는 내용을 절대적으로 기록하지 않으려고 하다 보니 탈고하는데 소요되는 많은 시간이 사용했다.

"한국교회와 함께 나누라!"

어느 날 하나님께서는 내게 **"한국교회와 나누라!"**는 간단한 말씀을 주셨다. 기도 중에 멈추고 아무리 생각해봐도 정확한 답이 나오지 않았다. "인간적이고 세상적인 것은 내게는 아무것도 가진 것이 없는데 무엇을 나누라는 것입니까?" 반문하는 기도를 드렸다. 한참 후에 깨달아진 것이 바로 이것이었다.
지금까지 30~40년 동안 한국교회를 위해 노력하고 애쓴 그 마음과 정성(사상과 정신)이라는 것을 깨닫게 되었다. 그렇다 사람들이 좋아하는 소유(재물)도 지식도 경험도 내게는 매력적인 것이 없다.

하나님께서는 아무 이유 없이 나더러 "나누라"고 명령하신 적은 한 번도 없었다. 문제는 방법인데 그 방법은 방송이냐, 문서(책)냐, 야외집회(전도)냐 하는 생각이 들었다. 14년 동안 담임목회를 하는 동안 사례금 때문에 한 번도 신경 쓰거나 불만인 적은 없었다. 백령도교회를 시무할 때 한 해는 사례금을 10% 추가하여((50만원+5만원) 드리겠다고 당회에서 의논이 나왔을 때 나는 반대했다.
지금까지 받은 것도 거의 다 저축하고 있는데 더 인상하지 말고 그 예산을 사찰 집사님에게(당시15만원+5만원) 드리도록 했다. 사찰 집사님은 교회는 이틀밖에 출근하지 않고 농사를 지으니까 생활비가 어렵지는 않다고 했지만, 내 생각은 자녀들이 나보다 한 명 더 많은데 그것 가지고는 부족하다고 말하고 의논을 마무리했다.

다윗의 삶의 철학을 따르려 노력함
첫 목회지 제천에서 교회당을 건축할 때는 순전히 빚으로 했기 때문에 생활비가 부족하고 항상 긴장되는 살림살이를 했지만, 내 마음에는 언제나 플러스의 삶이었지 마이너스 때는 없었다. 처음부터 끝까지 내 삶의 철학이 범사에 감사하고 매사에 자족하는 삶으로 정해져 있었다. 다윗의 고백처럼 그대로의 삶을 의지하려고 노력했다.

"여호와는 나의 목자시니 내가 부족함이 없으리로다"(시23:1)

지금도 지나온 날들을 되돌아보면서 다시 목회를 시작한다면 과연 지난 날과 같이 할 수 있을까? 솔직한 말로 자신이 없다. 부모형제와 동료들과 가족들까지 이해하고 동의할 수 없는 목회를 한두 해도 아니고 42년을 할 수 있었던 것은 순전히 하나님의 인도하심이다. 하나님의 은혜였음을 천번만번 고백해도 부족하고 그 은혜에 감사할 뿐이다.

그동안 물심양면으로 나(저자)와 우리가정을 도와주고 또 나를 지켜보고 기대를 가졌던 동료들과 여러 형제들 기대에 보답하지 못했음을 머리 숙여 용서를 바랄뿐이다. 코람 데오!

14
목양을 위하여 광야로 나가다!

"의인은 고난이 많으나 여호와께서 그 모든 고난에서 건지시는도다"(시편 34:19).

신학교 초부터 목회하고 싶었던 열망

원칙대로라면 신학교 수업을 끝내고 목양을 시작해야 할 터인데 신학교 일학년 때부터 목회를 하기 위해 목양지를 물색하기 시작했다. 그럴만한 이유는 이미 신학원에 입학하기 전부터 신학부를 거친 동기생들 중에는 부교역자로 또는 담임전도사로 사역을 하고 있는 분들이 여러 명 있었고, 또 저자는 연령적으로 목회하기에 알맞은 세대이기 때문에 한 해라도 빨리 목회지를 갖고 싶은 것이 당연한 희망사항이었다.

개척교회를 시작하고 싶은 욕망이 자연스러울 수밖에 없는 것이 이미 기도원에서 은혜를 받았고 구령의 열정이 가슴속에 불타오르고 있었기 때문에 한 해라도 빨리 일터를 갖고 복음을 증거하고 싶었다. 그래서 개척교회를 할 만한 적당한 처소를 물색하느라 어떤 때는 좋은 곳을 소개받기도 했고 또 어떤 때는 동기생 중에 협동목회를 제안받기도 했다. 그런데 목회는 인간적인 사람의 생각보다 하나님의 인도와 역사가 더욱 절실하다는 믿음 때문에 먼저 기도를 드려서 응답을 구했다.

내가 가진 전 재산 전세금으로 개척교회 부지 구입

처음으로 밝히는 아무도 모르고 하나님만 아시는 비밀이다. 그동안 빚을 지고 교회 부지를 확보하는 과정과 또 빚을 지면서 교회를 건축하는 과정에서 희비가 엇갈리는 사연도 수없이 많았지만, 지내고보면 하나님의 간섭하심과 도우심이 없이는 도저히 불가능한 기적 같은 일들이 많았다. 개척 7년이 되니까 이제는 교회가 안정이 되고 빚도 다 갚고 자립이 되어 조금 받는 사례금도 제 때에 받게 되었다. 아무도 모르게 저희 가정의 재산의 전부였던 전세금으로 교회부지를 구입하면서 헌금하고 7년만에 그 곳을 떠날 때는 이삿짐 운반비밖에 받아 간 것이 없었다.

내가 개척했다고 내 교회라고 생각함이 불경스러움

내가 개척했다고 내 교회가 아니고 내 재산이 들어갔다고 그것이 내 교회라고 생각한다면, 하나님 앞에서는 엄청난 실수이며 불경이라고 생각한다. 내 생명까지 다 바쳐도 하나님의 은혜에 갚을 길 없는데 몇 년 수고한 것 가지고 재산 조금 바친 것 가지고 주님의 교회를 내 소유라고 생각한다면, 하나님의 사역자가 아니고 삯꾼이며 하나님의 것을 도적질한 것이나 다를 바 없다.

제천 성도교회가 세워지고 제천에서 가장 모범교회로 부흥되기까지는 그동안 수고한 헌신 봉사한 성도들이 여러분이 있지만, 그 성도들을 일

일이 기명하거나 공개하려고 하지 않았다. 주님께서 말씀하시기를 “왼손이 한 일을 오른 손이 모르게 하라”고 하셨는데 우리가 자칫하면 하나님 앞에 무례한 자가 되고, 말씀에 불순종한 죄가 되기 때문에 누구의 공과(功過)도 묻어 버리는 것이 당연한 일이라고 생각했다.

개척 목회 7년의 훈련을 거친 후 용맹한 사역자로…

제천에서의 첫 사역은 처음부터 끝까지 기적과 같았고 파란만장한 격전지에서의 쉼 없는 영적전쟁이었다. 강한 군사는 강한 훈련을 겪어야 한다고 7년을 그 곳에서 견디고 나니까 이제는 목회가 힘들거나 두려운 것이 아니고, 자신이 생기고 재미있고 보람 있는 사역이라고 느껴지기 시작했다. 그래서 이제는 목회에 자신감도 생기고 이 곳에는 누가 와도 목회하기가 누워 떡먹기라는 확신이 왔다. 그래서 나는 하나님께서 허락만 하시면 더 넓은 무대, 더 큰 무대에 올라 하나님을 더욱 기쁘시게 해드리고 한국교회 갱신(개혁)의 주역이 되고 싶은 소망이 용솟음치기 시작했다. 그러나 나는 내 욕망이나 내 의지를 내세우거나 인본주의로 목회를 하려는 생각은 추호도 없었다.

몇 년 동안 이 곳에서 목회하는 동안 오래 전부터 잘 아는 지인(知人) 장로님께서 미국에 이민을 가서 계셨는데, 갑자기 미국 신학교로부터 입학허가서를 보내주시면서 한국에서 큰일을 하시려면 미국유학은 필수적인 과정이니 비자를 받아 미국에 유학을 오라고 통지가 왔다. 서류를 작성하여 대사관에 비자신청을 하였는데 그 당시는 한국에서 미국유학 비자가 완전 스톱 된 때라 신청에 두 번이나 거절당하고 목회에 전념하고 있었는데, 상상치도 않았던 우리나라 최고 북방선 건너 백령도에서 가장 역사가 깊고 큰 교회인 ‘진촌교회’에 담임으로 청빙이 왔다.

동기 목사님의 소개로 그 목사님께서 '이 목사님은 선교사 훈련(총신대 MTI 훈련과정)을 받았으니 선교사로 가는 셈 치고 그곳에 한 번 가보지 않겠느냐'면서 소개해 주었다. 현지답사를 한 후에 그곳으로 사역지를 옮기기로 결정하고 본 교회에 사임의 뜻을 밝히고 후임자를 물색한 후 이임 날짜를 정했다.

> "… 나를 따라 오라 내가 너희를 인도하여 너희가 찾는 사람에게로 나아가리라 하고 그들을 인도하여 사마리아(복음전할 곳)에 이르니라"(왕하 6:19).

15
사명자의 가는 길

"우리 중에 누구든지 자기를 위하여 사는 자가 없고 자기를 위하여 죽는 자도 없도다"(롬기 14:7-8).

하나님의 일은 '양'(量)에 있지 않고 '질'(質)에 있다

사람은 누구나 사명적인 존재로 우리 모두는 사명을 가지고 이 세상에 태어났다. 내가 오고 싶어 오고 가고 싶어 가는 것이 아니다. 한 사람도 예외가 없다. 어떤 이는 사명을 모르고 일생을 마치는 사람도 있고, 어떤 이는 젊어서 또는 중년에 또는 노년에…. 사명은 빨리 깨달을수록 유익하다. 늦게 깨달으면 그만큼 사명 감당할 시간이 짧아진다. 그러나 늦다고 후회하고 포기할 필요는 없다. 얼마나 최선을 다하느냐가 중요하고 하나님의 소명(召命)이 중요하다. 하나님의 일은 크고 작고의 양(量)의 문제가 아니다. 얼마나 진실되고 옳으며 얼마나 의로우냐가 중요하다. 하나님께서 보시기에 인정할 만한 믿음, 질(質)의 문제를 보시고 거기에 함께해 주신다.

사명자가 갖출 자격?

1. 사명자는 자기가 기준이 되어서는 안 된다.

사명은 명을 내리신 분의 뜻이 중요하다. 사명자는 각자의 달란트가 다 다르다. 남과 비교하면 안 된다. 천인 중에 만인 중에 한 사람도 똑같이 생긴 얼굴은 없다. 어디가 달라도 조금은 다른 데가 있다(쌍둥이도 마찬가지다). 사명 자의 길은 외롭고 고난의 길이다. 자기 소유도 자기 권리도 자아도 포기해야 한다. 주권자의 뜻만 있고 내가 부정되어야 한다. 내가 먼저 변해야 한다는 말이다.

사람들은 꿈(비전)을 가지라고 외치지만 그 꿈은 개꿈이 될 확률이 강하다. 오직 하나님이 주시는 꿈만이 참된 꿈이다. 사람은 젊어서 누구나 꿈을 다 가진다. 대통령, 장군, 외교관, 과학자, 재벌, 기술자, 유명인, 예술가 등등 다 꿈이 있다. 꿈 안 꾸어 본 사람은 없다. 저자도 꿈을 꾸어 보았다. 가난하고 불행한 환경과 식민지 시대에 출생해 60년대 후반에서 70년대 초반까지 6년을 가까운 이웃 나라 일본에서 주경야독을 했다.

그 당시 일본은 세계 경제대국이 되어 있었다. 노동자와 경영자가 비슷하게 고루 잘 사는 나라였다. 우리나라보다 50년 앞서가는 나라로 경부고속도로가 생기기 전에 일본의 대도시에서는 지하철과 버스노선이 정확한 시간에 운행하는 나라였다. 노력하기에 따라 제대로 대우를 받는 그런 환경 속에서 6년 동안 온갖 체험을 다하고 나는 고국으로 돌아왔다. 우리나라에 돌아와 그들의 정치를 우리나라에 접목시켜 보고 싶었다. 우리나라는 정치인들이 정치의 정자도 모르는 초짜들이 많이 설쳐

댄다. 그래서 귀국해서 정치자금(10억)을 만들어 놓고 국회의원 3선~5선 정도 하고 청와대로 들어갈 꿈을 꾸다가, 왕창 망해서 다 잃어버리고 죽으려다가 기도원으로 끌려가 3일, 10일, 20일 금식기도를 세 차례나 하게 되었다.

20일 금식기도 중 사역자로 부름 받음

첫번째는 회개기도였으며, 두번째는 중생체험이었다. 그때 한국교회의 실상을 기도 중에 낱낱이 보게 하셨다. 마지막 20일 금식기도는 죽으러 간 것이다. 도저히 못 견뎌서 "나를 데려가 주시던지 아니면 완전히 변화시켜 성령의 포로가 되게 하여 주옵소서!"라는 소원기도를 드리며 세 번째로 도전했다.

20일 동안 내내 눈물을 몇 바가지나 흘렸는지 모른다. 마지막 날 낮 시간은 불로 온 몸이 뜨거운 불세례와 하나님의 음성으로 "너는 정치로 네 민족을 구하려 하지 말고 나의(예수 그리스도) 복음으로 네 민족을 구하도록 하라"고 하셨다. 이제까지 주의 종 되게 해 달라고는 한 번도 안했다. 성령 충만해서 성령의 포로가 되어 은혜를 받고 나니 그 순간부터 내 눈에 콩깍지가 끼어서 주의 종은 무조건 내게는 상전이 되었다. 그래서 아무 조건도 안 따져보고 여 전도사를 천사인줄 알고 결혼식을 하고 이듬해에는 1978년 신학교 입학하고 1979년 목회자(전도사)로 변신했다.

지금까지 42년 동안 오직 위만 바라봄

아무리 외롭고 힘들고 고되어도 원망, 낙심, 후회는 한 번도 없었다. 그간 14년은 일반목회(만 12년), 개척교회와 90년 가까운 역사 깊은 교회, 문 닫은 교회를 재건 후 교회갱신 운동과 회개운동과 함께 Cell

Church(소형교회), Home Church(가정교회), 청소년 훈련원, 전국 기독인 연합회 연합운동, 전인치유 임상연구 등. 42년을 무소유로 올인(all-in)했다. 한국교회를 사랑하고 내 조국 대한민국을 사랑하는 마음 하나로 달려왔다. 어느 목회자도 이해하기 어렵고 믿기지 않을 것이다. 저자(나)에게는 50년 전에 일본에서 하나님께서 내게 깨닫게 해 주신 것이 있다. 대한민국의 희망은 오직 교회뿐이다.

뒤집지 않은 전병-이름을 '소평'으로(평소가 소평으로 뒤집다)

그 후 약10년을 지내고 42년 전에 복음의 전령으로 소명 받고부터는 그 사명에 내가 포로가 되었다. 그러나 그 일을 방해하는 장애물 때문에 힘들다가 수년 전에는 이래서는 안 되겠다 싶었고, 호세아 선지서에 "뒤집지 않은 전병"(호7:8)이라는 말이 깨달아져서 그 때부터 내 이름을 '소평'으로 뒤집고 세상과 담을 쌓고 지금도 고독하고 외로운 길을 묵묵히 걷고 있다.

문제는 사명자의 가는 길에서 낙오자가 안 되기 위해 하나님 앞에 설 때 "너는 나를 위해 무엇 하다 왔느냐?"물으실 때 대답할 말이 있어야 한다. 목사 놀이 하다가 왔습니다. 복음전하다 왔습니다. 집 지키다 왔습니다가 대답이어야 하는가? 아니다. 그것은 불합격이다.

하나님은 우리 인생의 앉고 서는 것 다 보고, 듣고 계시며 다 아신다(시139:2-4). 그 앞에서는 핑계, 거짓말, 변명이 안 통한다. 이때까지 무소유주의자로 살았는데 이제 얼마나 더 살겠다고 허송세월하면 안 된다. 하나님께서는 내게 이 사명 잘 감당하라고 목회 초기에 인생무상을 가르쳐주셨다. 그때 배운 인생무상이란 죽음과 삶, 생과 사의 차이는 종이 한 장의 차이로 손바닥과 손등의 관계이다. 이번에 올라오면서도 그 생각을 다시하게 되어 다시금 다짐하게 되었다.
나에게는 오늘이 마지막 날이다. 종말론적 신앙일 뿐이다. 43년생(만78세)으로 살 만큼 살았다. 사명자는 사명감당할 때까지는 죽지 않는다는 말이 있다. 사도바울은 "나는 이미 예수 십자가에 죽었다"고 고백했다. 사명자의 가는 길에는 꽃길보다는 가시밭길이 훨씬 더 많다.

> "내가 그리스도와 함께 십자가에 못박혔나니 그런즉 이제는 내가 산 것이 아니요 오직 내 안에 그리스도께서 사신 것이라 이제 내가 육체가운데 사는 것은 나를 사랑하사 나를 위하여 자기 몸을 버리신 하나님의 아들을 믿는 믿음 안에서 사는 것이라"(갈2:20).

2. 사명자는 멘토가 반드시 있어야 한다.

나는 한국교회에서 선배 목사님들 가운데 멘토를 모시고 배우고, 본받고, 섬기려고 약20여 년 동안 찾았지만 못 만났다. 그 대신 성경에서 멘토들을 만났다. 신약의 사도바울, 구약의 아브라함, 모세, 이사야, 예레미야, 노아, 다니엘, 엘리야 등이다.

바울에게서 꼭 본받아야 할 사명은 무엇인가?

1) 오직 하나님의 영광만 추구하라(롬14:7-8, 고전10:31).
내 경력, 내 지식, 내 철학, 나의 모든 것 던져 버리라.

2) 나를 위해 살지 말고 나보다 못한 자 위해 살아야 한다(고전10:24).
예수님도 그렇게 살다 가셨다. 나는 주님께서 책임지시고 보호해 주신다.

3) 반드시 하나님 만나고 움직이라.

사도바울의 다메섹 체험을 하기 전에는 모두가 실패한 것. 목회자도 평신도도 마찬가지다. 하나님 만나지 못하고 목회하면 나도 죽고 모두 다 죽는 결과가 따른다.

4) 영혼을 사랑하고 주님의 심장으로 이식수술을 받고 목회하라.

주님의 마음(빌2:5)이 아니면 목회하지 말라. 잘못하면 돈의 노예, 명예의 노예, 권력의 노예가 된다. 최소한 20일 금식 체험(목회자)과 은사체험은 반드시 해야 한다고 본다. 육신을 위한 은사는 가짜이다. 자기 자식 사랑하고, 자기 가족 사랑하고, 처자식 사랑은 아무나 할 수 있다. 나와 상관없는 이방인의 사도 바울은 자기 백성만 사랑하지 않았다. 예수 그리스도께서도 만백성(죄인)을 살리려 오셨다.

3. 사명자는 하나님의 말씀에 순종하는 것이 최우선이다.

신명기 28:1-14에는 축복의 증거를 순종으로 나타내야 한다. 신명기 28:15-68에는 저주 받은 것은 불순종의 결과를 말하고 있다. 저자는 뼈아픈 체험을 한 증거가 있다. 내 사명 감당하는데 자신이 방해꾼이 되지 말아야 한다. 하나님의 영광을 자기 유익보다 못하게 구하는 소극적인 사람이 되지 말아야 한다. 전인치유는 교회사역과 많이 다른 것은 전인치유는 주님의 발자취를 따라가는 사역이고 영혼을 살리는 사역이다.

대한민국이 살길은 이 길밖에 다른 길이 없다. 복음이 바로 증거되고 복음으로 민족사상을 교체해야 한다. 우리민족은 민족성이 반드시 개조(改造)되어야 하는데 그 방법은 교육제도가 완전 교체되거나 교회가 그 역할을 대신해서 앞장서야 한다.
도산 안창호 선생이 남긴 말이다. "경찰서 10개 있는 것보다 교회 하나 있는 게 낫다"고 했다.

4. 사명자는 고독해야 한다.

사명자의 길은 외롭다. 고난의 길, 순교자의 길, 그러나 그 길은 최고로 영광스럽다. 큰 은혜 받고 하나님께 서원기도를 했다. 행복한 길 3가지 제목으로 살펴보면 다음과 같다.

1) 이 민족의 모세(영적 가나안)가 되게 해 달라고(아직)
2) 이 시대의 바울(영성)이 되게 해 달라고(아직)
3) 마지막에는 순교자의 반열에 서게 해 달라고(아직)

어느 지인 목사님은 저자(나)를 보고 살아있는 순교자라고 했다. 무슨 뜻에서인가? 하고 물었다. 목사가 목사의 기득권을 다 포기했으니 순교자라는 것이었다. 목사의 기득권은 말씀 증거하는 것뿐이다. 지금 고정된 내 생활비는 월 24만원(기초연금)이 전부다. 그리고 부족한 부분은 두 자녀와 돕는 손길들이 항상 예비 되어 있다. 14년 담임목회 중 월 사례금 50만원이 최고 수입이었다. 3년간 다 모아서 유학가는 경비(한 학기 등록금)로 썼다.

사명자는 손해 보는 것이 즐겁고 억울하지 않다. 사명자는 죽는 것도 두렵지 않고 당당하다. 사명자는 옥에 갇히는 것도 다른 사람들에게 유익을 준다. 사명자는 불행한 것 같지만 지고의 행복자다. 행복의 진원지가 바로 그분에게서 시작이 되기 때문이다. "내가 곧 길이요 진리요 생명이니…" 주님은 길이 보이지 않는 자에게는 길이 되어 주시고, 진리가 필요한 자에게는 진리가 되어 주시고, 생명이 없는 자에게는 생명이 되어 주시고, 이 모든 것을 공급해주시는 분이 하나님이시다. 최고 행복한 자는 사명대로 살다가 사명 다하고 본향에 돌아가는 자이다. 금의환향 아버지 집에 직행한다. 이것을 전해주는 것이 복음이다.

저자(나)에게 주어진 사명은 한국교회를 세우는 사역으로 지금까지 5권의 책을 쓰게 해 주셨다. 영리(營利)와는 전혀 무관하다. 1, 2권은 작은 소책자이지만 하나님께서 유용하게 쓰게 해 주셨다. 우리가 한국교회를 회복시키고 나라를 살리기 위해서 새 일을 시작하려는 사역은, 초대교회와 아시아 일곱 교회 중 칭찬받은 2교회를 본받는 영적인 사역이다. 내가 변화되는 것은 물론이고 교회가 회복되는 것은 지극히 당연한 일이며, 이런 교회(목회자, 성도)가 점점 많아지면 대한민국은 세계 열방에 자랑스러운 복지사회국가가 이뤄질 것이다. 그리고 세계선교의 마지막 주자로 사명을 풍성하게 감당할 수 있다고 확신한다.

그런 교회가 방방곡곡에 세워질 때 동방의 빛이며 세계를 살리고 인류를 살리는 자랑스러운 통일조국 대한민국이 될 것이다. 당신의 뜻을 이루기 위하여 이 나라를 들어 쓰실 것이며, 그 일을 준비하고 계신다. 지금은 아무도 알아주지 않는 남은 자들이 쓰임 받게 될 날이 다가오고 있다. 사도바울과 같은 죽음 앞에서도 의연한 착하고 충성된 종들, 지고의 행복을 노래하는 하나님의 자녀들이 바로 독자(여러분)이기를 바란다.

16
제2의 목양지 북방한계선 고도 백령도를 가다!

"너희 성도들아 여호와를 경외하라 저를 경외하는 자에게는 부족함 이 없도다"(시편 34:9.)

7년 동안 제 1의 충북 제천 성도교회 훈련소

하나님께서는 부족한 종을 7년 동안 충북지역의 훈련소에서 훈련을 마치게 한 후에는 제2의 훈련소로 옮기셨다. 우리나라에 복음이 가장 먼저 들어온 '토마스 선교사의 행선지'였던 백령도 면 소재지에 90년 가까운 오래된 교회로 사역지를 옮겨주셨다. 이름조차 생소한 백령도는 우리 영해를 거쳐 해군함정의 호위를 받으며 인천 연안부두를 출발하여 열 한 시간 항해 끝에 도착한다. 6.25전쟁 당시 군사요충지인 백령도를 우리 측에 빼앗기고 김일성이 원통해서 울었다는 유서가 깊은 군사 요새이다. 백령도는 우리나라로 봐서는 참으로 귀중한 보배 같은 섬나라이다.

3년 동안 제2의 백령도 교회 훈련소

그 곳에는 북한 땅을 쉽게 바라볼 수 있는 전망대와 심청전의 유서깊은 작은 섬을 볼 수 있는 아름다운 섬마을로, 백령면에는 12개 단위의 마을과 12개의 교회가 있다. 그중에 토마스 선교사가 거쳐 간 마을에 기념관 교회가 가장 오래된 교회이고, 다음으로 면 소재지에 있는 진촌 마을에 역사 깊은 진촌 교회인데 이곳에서 제2의 사역을 하게 되었다.

담임목사로 부임하면서 부흥회 강사로

전 사역지에서는 미조직 교회이고 당회가 없다보니 일하기가 비교적 수월하기 때문에, 한 교회에 매이지 않고 충청북도를 무대로 삼고 청소년 선도위원회를 구성하여 다방면으로 사역을 할 수 있었다. 그런데 이곳 사역지는 당회원이 10명인데 당회장이 제일 연소하고 교인이 300여명 되는 면내에서 할 일이 가장 많은 교회였다. 1985년 6월 18일에 부임하여 첫 당회에서 예상치 못했던 안건을 제시하게 되었다. 우리교회가 정상으로 회복하려면 장기간 회개금식 부흥집회를 시작하라는 성령의 감동과 인도하심이 나에게 임하게 된 것이다. 그래서 첫 당회에서 결정을 하여 6월 25일 저녁부터 8월 15일까지 50일 동안 오순절 회개 금식성회를 사전준비도 광고도 없이 시작하게 되었다. 강사는 담임목사로 정했다.

50일 금식성회 기간, 전 교인의 금식일은 365일

그야말로 기적과 같은 일이 시작되었다. 단 금식은 각자 자원해서 하되 매일 아침 금식을 하거나 하루 금식을 하든 금식하는 일에 다 같이 동참해주기를 부탁하고 집회를 시작하게 되었다. 신기하게도 8월 15일 저녁에 50일 성회가 끝나게 되었는데 전교인이 금식한 날짜를 통계해 보니 365일이 되어 또 한 번 놀라게 되었다. 그 동안 많은 성도가 스스로 고백하기를 여러 가지 질병들을 고침 받았다고 간증을 했다. 집회 도중에 치유를 간증하거나 치유은사에 대해서는 한 번도 강조하지도 않았는데 많은 치유의 역사가 나타났다고 스스로 간증하는 이들이 있었고 그 집회를 통해 놀랍게 변화의 역사가 많이 나타났다.

보수교단의 전통을 깨는 박수소리의 이변

처음 집회는 찬송하면서 박수치는 것부터 배워야 했고 진촌교회가 시작된 이래 처음으로 예배시간에 박수치는 이변(異變)이 시작되었다. 합동 측 보수 교단의 전통이 깨어지기 시작한 놀라운 사건이었다. 처음 시작할 때는 두 사람도 하나가 안 되고 각각 다른 소리가 날 정도로 조화를 이루지 못했다. 그런 중에 삼 주 정도 반복해서 훈련을 계속하니까 그 많은 손뼉 소리가 거의 동시에 조화를 이루기 시작했다. 일 개월(4주 정도)정도 매일 반복을 하다 보니 이제는 박수소리가 손뼉 치는 소리가 아닌 큰 공장에서 울리는 기계소리처럼 한 음으로 들리기 시작했다.

균형과 조화를 이루는 은혜사모하는 박수

거기서 깨달은 비밀은 어떠한 일이건 훈련을 거듭하면 한 만큼 균형과 조화가 이루어지고 세련되어 간다는 것을 실제로 체험하게 되었다. 집회가 끝나갈 즈음에는 전 교인의 박수 소리가 내 귀를 의심할 정도로 크고 우렁차게 들리기 시작했다. 전에는 교회 내에서 박수 치고 웃음소리를 내는 것을 경건하지 못하고 하나님 전에서 불경한 행위로 알았던 교인들이 이제는 전혀 다른 분위기로 바뀌었다. 이제는 언제 그랬느냐는 듯 웃음소리, 박수소리, 통성기도 소리가 마치 흥겨운 잔칫집처럼 분위기 자체가 완전히 달라졌다. 조용하기만 하던 교회가 이제는 전혀 다른 분위기로 바뀌면서 교인들의 마음속에 잠자고 있던 영성이 활기차게 움직이기 시작한 것이다.

그런 중에도 조금 아쉬운 일은 집회를 시작하면서 지역 내 열두 교회에 통지를 보내 매일 저녁마다 각 교회 담임 목사님들께 한 분씩 대표기도를 부탁을 했는데도 그 중에 두 분 목사님만 집회에 오셔서 기도를 해 주셨고, 그 외의 목사님들은 강 건너 불 보듯 하고 외면하는 것을 보면서 마음 한편으로 아쉬움을 면할 수 없었다. 집회가 끝난 후 그분들의 오해와 불편한 마음을 스스로 고백하는 것을 듣고 다소는 이해를 할 수 있었다. 교회에 부임하여 부임 인사를 하고 대화를 나눌 기회도 없이 바로 집회를 한것이 선임자들로서는 자존심이 조금 상했다고 한다. 그러나 그런 오해는 얼마 지나지 않아서 해소되었다.

집회 50일째 끝나는 날 회개하며 화합함

집회가 50일째 끝나는 날은 모든 장로님끼리 서로 부둥켜안고 회개하는 기도와 지난날의 쌓인 감정과 오해를 푸는 모습이 너무 아름다웠고 감격스러웠다. 이제 집회가 끝나자 모두가 한 마음 한 뜻이 되어 서로서로 이해와 용서하는 마음으로 교회의 영적 분위기가 달라졌고, 성도들의 삶에 생기가 넘치고 예배에 뜨거운 감동과 감격이 나타나기 시작했다. 그래서 놀라운 변화는 전에 없던 새로운 성가대가 하나 더 조직되어 매일 새벽기도회 시간마다 성가대의 찬양을 들을 수 있었다. 여전도회 회원 20여 명으로 주일예배 못지않을 정도로 성가대가 조직되었다.

집회가 끝나고 시작된 것은 그뿐만 아니고 교회내부를 완전히 리모델링하고 또 전자오르간을 구입하여 피아노와 전자오르간을 동시에 연주하면서 한층 더 예배분위기가 달라졌고, 예배시간마다 감사예물이 증가하는 것도 놀라운 변화였다. 그리고 주일학교와 중고등부를 위하여 음악을 전공한 교육전도사를 초빙하여 전담하게 하는 등, 모든 조직을 당 회원을 중심으로 역할분담을 하게 하여 한 분도 소외되거나 독주하는 일이 없이 고루고루 일을 맡아 스스로 일을 하게 하니 모든 일이 순조롭고 은혜롭게 진행될 수밖에 없었다.

정들자마자 이별의 힘든 발걸음, 미국 유학길

부임 3년째 되는 해에 상상밖에 나는 벌써 수년 전에 포기했던 미국유학 비자를 갑작스럽게 받게 되어 처음에 예상했던 기간을 못다 채우고 정든 교회와 정든 백령도를 멀리 남겨두고, 미국행 비행기를 타고 많은 추억들을 가슴에 품고 태평양을 건너 미국의 중심 네브라스카 주에 있는 유서 깊은 일반대학으로 유학길을 떠나야했다. 비록 짧은 기간이었지만 정이 많이 들어 아쉬움을 가득 안고 미지의 세계를 향해 ('정들자 이별' 이라는 속담처럼) 무거운 발걸음을 다시 한 번 옮기게 되었다.

우리나라에서 해외 유학생이 많을 때인데도 유독 목회자에게는 비자를 주지 않아 간혹 유럽 쪽으로 방향을 전환하는 분들이 있었고, 미국 비자는 유일하게 1년에 나 혼자 비자를 받게 되어 종로 유학원에서는 비자 받을 수 있는 길을 소개해 주면 사례금을 백만 원을 주겠다고 했다. 나는 하나님께서 주신 것이라고 대신 변명할 수밖에 없었다.

17
내가 살아야 할 목적(이유)

"보라 이제 나는 성령에 매여 예루살렘으로 가는데 거기서 무슨 일을 당할는지 알지 못하노라"(사도행전 20:22).
"그런즉 너희가 먹든지 마시든지 무엇을 하든지 다 하나님의 영광을 위하여 하라"(고린도전서 10:31).
"우리 중에 누구든지 자기를 위하여 사는 자가 없고 자기를 위하여 죽는 자도 없도다"(로마서 14:7).

목회 40년 세월 동안, 지금의 나는 어디에 서 있는가?
1977년도 세 차례의 금식기도를 통하여 너무도 크고 많은 은혜를 받고 서원기도를 하다가 첫 번째 이 민족의 모세가 되어 우리 백성들을 영적 가나안으로 인도하는 참 목자가 되게 해 달라고 하고, 두 번째 기도는 이 시대의 바울과 같은 영성의 사람이 되어 이 민족을 깨우는 영성의 사람이 되게 해 달라고 기도한 후, 마지막 서원기도는 이 땅에서 생명이 끝날 때 순교자의 반열에 서게 해 달라고 간절한 서원기도를 한 것이 얼마 전의 일같이 기억된다. 그런데 지금의 나는 무엇인가? 40년이란 긴 세월이 흘렀건만 나는 지금 어디에 서 있는가?

이 목사는 '산 순교자이다'

어느 것 하나도 이루어진 것은 없는데 내 나이는 칠십을 넘었으니 어떻게 해야 하나요? 꿈이 이루어지는 것도 이루어지지 않는 것도 내게는 어쩔 수 없는 일일진대 기다릴 수밖에 없지 않은가? 수년 전에 어느 선배 목사님이 "이 목사는 산 순교자다"라는 느닷없는 말에 반문하기를 "무엇을 말씀하고자 하는 것입니까?"하니 "이 목사는 목사가 누릴 수 있는 기득권을 하나도 누리지 않았으니 그게 순교가 아니겠는가!"

무임 목사지만, 여전히 '행복 예찬론자'

목사의 힘은 교회밖에 없다고 다들 그렇게 알고 내 교회 부흥에 생명을 거는데 나는 그것이 없으니 그럴 만도 하다. 전도사로 시작하여 14년을 담임 목회를 하고 귀국 후부터는 약 30년을 무임 목사로 아무도 즐기지 않는 특수목회(교회갱신, 회개운동, 청소년 수련원, 영성운동, 전국기독인 연합회 등)로 생활보장 없는 교회 없는 목사의 자리를 말없이 지켜 왔다.

사실로 무임 목사(無任牧師)는 어디를 가도 목사 대우를 받지 못하는 서자(庶子) 취급밖에 못 받는 위치다. 그런데도 나는 신기하게도 기가 죽거나 후회하거나 원망해 본 적이 없다. 기회도 여러 번 있었지만 무임(無任) 자리를 내놓고 싶지 않았고 기가 죽지 않고 하늘의 노래를 부르며 나름대로는 행복 예찬론자로 40년을 채웠다. 그 40년 목회 기간 중에 가장 기억에 남는 사건 하나가 있다면 인생무상(人生無常)에 대한 체험이다. 첫째는 하나님께로 부터 받은 은혜 때문이고 둘째는 인생체험이 있었다.

하기 수련회 중 학생의 죽음으로 인생무상 깨달음

목사 안수를 받은 해로 기억되는데 여름 하기 수련회(중, 고등부)에 30여 명 중, 고등부 학생회 중에 불신자의 가정에서 중2 여학생(당시 14세)이 있었다. 수련회 전날 부모님을 찾아가서 딸아이를 수련회에 참석하도록 간신히 허락을 받아서 참석하게 된 것인데, 그 여학생이 아무런 사고나 질병이나 원인도 모르게 집회 기간 중에 수요일 저녁에 병원에 실려가 병원장으로부터 사망이라는 선고를 받게 되었다.

병원장의 대답이 “죽었습니다. 늦었습니다” 하는데도 나는 그 말이 전혀 믿기지 않았다. 삼일 전 까지만 해도 아무렇지도 않던 멀쩡한 학생이 이유도 원인도 모르게 갑자기 죽었다고 하는데 도저히 이해가 가지 않았다. 의사의 진단에 오진(誤診)이겠지 아니야 결코 죽지 않았어! 그럴 수가 없어! 아무리 의사의 진단을 부정하고 내 믿음을 확신했지만 그 아이는 돌아오지 않았다. 그순간 나는 지금까지 한 번도 심각하게 생각해 보지 않았던 삶과 죽음 생(生)과 사(死)에 대해서 철학자가 될 수밖에 없었다.

도대체 삶과 죽음의 차이란 무엇인가? 삶과 죽음의 차이는 종이 한 장의 차이! 아니 손바닥 뒤집기와 무엇이 다른가! 그 순간부터 나는 인생의 생사관(生死觀)이 정립되었다. 인생무상(人生無常), 그렇다. 나도 예외가 아니다. 나도 언제 어느 때 어떻게 이 아이처럼 호흡이 중단되어 생에 마침표를 찍게 될지 모른다. 삶과 죽음은 멀리 떨어져 있는 또 다른 세계가 아니다. 삶은 죽음이다! 언제 내가 그 곳에 가서 있게 될지 아무도 모른다.

지금이 중요한 생의 순간

중요한 것은 지금 이 순간이다. 이 순간 내 삶이 끝난다 해도 후회없이 살아야 한다. 후회는 아무짝에도 쓸데없다. 인생무상을 모르면 아무것도 모르는 것이다. 인생무상보다 더 분명한 진리가 없고 더 확실한 철학은 없다.

인생무상을 모르는 사람은 죽은 사람이나 조금도 다를 바 없다. 그때부터 나는 후회 없이 살다 후회 없이 죽는 인생관이 내 삶의 원칙이 되고, 내 삶의 목표가 되어 지금까지 그 가치관 그 인생관으로 외길을 달려왔고 지금도 달려가고 있다. 그래서인지 요한복음 3장에 나오는 니고데모의 사건을 항상 기억한다. '물'과 '성령'으로 거듭나지 못한 인생은 살아 있어도 아무 의미가 없다. 거듭나지 못한 사람은 걸어 다니는 송장이나 다를 바 없다. 내 인생의 주인은 내가 아니다. 내 목숨 내 생명이 내 것이 아니다(I'm not the owner of my life. My breath, my life is not mine).

하나님의 말씀과 성령으로 거듭난 새 생명 그 생명만이 참 나이고 참 생명(生命)이다. 내가 살아야 할 이유는 옛사람 육의 생명을 위해 살아서는 안 된다. 내가 살아야 할 목적(이유)은 크게 둘로 나눠 생각할 수 있다.

첫째 목적은, '사명 감당을 위해서'이다.

본문의 주인공 사도 바울은 다음같이 고백하고 있다.

> "내가 달려갈 길과 주 예수께 받은 사명 곧 하나님의 은혜의 복음을 증언하는 일을 마치려 함에는 나의 생명조차 조금도 귀한 것으로 여기지 아니하노라"(행20:24).

인간은 모두가 사명적인 존재이다

사명에 대한 자각은 각자의 몫이다. 일찍이 깨닫고 일찍부터 사명감당한 사람과 늦게 깨닫고 늦게부터 준비한 사람은 각자의 축복에 차이가 있기 마련이다. 하나님을 만나고 제일 먼저 깨달은 은혜는 '나는 무익한 존재이다. 하나님의 은혜가 아니었더라면 '나는 벌레만도 못한 존재'다. 주님의 보혈의 공로로 내가 하나님과 화목하게 되었고, 하나님 나라의 백성이 되었고 하나님의 사역자(일꾼)가 되었으니 이보다 더 큰 은혜가 어디에 있을까! 어려운 시대 주권 잃은 나라의 백성으로 태어나 보릿고개를 겪으며 가난을 숙명처럼 여기며 고통스런 삶을 기약 없이 이어가야 했던 나에게 그때부터 단 하나의 꿈이 있었다.

장차 양심적인 정치인이 되어 썩은 정치, 부패한 권력을 청산하여 살기 좋은 나라 복지국가를 이 땅에 이루어야 한다는 소박한 꿈이 내 삶의 전부였다. 그러나 20일 금식이 끝나는 날 **"너는 정치로 네 민족을 구하려고 하지 말고 내 복음으로 네 민족을 구하도록 하라!"**는 음성이 들렸다. 내가 지금까지 꿈꾸어왔던 내 삶의 목적과는 너무 상반된 목표였다.

북녘땅 2500만 동포의 고통을 한국교회가 함께 짐

그 한 마디 하늘의 음성에 순종하여 내 인생을 다 바쳤다. 이루고 못 이루고는 내 뜻이 아니다. 하나님께서는 나를 일찍부터 세계의 선진국에 내보내셔서 6년, 4년, 10년을 훈련시키셨다. 그 인고의 시간 10년은 나에게 애국심과 하나님 사랑밖에는 남은 것이 아무것도 없다. 오직 나라 사랑하는 마음과 하나님 사랑으로 내 민족을 사랑하는 그 소망밖에 아무것도 없다. 우리 조상들의 죄값으로 천혜의 강산 한반도가 허리가 끊겨 저 북녘 땅 2500만 우리 동포들은 사단의 세력에 포로가 되어, 지금도 지하 교인들(20만~30만)의 피눈물 어린 기도가 하늘과 땅에 사무치고 있는데 이 땅의 자유 대한민국의 백성들(교회)은 아는가 모르는가?

내 백성 내 동포가 저렇게 고통당하고 있는데 지금의 한국교회는 무엇을 하고 있나? 한국교회는 다시 태어나는 산고의 고통을 치러야 한다. 지금의 한국교회는 물량주의, 배금주의, 인본주의에 포로가 되어버렸다. 다시 태어나서 이 민족을 영적 가나안으로 이끌어가야 하는데 누가 앞장설 것인가? 한국교회가 새롭게 태어나 다시 오실 주님을 맞을 준비를 해야 하고, 내 백성의 고통을 내 몸에 태인 십자가로 알고 잃어버린 양심 회복을 외치는 세례요한이 나타나야 한다. 엘리야의 기도로 하늘에 상달해야 한다.

둘째 목적(이유)은, '하나님의 영광을 위해서'이다.

내가 더 이상 살아봐야 내 포지션(한계)은 정해져 있다. 이사야 선지자가 선포한 말씀이다.

> "무릇 내 이름으로 일컫는 자 곧 내가 내 영광을 위하여 창조한 자를 오게 하라 그들을 내가 지었고 만들었느니라"(사43:7).

하나님께서 우리를 택하시고 부르신 이유가 여기에 있다. 사도 바울은 빌립보 교회를 향하여 "너희 안에 행하시는 이는 하나님이시니 자기의 기쁘신 뜻을 위하여 너희에게 소원을 두고 행하신다"(빌2:13)고 선언했다. 갈라디아 교회를 향해서는 고백한 음성을 들어 보자.

"내가 그리스도와 함께 십자가에 못 박혔나니 그런즉 이제는 내가 산 것이 아니요 오직 내 안에 그리스도께서 사신 것이라 이제 내가 육체 가운데 사는 것은 나를 사랑하사 나를 위하여 자기 몸을 버리신 하나님의 아들을 믿는 믿음 안에서 사는 것이라"(갈2:20).

교회를 다닌다고 그것이 하나님을 믿는 것이 아니다. 목회를 한다고 그것이 하나님의 일을 하는 것이 아니다. 노회장이 되고 총회장이 되고 신학교 학장이 되고 총장이 되어도 그것이 하나님의 일을 한 것은 아니다. 착각은 컷트라인이 없다. 하나님의 영광을 위해서 하나님의 법대로 하지 않았으면 하나님 앞에 서는 날 "내가 도무지 너를 알지 못 한다"고 책망 받을지도 모른다. 어떻게 사는 것이 하나님의 영광을 위한 삶이고 사명감당을 위한 삶인가?

1. 내 모든 삶을 하나님께 전적으로 맡겨야 한다

내 삶 전체를 내가 주인 노릇 할 생각 내려놓아야 한다. 찬송가 355장 "아골 골짝 빈들에도 복음 들고 가오리다". 내 삶의 모든 포커스(촛점)를 주님께 전적으로 집중하고 주님만 바라보아야 한다.

"아시아에 들어온 첫날부터 지금까지 내가 항상 너희 가운데서 어떻게 행한 것을 너희도 아는 바니 곧 모든 겸손과 눈물이며 유대인의 간계를 인하여 당할 시험을 참고 주를 섬긴 것과 유익한 것은 무엇이든지 공중 앞에서나 각 집에서나 꺼림이 없이 너희에게 전하여 가르치고 유대인과 헬라인들에게 하나님께 대한 회개와 우리 주 예수 그리스도께 대한 믿음을 증거 한 것이라"(행20:18-21).

그러나 바울의 가는 앞길에는 결박과 환난이 그를 기다리고 있음을 알면서도 조금도 두려워하지 않았다(행20:32-35).

예수 그리스도께서 제자들을 택하신 조건

첫째 조건

"아무든지 나를 따라오려거든 자기를 부인하고 자기 십자가를 지고 나를 좇을 것이니라 누구든지 제 목숨을 구원하고자 하면 잃을 것이요 누구든지 나를 위하여 제 목숨을 잃으면 찾으리라 사람이 만일 온 천하를 얻고도 제 목숨을 잃으면 무엇이 유익하리요 사람이 무엇을 주고 제 목숨을 바꾸겠느냐"(마16:24-26).

"천만인이 나를 둘러 치려하여도 나는 두려워 아니 하리로다"(시3:6).

"여호와는 내 편이시라 내게 두려움이 없나니 사람이 내게 어찌할꼬 여호와께서 내 편이 되사 나를 돕는 자 중에 계시니 나를 미워하는 자에게 보응하시는 것을 내가 보리로다"(시118:6-7).

하나님께서는 우리의 앉고 서는 것까지 아신다.

둘째 조건

"주께서 나의 앉고 일어섬을 아시며 멀리서도 나의 생각을 통촉하시오며 나의 길과 눕는 것을 감찰하시오며 나의 모든 행위를 익히 아시오니"(시139:2-3).

2. 말씀과 기도로 항상 무장하고 있어야 한다

"마귀의 궤계를 능히 대적하기 위하여 하나님의 전신갑주를 입으라"(엡6:10-11).

이 세상은 영적 전쟁터이다. 준비 없이 전쟁에 나가면 백전백패한다. 준비 안 된 사람을 하나님은 쓰시지 않는다. 쓰실 수 없다. 전쟁은 반드시 이기는 것이 목적이다. 목회자는 매일 3시간 이상 기도, 3시간 이상 성경연구 하는 것을 원칙을 어기지 않고 사역한다면, 그 끝이 실패할 리가 없다. 이것이 지혜로운 선택이다. 신학교 때부터 성경박사가 돼야 한다.

3. 범사에 감사와 찬양을 쉬지 않아야 한다

> "이 백성은 내가 나를 위하여 지었나니 나의 찬송을 부르게 하려 함이니라" 사도 바울은 데살로니가 교회에 "항상 기뻐하고 쉬지 말고 기도하고 범사에 감사하라 이는 그리스도 예수 안에서 너희를 향하신 하나님의 뜻이니라"(사43:21).

감사와 찬송은 입술의 열매이며 성도의 의무이다.

> "너희는 성령을 좇아 행하라 그리하면 육체의 욕심을 이루지 아니하리라 육체의 소욕은 성령을 거스리고 성령의 소욕은 육체를 거스리리니 이 둘이 서로 대적함으로 너희의 원하는 것을 하지 못하게 하려 함이니라"(갈5:16-17).

4. 선한 삶의 열매

> "너희 몸은 너희가 하나님께로부터 받은바 너희 가운데 계신 성령의 전인 줄을 알지 못하느냐 너희는 너희의 것이 아니라 값으로 산 것이 되었으니 그런즉 너희 몸으로 하나님께 영광을 돌리라"(고전6:19).

1일 1선을 실천하면 한국교회가 회복된다. 전국민운동을 일으켜야! 하나님께서는 직접 일하시기보다 우리 인간을 사용하여 일하신다. 우리가 축복의 통로 소통의 통로가 되어 위대한 기적을 창조할 수 있다.

"너희의 착한 행실을 보고 하늘에 계신 너희 아버지께 영광을 돌리게 하라"(마5:16).

5. 거룩과 성결

"오직 너희를 부르신 거룩한 자처럼 너희도 모든 행실에 거룩한 자가 되라 내가 거룩하니 너희도 거룩할찌어다"(벧전1:15-16).

"나는 너희의 하나님이 되려고 너희를 애굽 땅에서 인도하여 낸 여호와라 내가 거룩하니 너희도 거룩할찌어다"(레11:45).

"하나님의 뜻은 이것이니 너희의 거룩함이라"(살전4:3).

"내가 내 거룩한 이름을 내 백성 이스라엘 가운데 알게 하여 다시는 내 거룩한 이름을 더럽히지 않게 하리니 열국이 나를 여호와 곧 이스라엘의 거룩한 자인 줄 알리라 하셨다 하라"(겔39:7).

"평강의 하나님이 친히 너희로 온전히 거룩하게 하시고 또 너희 온 영과 혼과 몸이 우리 주 예수 그리스도 강림하실 때에 흠 없게 보전되기를 원하노라"(살전5:23).

전인적으로 치유되고 회복되는 길, 우리 스스로 거룩해 지는 것은 우리 스스로 이뤄질 수 없다. 십자가 보혈 밖에는 우리가 거룩(성결)해 지는 다른 길이 없다. 내 삶의 목적(목표)에 있어서 인생무상을 못 깨달으면 평생 육신의 종 노릇하다 끝난다는 거듭난 새 생명이라야 진짜이다. 그 외는 가짜이며, 모조라고 생각한다.

이 장을 마치면서

1. 사명 감당을 하는 것
2. 하나님의 영광을 위해 사는 것

이 두 가지를 동시에 해결하려면 어떻게 살아야 할까?

-내 삶 전체를 하나님께 전적으로 의탁한다.
-말씀과 기도로 완전무장(하나님의 전신갑주)해야 한다.
-범사에 감사, 찬송해야 한다.
-선한 열매 많이 맺는 것에 중점을 둬야 한다.
-주님의 십자가 보혈 공로를 힘입어야 한다.

18
모세의 일생

"나의 의인은 믿음으로 말미암아 살리라 또한 뒤로 물러가면 내 마음이 그를 기뻐하지 아니하리라 하셨느니라"(히브리서 10:38).

화려한 왕궁에서 40년간 최고 학문 훈련받은 모세

성경에 나타난 많은 지도자 중에 모세의 행적을 따를만한 지도자는 없다. 세계 역사상에 가장 위대한 지도자를 말하라면 모세를 꼽아도 이의를 제기할 역사가는 없다고 본다. 모세는 평안하고 자유로운 좋은 환경에서 출생하지도 않았고 국가적으로, 시대적으로도 원치 않는 불우한 여건 속에서 출생하여 성장하였다. 이스라엘 백성을 애굽의 노예생활에서 구출하여 약속의 땅 가나안으로 인도한 위대한 민족의 지도자로, 그가 애굽 땅을 떠난 것은 1290년경으로 출생 당시는 애굽의 박해를 면하기 위하여 아무도 모르게 갈대상자에 넣어 나일강 물속에 띄워 보냈는데, 그때 마침 애굽의 공주가 이를 발견하고 왕궁으로 데려감으로 40년 동안 궁중 교육을 다 받고 애굽의 학술에 능통한 사람이 되었다. 그런데 어느 날 밖에 나갔다가 자기 동족인 히브리 사람이 애굽 사람에게 폭행

당하는 것을 보고 의분(義憤)을 못 이겨 애굽 사람을 죽이고 뒷날 탄로가 났을 때 모세는 왕궁을 빠져나와 미디안 광야로 도망하는 방랑자로 전락한다.

황량한 광야로 내몰려 40년 동안 훈련받은 모세

그곳에서 미디안 제사장 이드로의 집에 거하면서 그의 딸 십보라와 결혼하여 두 아들을 얻고 40년이란 세월을 보내어 그의 나이 80세가 되었을 때, 어느 날 호렙산(일명 시내산)에서 하나님의 음성을 듣고 민족해방의 사명을 받게 된다. 이제 나이가 먹을 만큼 먹었으니 그는 이제 새로운 일을 찾기보다는 오히려 애굽 땅에서 화려하게 살았던 옛날을 그리워하며 그곳에 돌아가 여생을 평안하게 살고 싶었을 것이다. 그런데 아이러니하게 첫 번째로 모세는 가시나무(떨기나무) 불꽃 가운데서 하나님의 음성이 "너는 네 민족 이스라엘을 이끌고 광야로 나가 가나안 땅으로 인도하여 가라"는 감당하기 힘든 명령을 받게 되었다.

신기한 것은 성경에 나타난 위인들의 대부분이 당시에는 아무런 보잘 것 없는 무용지물(無用之物) 같은 사람들이었다. 누가 보아도 보잘 것 없는 사람들을 하나님은 부르시고 사용하셨다. 아브라함이 소명받을 당시가 75세였고, 요셉은 노예였고, 다윗은 목동이었고, 베드로와 요한은 어부였다. 마태는 세리였고, 사무엘은 철부지였다. 하나님은 잘 난자, 자고하고 다된 줄 아는 교만한 사람은 쓰시지 않으신다.

'나는 아무것도 할 수 없다" 포기할 때, 부름받은 모세

'나는 아무것도 할 수 없다, 무능하다'라고 포기상태에 있는 사람을 불러서 쓰시는 것을 볼 수 있다. 모세가 왕궁에 있을 때는 부르시지 않았다.

이제는 나이로 보나 신분상으로 보나 모든 여건(환경)이 제로상태에 처해 있을 때, 하나님은 "모세야 모세야! "부르시고 막중한 사명을 맡겨주신 것이다. 그런데 두 번째로 놀라운 사건은 하나님의 소명을 받은 모세는 순종하기보다 거절하고 부정적인 반응을 하게 된다. '주여 나는 본래 말에 능치 못하고 입이 뻣뻣하여 그런 큰일을 할 수 없다'고 항변부터 먼저 했다.

하나님께서는 모세에게 능력을 주시고 이적을 행할 수 있도록 다 준비해놓으셨지만, 자기의 처지와 자기의 능력의 한계만 생각하고 못한다고 하면서 할 수 있는 능력 있는 사람을 보내라고 반응을 했다. 어쩌면 모세는 자기 능력의 한계를 생각할 때 이 큰일을 감당할 자격이 미달된다고 겸손한 태도를 보이고 있었다. 아무 인간관계도 없는 황폐한 산골에서 보잘 것 없는 양치기가 민족을 해방시키는 지도자가 된다는 것은 쉬운 일은 아니다.

소명 앞에 순종하고 실천에 옮긴 모세

마지막으로 모세는 하나님의 소명 앞에 순종하고 실천으로 옮기고부터는 믿음의 사람이 되고 180도로 역전(逆轉)하는 것을 볼 수 있다. 물론 이렇게 역전하게 된 것이 모세 자신의 능력이 아니고 하나님께서 주신 은혜요, 믿음의 강력한 역사임에는 조금도 의심의 여지가 없음을 알아야 할 것이다.

> "믿음으로 모세는 장성하여 바로의 공주의 아들이라 칭함을 거절하고 도리어 하나님의 백성과 함께 고난 받기를 잠시 죄악의 낙을 누리는 것보다 더 좋아하고 그리스도를 위하여 받는 능욕을 애굽의 모든 보화보다 더 큰 재물로 여겼으니 이는 상 주심을 바라봄이라"(히11:24-26).

성경에 수 많은 위인 중에 모세만큼 드라마틱하고 멋있는 지도자는 찾아보기 어렵다. 그것은 모세를 어릴 적에 강에서 건져다가 바로의 궁중에서 키울 때부터 그는 애굽의 역사보다 어머니(유모) '요게벳'으로부터 '너는 히브리 민족의 혈통이라'는 사상교육과 역사교육을 철저하게 받았다. 그러므로 모세는 40년을 왕궁에서 살았지만, 그의 신앙과 나라사랑 정신은 애굽의 모든 보화와 바꿀 수 없는 바른 신앙을 가질 수 있었다.

'세 살 버릇 여든까지 간다'는 말처럼, 모세는 하나님의 은혜와 섭리로 젖을 먹으면서부터 교육을 받기 시작하면서 인본주의 우상을 섬기는 애굽의 학문 대신, 철학사상과 모든 세상의 지식보다 여호와 하나님을 섬기고 경외하는 그의 숭고한 신앙은 어머니에게 교육받으며 장성했기 때문에 그토록 위대한 신앙의 지도자, 정치의 지도자가 될 수 있었다.

과연, 모세의 일생은 철저한 하나님의 구속사적인 섭리였다고 자신 있게 말할 수 있다(Indeed, I can say with confidence that Moses' life was a thorough God's redemptive providence).

19
제3의 목양지를 찾아 태평양을 건너다

"너의 길을 여호와께 맡기라 저를 의지하면 저가 이루시고 네 의를 빛같이 나타내시며 네 공의를 정오의 빛같이 하시리로다"(시편 37:5,6).

전에 있던 사역지에서 미국의 신학대학에 유학하려다가 비자를 받기 어려워 그 꿈을 접고 이제는 국내에서 목회에 성공하려고 마음을 가다듬고 있을 때였다. 이곳에 온지 3년이 되었는데 하나님께서는 부족한 종을 넓은 국제무대에 보내어 훈련을 받게 섭리해 주셨다. 한 목회자가 사역을 함에 있어서 국내에서 국외로 사역지를 옮기는 일이 인간의 힘이 아닌 하나님의 은혜와 도우심으로 된 일이라고 굳게 믿는다.

어렵게 받은 비자지만 가만히 생각해보니 나보다 훨씬 좋은 조건과 환경에 있는 목회자도 미국 비자가 힘들고 허락되지 않으니 유럽쪽으로 진출하는 분들이 있었다. 그 와중에 저자가 자의 반 타의 반으로 특혜를 받게 된 것은 분명히 하나님의 뜻이고 도우심인 것을 믿을 수밖에 없었다. 갑자기 2의 목양지를 떠나게 되어 마음 한편으로는 말할 수 없이 섭섭했지만 보내는 교인들도 내 자신도 미국으로 공부하러 떠난다는 명분 때문에 위로가 되었고 많은 격려를 받으며 출국하는데 힘이 되어 주었다.

이곳(진촌교회)에 가지 않았더라면 미국에 갈 형편이 전혀 안 되었을 텐데 그곳에서 열심히 섬기는 사역을 했더니 한 학기 등록금과 비행기 표를 살 수 있도록 하나님께서 준비시켜 주셨다. 한국에서 10년 목회를 전심으로 하고 나니, 이제 하나님께서는 더 넓은 대륙에 보내어 그곳의 문화와 역사를 배우게 하셨고, 좁은 시야를 넓게 하여 견문을 넓게 해 주셨다. 상상할 수 없는 넓은 땅에서 전 세계 각국에서 모여 든 젊은이들과 함께 기숙사 생활을 하게 되었다.

6개월 간 어학연수 과정을 마칠 때까지는 기숙사 생활이 창살 없는 감옥과 마찬가지였다. 먹는 음식과 침대 생활은 전혀 맞지 않았고 목회하던 성직자가 세상 사람들과 어울리는 일(공동체 생활)은 말할 수 없는 고역이었다. 거기에 등록금은 어떻게 충당하며 스폰서도 없고 당장 생활비도 바닥이 나니 광야에 내던져진 신세가 되었다. 거기에 영적인 고갈까지 겹쳐 당장 목회지를 찾아야만 했다.

몇 주간을 고민하다 성령의 이끌림에 따라 텍사스 행 비행기를 탔다. 세 도시에 흩어져 사는 교인들을 모이기 좋도록 중간 도시에서 예배를 드렸지만, 교인 수는 늘지 않아서 결국 양쪽 두 도시에서 나누어 예배를 드리게 되었다. 두 곳 다 약 이십 명씩 모이게 되어 주일아침은 10시와 12시에 나누어 양쪽 교회를 바쁘게 오고가면서 예배를 인도했다. 두 곳은 약 1시간 소요의 거리였다.
교회는 날로 숫자가 늘어갔다. 양쪽에 한국 교민이 전부 모여도 100여명 남짓 되는 작은 도시이다 거기에 두 교회 교인 숫자는 약 50여명으로 보면, 교민 복음화가 된 것이나 마찬가지로 교민들의 구심점이 교회가 될 정도로 분위기가 좋아졌다. 학교수업은 계절학기와 레포트를 쓰는 것으로 대신하면서 수업과 목회를 겸하여 하니까 쉴 시간이 없었다.

이렇게 3년이란 시간이 흘러 미국생활에 익숙해지고 그 곳 문화에 접촉하다보니 점점 성도들과 가까워지면서 영주권 신청을 하라는 권면을 받고 내 마음도 약간씩 기울기 시작했다. 그러나 나는 그곳에 갈 때 반드시 돌아와서 고국에서 주의 일을 하리라 다짐도 했고, 사명이 있어 그곳까지 갔는데 조금 삶이 편안해졌다고 주저앉을 수는 없었다.

영주권 신청은 자의 반 타의 반 시작했지만 내 마음속 깊은 곳에서는 날이 갈수록 갈등이 심해갔다. 성령의 충동은 밤이나 낮이나 나를 가만히 두지 않고 한국교회 갱신을 위해서는 절대로 여기에 오래 머물러있어서는 안 된다는 격동(激動)이 나를 괴롭히기 시작했다. 고민 끝에 더 이상 이곳에 있어서는 안 된다는 충격을 받았고 첫째는 성령님의 강권적인 역사에 견뎌낼 수 없을 정도로 보이지 않는 손에 이끌리기 시작했다.

결국 영주권 신청을 중도에 포기하고 목회지가 공석이 생겨서는 안 된다는 생각 때문에 사방으로 물색을 하고 있는데 갑자기 한국에서 목사님 가족이 상용비자를 갖고 사업상 오는 조건으로 왔다. 그분들은 이미 미국에 자리를 잡을 마음의 준비를 하고 내가 있는 곳으로 나를 찾아왔다. 하나님께서 보내신 것이 분명한 것 같아서, 나는 제직회를 열고 그 목사를 후임자로 모시도록 소개하고 권면한 후 이취임예배를 정식으로 드렸다. 귀국 날짜를 잡고 이삿짐을 컨테이너로 먼저 보내고 나는 여행가방 하나를 들고 그곳에 있으면서, 다녀보지 못한 여행을 대신하여 귀국 편을 하와이 경유하여 귀국길에 올랐다.

힘들게 찾아간 제3의 목양지에서도 많은 추억과 사연을 남기고 4년 만에 내 조국 내 가족 곁으로 돌아왔다. 목회를 전념하다 보니 학업에는 소홀할 수밖에 없어 M.Div. 과정을 끝내고 종교교육학 박사과정을 한 학기 남겨두고 귀국한 일은 조금 아쉬웠다. 내가 조금 더 그곳에 미련을 두고 망설였더라면 귀국하기도 힘들었을 것이고, 하나님이 기뻐하지 않으신다는 감동과 인도하심에 순종하여 귀국했으므로 후회는 없었다.

유학을 갈 때도 하나님의 인도와 역사하심이었고, 귀국할 때도 역시 하나님의 인도와 역사하심에 순종했기 때문에 후회는 한 번도 해 본적이 없었다. 내 인생도 마찬가지로 절대 후회하는 삶은 살지 않아야 한다고 다짐하며 하루하루를 기뻐하며 감사하며 살려고 다짐하면서 고국에 돌아오게 되었다.
아쉬움이 있었다면 그곳에 갈 때 그렇게 어려운 여건과 조건 속에서 힘들게 찾아간 목양지였는데, 그곳에 교인들을 위하여 조금 더 최선을 다해 교회를 성장시켜놓고 왔어야 하는데 그렇지 못했다는 점이 아쉬움으로 남아있다.

한국교회 갱신을 위한 후원 당부
처음 개척 당시는 물, 불 안 가리고 오직 교회부흥과 선교지 확보를 위해 최선을 다하다보니 매년 선교지를 두 곳 세 곳 늘려 갔고 러시아에까지 선교비를 보냈는데 후임자는 그 일을 계속했는지가 알 수 없었다. 귀국하면서 교인들 앞에서 솔직히 부탁했다. 내가 미국에서 견문을 넓히고 미국교회 사정을 자세히 파악하여 장차 한국교회 갱신에 도움주는 사역을 배우는 것이라 했다. 한국에 돌아가서 큰 교회 목회하는 것이 아니라 교회갱신 사명을 위하여 귀국하는 것이므로 이 교회가 갱신사역을 위해 매월 500불(50만 원 정도)씩 후원금으로 보내주고 내년부터는 1,000불씩 후원을 통해 한국교회 갱신에 기여해 달라고 약속하고 귀국을 했다.

정성껏 섬기고 후임자에게 위임한 미국 교회에서 몇 개월 동안 약속을 잘 지키다가 담임목사님의 목회가 저들과 맞지 않아서 교회가 어려움을 겪고 있다면서 선교비도 끊어졌다. 저자(나)는 후임 목사님이 목회를 무난하게 할 수 있다고 믿고 위임했는데, 그 책임은 내게로 돌아왔고 그 목사님 역시 자신의 불찰은 전혀 깨닫지 못했다. 교인들과의 충돌로 두 교회로 분리되고 결국, 그 목사님은 교인을 다 잃어버리고 멀리 LA로 갔다고 했다. 교회가 부흥되고 안 되고는 다른 조건보다 목회자의 영성에 따라 좌우된다는 사실을 다시금 깨닫게 되었다.

교회가 목사의 밥그릇이나 직장이라고 생각하면 그는 절대 목회자가 되어서는 안 된다. 그러한 목회자가 변화되지 않으면 목회자가 온전한 하나님의 사람이 안 되고 목양을 한다면 그에게 속한 양떼들은 정말로 불쌍한 희생양이라고 할 수밖에 없다. 나는 14년 담임 목회를 끝으로 더 이상 목회를 하고 싶지도 않았고, 현재 상태로 교회를 아무리 크게 짓고 교인 숫자를 늘린다고 무슨 의미가 있는지 의문스러웠다. 차라리 내 한 영혼이라도 제대로 구원받아야지 나도 천국 문 앞에서 못 들어가고 남들도 가로막고 있어서 되겠는가!?

20
미국 유학 중 인디언 빌리지(village)를 방문하다

"내 영혼아 네가 어찌하여 낙망하며 어찌하여 내 속에서 불안하여 하는고 너는 하나님을 바라라 나는 내 얼굴을 도우시는 내 하나님을 오히려 찬송하리로다"(시편 42:11).

국제적 무대, 미국에서 목회 훈련받게 하심

목회자가 되고부터 저자(나)에겐 내 의지, 내 계획, 내 소원, 내 것이라고는 아무것도 없어져 버렸다. 하나님께서는 나를 우물 안에 개구리처럼 훈련 시키지 않고 세계적인 무대인 미국 땅으로 나를 옮겨주셨다. 그 당시는 미국 유학을 생각하거나 꿈꾸는 목사가 몇 년 동안 거의 정지상태였기 때문에 나도 예외일 수가 없었다. 80년대부터는 한국의 목사님들이 미 대사관에 신용불량 리스트에 올라있어 다른 명분으로 빠져나가는 숫자는 간혹 있었지만, 목사신분으로 유학 비자를 받기는 낙타가 바늘귀로 들어가기보다 힘든 때가 몇 년간 계속 되었다.

20여 명이 비자 신청 중 '목사'라서 거절당함

그처럼 어려운 시기에 지인(외무부 근무 전 주미 영사)의 소개로 어려운 코스를 한번 통과해보려고 했다. 가능할 것이라는 낙관론으로 20여 명이 한꺼번에 비자 신청을 했는데 다 통과시켜주면서 목사라는 명분 때문에 나만 거절당하고 말았다. 다른 학과(이공계, 인문계 등)는 모두 다 비자를 주면서 가장 신용이 확실한 나에게는 '당신은 목사이기 때문에 미국에 가면 돌아오지 않을 것이다'면서 비자를 줄 수 없다고 했다. 나는 즉시 항의하기를 '세상 사람은 다 못 믿어도 목사의 말은 보증수표와 같은 것인데 목사인 나를 그렇게 불신하면 되느냐'고 항의했지만, 나보다 먼저 유학생으로 간 목사님들이 돌아오지 않고 미국에 영주권 받고 살고 있다는 것 때문에 어쩔 수 없다는 것이 그들의 방침이라고 설명하는 것이었다.

다시 제출한 비자 신청서

믿고 도와주겠다고 했던 외무부의 지인도 할 말이 없다면서 마지막 방법으로 내가 아는 분 중에 최고위층에 있는 분의 추천서를 첨부해서 한 번 더 신청해보자고 했다. 그 당시 국회의원 중에 6선을 했고 하버드 대학 경력이 있는 최 의원(국민당 부총재)을 찾아 국회의사당 내 사무실로 갔다. 마침 사무실에서 만나 사정 얘기를 하자, 틀림없이 고국에 돌아와서 큰일을 할 사람이니 믿고 비자를 달라고 추천서를 써 주었다.

즉시 영문으로 번역하여 추천서를 대사관에 제출했다. 그들도 입장이 곤란한지 몇 사람이 의논한 후 조건부로 가족 동반하지 않고 홀로 2년 기간만 비자를 내주었다. 원래 가족 동반은 생각지도 않았고 경제 사정으로 혼자 가서 고학할 생각이었기 때문에 예상대로 일이 성사되어 갔다.

지금까지 목회 현장에서 10년간 한 번도 내 의지와 내 계획대로 해 본 일이 없었기 때문에 이 모두가 하나님의 섭리와 예정임을 믿었다. 필요하면 비자기간은 학교측에서 연장이 가능하므로 성공한 케이스 였다. 마지막으로 유학과정을 점검하고 서류를 작성하는 종로 유학원에서는 목사님이 유학비자 받는 것은 1년에 한 명도 없었는데 어떻게 비자를 받게 되었는지 방법을 가르쳐주면 사례금을 백만 원 주겠다고 매달렸다. 그러나 아무나 가능한 방법이 아니라서 가르쳐줄 수 없다고 했다.

한국, 일본서 배운 영어가 미국 현장에서 먹통됨

아무튼 춥고 싸늘한 2월 초 낯설고 일가친척 한 사람도 없는 이역 만리 타국에 정착하기는 쉽지 않았다. 다행히 LA에 이민 간 장로님 댁에서 이틀을 묵고, 뒷날 아침 미국의 중심부에 있는 네브라스카 주 일반대학에 가서 어학 코스를 거쳐야 했다. 그런데 이전에 배운(한국과 일본) 영어는 그곳의 영어와 너무나 달라서 보고 읽는 것은 어느 정도 가능했지만 듣는 것은 완전 초보생이라 강의실에 들어가도 '소귀에 경 읽기'였다.

학교 기숙사의 서양식 요리를 섭취하는데 큰 고역

한국과 일본에서 배운 영어는 전부 무용지물이라 레벨 테스트에서 기초부터 하라는 명령이 떨어졌다. 세계 각국에서 모여든 학생 중에 저자(내)가 가장 나이가 많았다. 그중에서 가장 고역은 침대 방에서 끼니마다 식사는 서양식 요리가 나왔지만 생존하려면 먹어야 하는 고역을 참고 섭취해야 하는 일이 고역이었다. 몇 달을 서양식으로 먹다보니 이제는 식사가 목에 걸려 억지로 음료수를 계속 마셔야 했다. 그런데 음료수는 콜라도 있고 주스도 있고 각종 음료수가 있어 식사에 조금 도움이 됐다.

외출 중 미국 식당에서 아는 메뉴는 하나도 없음

다행히 나보다 몇 개월 먼저 온 유학생 중에 전도사이면서 다른 과를 전공으로 바꾸어 온 학생이 한 명 있어 간혹 같이 만나 고향(고국)이야기를 하며 서러움을 달래기도 했다. 하루는 둘이서 외출을 나갔다가 점심시간이 되어 식사는 해야겠고 미국 식당밖에 없어 할 수 없이 주문해야겠는데 메뉴판을 아무리 훑어봐도 아는 이름이 하나도 없었다.

이름을 몰라 주문할 수 없어 한참 고민 끝에 영어로 '햄버거'(Hamburger)라는 이름이 눈에 띄어 할 수 없이 "햄버거 투"라고 했더니 무슨 말인지 알지 못하는 말을 하면서 햄버거가 나와서 땡큐~!하고 받아먹고 학교로 돌아왔다. 우리는 돈이 아무리 많아도 돈 쓸 곳이 없다고 농담을 하면서 기숙사로 돌아온 적이 있었다. 대학교이다 보니 모두가 20대 젊은이들이고 돈 많은 부잣집 자녀들이라 흥청망청 먹고 마시고 즐기고 나름대로 재미있게 지내는데 나에게는 그런 자유도 권리도 없었다.

주일엔 지역 소규모 한인교회는 오아시스와 같았음

아버지께서 불꽃 같은 시선으로 보고 듣고 계시며 주머니는 항상 딸랑딸랑 빈 주머니에 그야말로 창살 없는 감옥이나 비슷했다. 그런데 어느 날 같은 대학교 내에 교수님 한 분이 한국분이 있어서 반갑게 만나보니 교회 장로님이시고 일찍이 미국에 와서 유학하고 시민권을 받아서 박사학위를 가진 분이라 너무 반가웠다. 주일날에는 가까운 도시에 한인교회가 있는데 20-30명 정도 교민들의 아지트 같이 모여서 예배하는데 나에게는 크게 위로가 되었다.

인디언 빌리지(village)를 방문하다

학교의 학기 수업이 끝나갈 즈음에 하루는 교인 몇 분이 거기서 몇 시간 가면 인디언들이 모여 사는 집단부락이 있는데 그곳에 방문을 하려는데 날 더러 같이 가실 수 있으면 좋겠다고 했다. 인디언이 어떻게 생겼는지도 모르고 본적도 없는 터라 저도 같이 갈 수 있으면 좋겠다고 하니까 승용차 한 대에 다섯 명이 탈 수 있다고 하면서 남편 집사님이 운전하고 여 집사님이 세 분이고 나까지 다섯 명이 먼 길을 여행하기 시작했다. 다섯 시간 이상을 달려서 인디안 마을에 드디어 도착했는데 호기심이 가득한 눈으로 대하고 보니 이 사람들은 우리 아시안(한국)과 거의 비슷했다.

그 지역 병원 원장(한국인) 소개로 추장집 방문

그 곳에 가서 구경을 처음으로 하게 되었는데 그곳에 가게 된 동기는 그 넓은 산 수십만 평 되는 넓은 마을에 병원이 하나 있는데, 미국 정부가 운영 관리하는 병원으로 한국에서 오래전 이민 간 교포 집사님 한 분이 그 병원의 원장 겸 총책임자로 있었다. 같이 간 성도님 중에 그분과 잘 아는 분이 계셔서 그분 덕택으로 인디안 마을(전 미국에서 네 곳이 있다고 함)을 방문하는 특혜를 누리게 되었다.

병원 집사님 소개로 먼저 인디안 추장 집을 방문하게 되었다. 우리와 피부색깔이 비슷하고 체격도 비슷한데 너무 친절하게 맞아주었고 부인을 소개하는데 한 명이 아니고 두세 명은 되는 것 같았다. 그렇다고 몇 명이냐고 물어보기는 조금 어려웠다. 그 마을을 고루고루 구경하면서 설명을 듣게 되었다. 인디안 마을은 원래가 이분들이 원주민이고 주인이었는데, 아메리칸 드림을 꿈꾸고 찾아 온 청교도들이 이들과 공존할 수가 없어 많은 사람이 살상(殺傷) 당하고 결국 포로처럼 권리와 자유를 빼앗기고 산속에 격리당하여 그들끼리 집단부락을 이루고 살게 되었다고 한다.

본래 인디언들이 산 채로 매장당한 곳에 병원 건립

학교, 병원 기타 모든 시설을 미국 정부가 다 책임지고 먹여 살리는 그런 식민지 같은 생활을 하고 있다는 것을 눈으로 현장에 가서 보게 되었다. 그런 현장을 보는 것은 돈을 주고도 하기 힘든 일이었다. 더욱 신기한 것은 그곳에 있는 병원은 미국 의사들이 부임하면 몇 개월도 못 견디고 떠나는 그런 오지(奧地)인데 지금 이곳에 계신 원장님(집사)은 2년째 거뜬히 계신다고 했다.

그 이야기인즉 병원을 지은 그 자리는 본래 인디언들이 산 채로 매장당한 곳으로 시체들을 매장한 터 위에 병원을 지었고 그 죽은 원혼들이 너무 비참하고 억울하게 죽었다고 한다. 새로 부임한 병원 원장도 몇 개월을 못 견디고 방문객들도 하룻밤을 겨우 견디고 새벽 일찍이 떠나는 그런 험한 터라고 한다. 처음에는 아무 말도 없이 원장님은 침대가 있는 당신 방을 나에게 내주고, 일행과 당신은 거실에서 합숙하게 되었는데 뒷날 아침에 자세한 사연을 듣게 되었다.

잠자리에 들자 마귀가 떼로 몰려왔다

일행들은 재미있게 대화를 하고 있는데 저는 같이 어울릴 수 없어 먼저 잠자리에 들게 되었는데, 눈을 감기가 바쁘게 마귀 새끼들이 떼거리로 나에게 달려드는데 워낙 숫자가 많아서 혼자 힘으로는 당할 수가 없었다. 나도 한참 젊은 나이 40대 청년이었지만 수십되는 귀신이 한꺼번에 대드니까 힘으로도 말로도 이길 수 없었다.

밤중에 마귀 추방 위해 찬송 부름

한참을 싸우다가 대안이 없자 나는 생각 끝에 이 마귀 새끼들을 물리치려면 '찬송을 세게 부르면 되겠지'하는 생각이 번개같이 떠올라 "원수마귀 모두 쫓겨 가기는 예수 이름 듣고 겁이 남이라 우리 찬송 듣고 지옥 떨리니 형제들아 찬송~찬송 합시다 믿는 사람들은 군병 같으니…" 한참 동안 찬송을 하고 나니 그렇게 극성스럽게 대들던 마귀(귀신)들이 흔적 없이 물러가고 평안을 찾았다. 내 몸을 살펴보니 속옷이 전부가 땀에 흠뻑 젖어있었다. 생전 이런 싸움은 처음이라 나도 놀라지 않을 수 없었다.

그런데 아침에 다 일어나 식탁에 모여 일행 중에 한 분이 저를 보고 목사님은 밤에 주무시다가 왜 찬송을 그렇게 불렀느냐고 묻기에, 지난 밤 사건을 자세히 이야기하니까 비로소 원장 집사님께서 사연을 이야기하는 것이었다. 그간에 의사들이 오면 몇 달을 못 채우고 떠나간 일과 원장님 친구분들이 하나같이 하루밤을 자고는 다들 도망가듯 가버렸다는 사연을 말했다. 그래도 역시 목사님이니까 혼자 싸워 이겼지, 당신 생각으로는 '목사님도 밤중에 거실로 뛰쳐나올 줄 알았는데 잘 이겼습니다' 라고 하면서 많은 사건을 털어놓았다.

인디안들 수십 명이 병원 터 안에 산 채로 매장당했기 때문에 그 영혼들이 지금까지도 역사하고 있으며 당신이 당한 여러 가지 사건도 털어놓았다. 그래도 우리는 계획대로 하루를 즐겁게 지내고 돌아왔는데 그때 기억을 지금도 잊을 수가 없으며, 그런 체험은 그곳에 가지 않았더라면 상상할 수도 없는 사건이었다. 지금도 그 산속 마을 인디언 빌리지에 한 번 더 가보고 싶지만 여의치 않은 일이고 지난 추억으로 간직할 뿐이다.

21 그리스도인의 우선순위 No.1

"너희는 먼저 그의 나라와 그의 의를 구하라 그리하면 이 모든 것을 너희에게 더하시리라"(마태복음 6:33).

유대교와 가톨릭의 혼혈아 같은 기독교

아무리 오랜 세월 교회를 다녔어도 변화가 되지 않았다면참 성도가 아니다. 구원받은 성도라고 착각 속에 빠져서 하나님의 실존(the existence of God)을 체험하지도 못하고, 그림자만 좇아다니면 마지막에는 허무와 절망 속에서 후회해도 소용이 없다. 기독교는 여타의 종교와는 구별된 계시와 생명의 타력 종교임에도 안타깝게도 오늘의 한국교회는 유대교와 가톨릭의 혼혈아가 되어 영혼과 생명의 본질은 점점 퇴색하여 복음이 빠져버린 의식과 율법 종교로 전락해가고 있다.

자살 인구는 세계 1위로 십 여년을 유지함

1990년대 우리나라는 인구의 25%(4분의 1)이 그리스도인이라고 자랑해왔지만, 그 반대로 우리 사회는 점점 더 어둠과 부패와 혼란의 무질서가 심화(深化)되고 있으며 자살(suicide) 인구는 세계 1위를 차지하고 말았다. 그뿐 아니다. 지금 우리나라는 바른말 하는 사람, 정의로운 사람이 정죄를 당하고 왕따 당하는 이상한 현실이 각계각층에 편만하고 있으며, 가장 정의롭고 가장 양심적이라야 할 사법부와 종교계 안까지 공산주의 이념의 쓰나미가 밀물처럼 밀려들어오고 있다. 그런 와중에도 지도자가 되겠다는 사람들이 줄을 잇대고 있지만 정작 지도자가 될 자질과 준비가 된 사람은 눈을 닦고 찾아보아도 잘 보이지 않는다. 그렇다고 우리가 탄식하고 원망하고 불평하고 쉬고 있을 수는 없지 않는가?

절망의 현실에 미래 소망은 한국교회가 돼야 함

인간은 누구도 역사의 주관자가 될 수 없다. 동서고금을 막론하고 모든 역사의 주권자가 되시는 창조자 되신 하나님께서는 어느 시대, 어느 지역에서나 그 시대를 살리고 역사를 유지하기 위하여 남은 자를 반드시 준비해 두시고 계셨다. 그래서 하나님께서는 한국교회가 대한민국의 유일한 희망이며 제2의 이스라엘로 쓰시려고 준비하고 계심이 틀림없다. 그런고로 우리는 결코 포기해서는 안 된다. 우리에게는 희망이 있고 꿈이 있다. 그리고 소망이 있다. 그 꿈, 그 희망, 그 소망은 다른 것이 아니라 바로 교회인 것이다.

복음서에 언급된 교회

복음서에 기록된 교회는 마태복음 16장:18, 18:17에 두 번 언급하고 있다. 다른 복음서에서는 일체 언급이 안 되고 있다. 복음서가 끝나고 초대교회가 탄생되는 사도행전과 바울서신과 요한계시록에는 도합 90여회 신약성경에서 언급하고 있다. 그중 한군데 말씀을 소개한다.

"… 너는 베드로라 내가 이 반석 위에 내 교회를 세우리니 음부의 권세가 이기지 못하리라"(마16:18).

세상에서 불러냄 받은 의미로서의 교회

오늘의 본문(마6:33)에서 "너희는 먼저 그의 나라와 그의 의를 구하라" 했다. 그의 나라는 다른 표현으로 천국을 의미하는 말이다. 결국 우리가 추구하고 사모해야 할 대상은 그의 나라 천국은 지상에서는 교회를 상징하고 교회를 대신하는 용어이다. 교회란 '에클레시아' '불러낸 사람'을 일컫는 말로 교회는 건물이나 단체를 뜻하는 말이 아니고, 하나님께서 구별하여 세상에서 불러내어 당신의 백성으로 삼으신 구별된 존재이다.

아브라함을 본토 친척 아비 집에서 떠나 내가 네게 지시한 땅으로 가라고 한 것처럼, 우리는 아브라함처럼 하나님의 부르심에 순종하여 이 세상과 구별되게 살아야 하는 하나님의 택함을 받은 신분이다. 그리고 교회는 주님께서 이 세상에 오셔서 우리를 당신의 피로 값주고 천국백성 삼아 주신 거룩한 신분이다. 그래서 교회는 인간의 의지나 조건에 관계 없이 주님의 몸된 교회요, 우리는 그 몸의 각 지체에 해당이 된다.

교회론을 다시 배워야 하는 한국교회

교회를 인간의 계산으로 가치를 정하고 판단해서는 안 된다. 오늘날 한국교회는 교회론을 다시 써야 하고 다시 배워야 한다. 분명한 것은 마16장에 예수님과 베드로의 대화 속에서 주님은 "내가 이 반석 위에 내 교회를 세우리라"고 하셨고 "음부의 권세가 이기지 못하리라"고 하셨다. 교회의 정의는 분명하고 교회의 본질과 기능, 역할 모두가 정확하게 나타났다. 사람들이 교회를 사유화하고 좌지우지하고 인간의 유익을 위해 함부로 할 수 없는 것이 교회이다. 교회는 땅 위에 있는 하나님의 백성들을 보호하고 하나님의 나라를 확장하고 그의 주권과 영광을 위해서 온전히 바쳐져야 하는 고귀한 존재로서의 공동체이다(The Church protects God's people on earth. Expand the kingdom of God. For the sovereignty and glory of God. It is a community of noble beings).

교회의 주권을 주님께 돌려 드려야 함

사람들이 조직하고 사람들의 흥미를 맞추고 하나님의 권세와 하나님의 영광을 드러내지 못하면 죽은 교회다. 교회가 진정한 하나님의 나라가 되려면 지금까지 세상에 길들여지고 세상과 더불어 살아온 모든 삶의 존재가치와 목적을 다 바꾸어야 한다. 지금까지 지향해 온 모든 방향을 주님께로 하나님의 영광을 위한 목적으로 교체해야 한다. 그리고 교회의 모든 주권을 주님께 돌려 드려야 한다.

교회가 세상의 빛이 되고 소금이 되어서 교회가 가는 곳에 하나님의 뜻이 세워져야 한다. 그리고 교회는 회개한 무리들로 탈바꿈해서 이 세상과 구별되지 않으면 안 된다. 교회는 하나님의 말씀의 권세와 그의 이름으로 세상과 싸워 이겨야 하고, 사단의 권세와 계략으로부터 성도들을 보호하고 진리 안에서 자유함을 누리도록 항상 가르치고 보존하고 훈련하는 일을 힘써야 한다.

교회의 특권은 무엇인가?

초대교회는 기도하는 일과 말씀을 가르치는 일을 으뜸으로 했고 약한 자, 병든 자, 소외된 자들을 특별히 돌아보았다. 구제하는 일과 성도의 교제를 적극적으로 하면서 늘 흩어지는 일 곧 전도하는 일에 게으르지 않았다. 그래서 제자를 만들어 세상에 파송하는 일에 전력을 다했다.

교회는 샬롬의 공동체다. 주님이 세상을 떠나시자 제자들은 벌벌 떨며 무서워 숨어있는 장소에 주님께서 나타나 하신 말씀은 다음과 같다.

> "예수께서 또 이르시되 너희에게 평강이 있을지어다 아버지께서 나를 보내신 것 같이 나도 너희를 보내노라 이 말씀을 하시고 그들을 향하사 숨을 내쉬며 이르시되 성령을 받으라"(요20:21-22).

성령은 우리 성도의 새로운 영적 생명이며, 우리의 무기이며, 능력이 되신다. 교회는 죄 사함을 받는 유일한 공동체이다. 인간의 가장 근본적이고 본질적이고 중요한 문제는 죄사함을 받는 것 외에 다른 방법으로 살리는 길이 없다. 죄 문제만 해결되면 우리는 참 자유인이 되는 것이다.

대한민국의 유일한 희망과 지구촌 인류의 소망은 교회

대한민국의 유일한 희망과 지구촌의 모든 인류의 소망은 교회가 회복되고 하나님의 나라가 확장되는 길밖에 없다. 세상은 교회를 이해하지 못하고 반대한다. 이 세상은 사단의 권세가 지배하고 있기 때문이다. 교회는 건물도 조직이나 제도가 아니다. 교회는 지상에 있는 하나님의 나라요 천국에 무난히 입성하기 위해 선택받은 하나님의 자녀들이 예행 연습하는 사랑의 공동체요, 위로의 종합병원이요,전인치유를 위한 영, 혼, 육의 치유공동체이다. 교회는 말씀만이 최고의 권위를 가지며 하나님의 영광만 추구해야 한다. 기도하는 공동체, 사랑으로 하나 되는 믿음의 공동체라야 한다.

22
모든 역사의 주인은 하나님이시다

"여호와로 자기 하나님을 삼은 나라 곧 하나님의 기업으로 빼신 바 된 백성은 복이 있도다"(시편 33:12).

역사 속에서 사라져버릴 뻔했던 나라

대한민국은 하나님께서 세우신 나라이다. 건국 이후 아홉 명의 지도자가 바뀌었지만 자기 나라의 역사를 제대로 가르치지 않았고 자라는 청소년들에게는 분명한 건국일(建國日)도 가르치지 않았다. 1910년 8월 29일 한일합병조약을 발표함으로 우리나라는 역사 속에서 아주 사라져버릴 뻔했다. 그리고 36년 동안 강압적인 일본의 지배 하에 있으면서 우리의 언어(言語)마저 제대로 사용하지 못하고 성씨(姓氏)까지도 일본의 성(호적)으로 바꾸어야 하는 식민지 국민으로 죽은 나라나 마찬가지로 지내야 했다.

왜 한글을 배우지 않았는가? 생활에 별 불편을 몰라서 …

저자가 일본에 가서 제일 먼저 분개했던 것은 우리 교포들이 우리말을 모르고 우리글을 읽지 못하는 것을 보고 너무 안타까웠다. 우리 정부에서 지원하는 한국문화원에 찾아가 교포들에게 우리 말과 글을 가르칠 수 있도록 공간을 빌려달라고 하니 그만한 장소가 없다고 해서 할 수 없었다. 그래서 교회 예배 후에 장소를 부탁하여 먼저 우리말부터 가르치기 시작했는데, 왜 우리말을 배우지 않았느냐고 질문을 했더니 젊은이들의 대답은 서슴없이 우리말은 몰라도 살 수 있으며, 생활에 조금도 지장이 없어서 굳이 배우려고 하지 않았다고 했다.

우리 힘, 노력으로 국권이 회복된 것 아님

귀국하기 위해 수속하려고 영사관에 가보니 그곳에 여직원들도 하나같이 일본말 일색으로 대화하는 것을 보고 '야 너희들은 우리말 쓰면 안되나?'하고 항의를 하니까 아무 대꾸도 하지 않았다. 하마터면 우리 국민은 족보마저 일본식으로 바뀔뻔 했다. 불행 중 다행으로 우리는 국권을 회복했지만 우리의 힘과 노력으로 된 것은 아닌 줄 안다.

1931년 일본은 만주를 점령한 후 곧 중국 본토를 침략했고, 동남아 여러 나라를 속국으로 만들기 시작하자, 이러한 일본의 만행에 미국이 제동을 걸어 중국에서 군대를 철수하라고 했다. 하지만 일본은 하와이 진주만에 미 해군 기지를 공격하기 시작했다. 그 당시 우리의 애국지사들은 중국에서 독립운동을 하고 있었으며 1941년 12월 일본에 의해 태평양전쟁이 발발했다.

일제 압제에서 해방된 민족을 독립국가로

당시에 미국에서는 이승만 중심의 임시정부에서 해외교포 일 만 여명이 중심이 되어 주미 외교위원회를 구성했고 이승만(황해도 출생으로 철저한 반공주의자)씨가 위원장이 되었다. 그후 1945년 8월 6일 미국은 일본 히로시마

현에 원자폭탄을 투하(14만명 사망)했지만 별다른 반응이 없자 3일 후에는 나가사키현에 두 번째로 원자폭탄을 투하했다. 그제야 일본 천황은 조건 없는 항복을 하고 말았다.

일본의 패망과 대한민국의 해방

결국 일본은 패망하게 되었고 우리나라는 감격적인 해방을 맞았다. 그러나 우리나라는 이미 양분된 체제가 나누어져 있었기 때문에 미국과 소련이 38도선을 경계로 선을 긋고 반반 통치를 하게 된다. 남쪽은 미군이, 북쪽은 소련이 다스리게 된 셈이다.

대한민국은 [자유민주공화국] 헌법 제정

그 후 1947년 11월 14일 유엔총회에서는 남북한 총선거를 결의했지만 남한에서는 좌익사상에 북한 남로당과 북한의 방해로 할 수 없이 남쪽에서만 1948년 5월 10일 전국에서 일제히 국회의원 총선거가 실시되어 198명의 국회의원이 선출되었고, 제주도는 '제주 4.3사건'으로 시행되지 못했다.

5월 21일에는 헌법을 제정하기 위한 국회가 개원되었고 이승만 의장의 주도하에 7월 17일 헌법이 탄생했다(제헌절). 대한민국의 영토는 한반도와 그 부속도시로 한다고 정했고 이며 모든 주권은 국민에게 있고, 모든 권력은 국민으로부터 나온다고 미국 헌법에 준하는 자유민주주의 헌법이 제정되었다. 제헌국회에서 대통령은 이승만 박사를 선출했고 부통령은 이시영을 선출했고, 초대 내각의 국무총리는 이범석을 임명하였다.

대한민국 [자유민주공화국] 정부수립 선포

1948년 8월 15일 해방 3주년을 맞아 이승만 대통령은 세종로 중앙청 광장에서 대한민국 정부수립을 만방에 선포하였다. 미군정으로부터 통치권을 인수받았고 한국에서 미군은 철수하기로 결의했다. 그토록 소원하던 자유민주주의 대한민국 제1공화국이 출범하게 되었고 동년 12월 12일 제3차 유엔총회에서 48:6으로 승인을 받았다.

북한 정권 수립

뒤이어 1948년 9월 9일 북쪽에서는 김일성을 수상으로 박헌영과 김책을 부수상으로 [조선민족주의인민공화국]을 설립하게 된다. 결국 남과 북은 하나되지 못하고 서로 간에 많은 갈등과 분쟁이 생기고 혼란이 가중되자 중도에서 남북을 하나로 합하려고 애썼던 김구 선생은 비운(悲運)으로 생을 마감하게 된다. 이렇게 되자 소련은 북한의 수장 김일성을 앞세워 남침전쟁을 계획하게 되고(1950년 4월), 김일성은 만반의 전쟁준비를 다 마친 후 스탈린의 허락을 받아 6월 25일 새벽(공휴일) 38선을 넘어 사흘 만에 서울을 점령했고 낙동강까지 전 국토가 공산군의 손아귀에 들어갔다.

유엔군 개입으로 반격 작전 시작

대한민국 전국이 손바닥만큼 남은 때에 유엔군의 개입으로 반격작전이 시작되었고, 인천상륙작전이 성공하여 괴뢰군은 유엔(미군)군의 반격에 밀려 압록강 근처까지 후퇴했지만, 갑자기 중공군의 인해전술로 수십만의 공산군과 유엔군과 아군이 희생을 당했다. 전쟁은 전 국토를 피로 물들이게 했고 중공군과 북한군은 정확한 숫자를 모르지만 유엔군과 아군의 사상자는 다음과 같다.

마침내 1953년 7월 27일 판문점에서 유엔군과 북한군 사이에 정전협정을 맺게 된다. 3년 1개월 2일 즉 1129일간 지속된 전쟁은 잠시 멈춘 것이지 종결된 것은 아니다. 지금도 북한은 겉으로는 평화를 말하고 '우리끼리'를 말하고 있지만 속으로는 '적화통일' 곧 재침략하려고 기회를 노리고 칼을 갈면서 70년을 넘게 동족 간에 뼈아픈 고통을 계속하고 있는 현실이다.

북의 악한 정권-악한 영(사단)의 사주 받음
무엇보다 안타까운 것은 같은 동족이면서 서로 다른 체제 때문에 서로 마음을 열지 못하고 적대관계를 면치 못하는 것이다. 저들은 무신론주의자들이며 악한 영(사단)의 사주를 받아 하나님의 존재를 인정하지 않을 뿐 아니라 인간의 절대적이고 기본적인 인권을 무시하고 있으며, 처음부터 끝까지 거짓선전과 호전사상(好戰思想)으로 철저히 무장되어 있어 지난 70년 동안 3대에 걸쳐 세습독재(世襲獨裁) 정치를 하고 있다.

세계에서 가장 악한 정권으로 인민을 수백만 굶주려 죽게 하면서 겉으로 지상천국이니 낙원이니 거짓으로 통치하고 있는 사악한 집단이다. 이제는 전쟁에 승산이 없으니까 사상전으로 대한민국을 내부에서 혼란을 일으켜 스스로 무너지게 하려는 게릴라식 사상전을 맹렬하게 진행하고 있으며, 구석구석에 좌파세력을 뿌리내리고 어린 학생들에게는 전교조를 통하여 뇌 속에 공산주의 사상으로 세뇌교육을 하고 있어 장래가 불안하기 짝이 없다.

지금 우리나라는 정부와 국회, 사법부까지 공산주의 주사파 세력이 틈틈이 뿌리를 내리고 있어 이대로 그냥 두면 소리 없는 전쟁으로 언제 침몰해 버릴지 모른다. 공산주의는 마치 기생충처럼 시장경제 자유민주주의가 부패하는 곳에 침투하기 때문에 우리나라의 희망은 진리를 바로 깨닫고 진리 안에 자유를 누리며, 소아(小我)를 버리고 대아(大我)를 추구하면서 국민 모두가 분열보다 단합하고 자유와 평화를 절대가치로 여기는 자유민주주의 복지국가를 이 땅에 뿌리 깊이 내려야 한다.

> "그 작은 자가 천을 이루겠고 그 약한 자가 강국을 이룰 것이라 때가 되면 나 여호와가 속히 이루리라"(사60:22).

하나님께서는 우리나라를 결코 포기하지 않으실 것이지만, 우리 국민들이 정신을 차리지 않으면 망할 수도 있다!

23
다시 돌아오다, 내 나라, 나의 조국의 품으로!

“여호와로 자기 하나님을 삼은 나라(시편 33:12).
“곧 하나님의 기업으로 빼신 바 된 백성은 복이 있도다”(시편 33:12).

4년 동안 유학과 이민 목회 마치고 귀국길
태평양을 건너갈 때는 여러 가지 어려운 상황과 복잡하고 힘든 일들이 많았지만, 내 나라 내 조국으로 돌아오는 데에는 아무런 복잡한 절차도, 힘들고 까다로운 조건도 없었다. 4년 동안 그곳에서의 삶은 항상 긴장과 고독과 분주함이 그림자 처럼 나를 따라 다녔지만 귀국하는 길에는 너무 단순하고 순조롭게 진행되었다. 귀국이 확정되고 2주 전에 모든 이삿짐을 컨테이너에 실어 보내고 가방 하나 챙겨 여행길에 올랐다.

그동안 말로만 듣던 태평양 섬나라 하와이를 3일간 경유하는 티켓을 샀다. 그동안 목회와 수업에 시달리다 보니 여행다운 여행을 못 다녀보았고 또 언제 미국 땅을 밟게 될는지 예상할 수도 없는 형편이라서 작심하고 귀국길에 하와이행을 결심했다. 하와이에 도착하는 날 한국에서 온 단체 여행객들과 한 팀이 되어 여기저기 유명한 명소를 관광하면서 나는 외기러기 신세였다. 한국에서 온 관광객들은 친구나 계모임 단체들로 왔기 때문에 서로 재미있게 다녔지만 나는 한 사람도 아는 이가 없었다. 처음 보는 경치라 그런지 하와이는 세계적인 관광지는 틀림없었다.

대형 교회 청빙 유혹을 물리치다

드디어 한국에 도착한 나는 세관에 가서 이삿짐 컨테이너를 찾아오고 일부 고급 가구는 바로 처분하기도 했다. 좁은 공간에 들여놓기도 어렵고 경제적인 문제도 있어서 대부분 처분하기로 했다. 귀국하기가 바쁘게 몇 군데 교회가 소개되기는 했지만 내가 원하는 교회는 대교회가 아니고, 아주 작은 교회 100명 미만 되는 개척교회를 맡아서 그 교회를 모델로 삼고 한국교회 갱신운동(Korean Church Renewal Movement)을 하려고 생각했다. 작은 교회는 없고 대형교회만 몇 군데 소개가 들어와 많이 망설였지만, 결국 하나님의 뜻이 아니라고 결론을 내리고, 우선은 한국교회 현주소를 파악하려고 서울에서는 목회사역을 해보지 않았기에 여기저기 탐방을 다니기로 했다.

교회갱신운동을 위한 한국교회 탐방

교회갱신운동을 시작하려면 가장 먼저 한국교회의 현상을 정확하게 파악해야 하기때문에 개교회 담임 목회보다는 폭넓은 상식과 경험을 위해서 매주 다른 교회를 탐방하기로 했다. 겸하여 갱신운동을 준비하면서 많은 사람과 교류를 나누며 그 준비를 열심히 했다. 그러는 중에 인천시에서 세 분 여전도사님들이 개척교회를 준비하던 중에 나를 만나게 되어, 당신들의 사역을 도와달라고 하는 부탁을 받고 조건부로 교회가 어느 정도 자립할 때까지만 임시로 설교하고(Cell Church 시작) 목회를 잘하도록 도와주기로 하고 창립예배를 드렸다.

대표회장 1명과 공동회장 7명

1년도 되기 전에 교회가 자립할 정도가 되어 나는 잘 아는 동료 목사님을 담임으로 모시게 하고 나는 그 교회와 인연을 끊었다. 그리고 [한국교회 갱신운동 본부]라는 명칭으로 우리 총회회관 내 여전도회관에서 창립예배를 드리고 본격적으로 한국교회 갱신운동을 시작하게 되었다. 처음 시작하면서부터 나는 막중한 책임을 감당하기가 어려움을 알고 7명 정도 공동회장을 세우고 연합으로 일을 시작하려고 했지만, 참여한 핵심들은 무슨 일이라도 대표는 한 사람이어야지 배에 사공이 여럿이 있으면 배가 산으로 가게 된다고 했다. 그래서 발기인인 이 목사님(저자)이 단독으로 책임을 맡고 공동회장은 협력하는 일을 하겠다고 하면서 무거운 짐을 나에게 지우고 당신들은 지켜보겠다는 그런 자세였다.

갱신운동 10여 년 만에 손들고 말았다

당시에도 소그룹의 갱신이나 개혁을 추구하는 모임이 간혹 있었지만 어디서나 이런 일은 인기가 없는 일이라 여러 곳에서 시도는 많이 있어도 지금까지 갱신이나 개혁운동에 성공한 예는 없었다. 우리 개신교회가 시작부터 기초부터 부단한 개혁과 갱신을 해야 함에도 불구하고 흐르는 물을 돌려놓지 못하는 것처럼(역류), 오늘의 개신교회는 인본주의를 이기지 못하고 세속의 탁류에 밀려나는 상황을 눈앞에서 목격하면서 안타까운 심정을 가질 뿐이었다.

많은 사람이 말로는 외치고 응원을 했지만 진심으로 이 일에 전적 헌신

하는 일꾼은 찾아보지 못하고 10여 년 만에 손을 들고 말았다. 한국교회는 구제불능이고 때가 늦었다고 판단을 하고 시골로 내려갔다. 꿈나무 청소년들을 키우는 일 외에는 다른 방법이 없다고 포기한 셈이었다. 무슨 일이든지 준비가 부족하고 서투르면 실패할 수밖에 없었다. 아무리 뜻이 좋고 열정이 뜨거워도 자금조달이 안되면 성공할 수 없기에 시작 후 6년 동안 청소년수련원(일만평 건축, 십만평 부지, 삼애복지마을) 건립을 위해 가족과 헤어져 외딴 산간벽지에서 최선을 다했지만 막대한 자금이 소요되는 사업이라 꿈을 완성하지 못하고 중도에 건설회사의 부도로 일이 중단되어 다시 상경할 수밖에 없었다.

기독교회개운동협의회 설립함

하나님 뜻이 아니었던지 완성을 못하고 그 꿈도 접고 다시 상경하여 '기독교회개운동협의회'라는 새로운 일을 또다시 시작하게 되었다. 왜냐하면 당시의 한국교회는 여러 방면으로 문제가 많았기에 무엇보다 회개가 우선이라고 생각했기 때문이다. 성경에 세례요한의 사역과 예수님의 첫 메시지는 "회개하라 천국이 가까왔느니라"였다. 기독교는 회개로부터 시작해야 하고 회개 없는 천국은 있을 수 없기때문에 한국교회 회복과 부흥도 회개가 무엇보다 먼저라는 생각으로, 한국교회갱신도 회개운동부터 다시 시작해야 한다고 했다. 기도하던 중 영등포에 큰 빌딩을 가지고 있는 목사님의 배려로 [기독교회개운동협의회]라는 명칭으로 창립예배를 드렸다. 시작은 잘 될 것 같아 성황리에 출발했는데, 막상 시작해놓고 보니 어려운 문제가 한둘이 아니었다.

첫째는 운영(재정)문제이고, 두 번째는 회개운동에 대한 필요성과 중요성을 깨닫는 그리스도인이 너무 소수였으며, 회개를 악세사리 쯤으로 생각했지 거듭남과 변화에 회개가 절대적인 요소이며 소중한 가치임을 깨닫는 사람은 거의 만나볼 수 없었다.

기복신앙 물량주의 깊이 빠져 소망과 열정은 식음

이미 한국교회는 기복신앙과 물량주의에 깊이 빠져서 복음에 대한 소망과 열정은 식어 있어서 때는 늦어버리고 남은 것은 재앙뿐이라고 깨닫게 되었다. 다시 한 번 탄식할 수밖에 없었다. 어찌된 일인지 한국교회는 수십 년을 목회한 원로 목사님까지도 '이 목사님! 회개는 한 번 하면 되지 자꾸 회개할 필요가 왜 있습니까?"라고 회개운동이 필요하지 않다고 엉뚱한 소리를 하는 저들과 함께 더 이상 회개운동을 하고 싶은 의욕을 상실할 수밖에 없었다.

'회개'라는 용어 자체가 생소한 한국교회에 더 이상 기대를 하고 싶지가 않았음을 이 지면을 빌어 다시 한번 말하고 싶다.

저자에게는 두 분의 어머니가 계신다.
실제 어머니는 나에게는 내 생명을 낳아주시고 그와 버금가는 존재이다.
또 하나의 어머니인 나의 조국 대한민국은 잊을 수 없고
이 생명 다할 때까지 떠날 수 없는 존재이다
-본문 25장 내용 중에서.

The / encounter / of / God

내가 만난 하나님

제3부-한국교회에 알리는 말씀

24
껍데기(외모) 보다 본질에 초점을 맞춰야 한다

배타적이고 이기적인 민족성

똑같은 사건 하나를 가지고도 여당과 야당이 사사건건 충돌하는 우리 정치판을 보면서, 우리 국민의 배타적이고 이기적인 민족성에 우려를 금할 수 없다. 걸핏하면 편 가르기로 분쟁과 분열을 일삼는다. 그런 민족성 때문에 남과 북이 나누어 둘로 쪼개진 지 70년을 넘게 세계 유일한 분단국가로써 서로가 상처를 주고받으면서 끊임없는 악순환을 되풀이하고 있다. 이제 한국교회는 이러한 악습을 더이상 우리 역사에 되풀이하지 않도록, 교회가 앞장서서 하나 되는 연합운동과 정신을 힐링하는 사역을 범국민적이고 범 교파적인 연합사업으로 전개해 나가려고 한다.

가까운 이웃 나라 일본의 장인정신은 세계가 인정을 한다. 그러나 그렇게 되기까지는 갑자기 어느 날 한순간에 되어진 것은 아니다. 1964년 전까지 세계인이 가지고 있는 일본인의 이미지는 좁은 섬나라, 2차 대전을 일으킨 나라, 가미가재, 독종 등 한 가지도 자랑스러운 것은 찾아볼 수도 없었다.

그들이 아무리 좋은 기술과 좋은 차를 만들고 좋은 전자제품을 많이 만들어 내도, 그들의 좋지 못한 이미지 때문에 미국이나 세계 모든 나라가 인정하지 않았다. 마침내 기회가 왔다. 1964년 동경 올림픽을 계기로 일본은 대변혁이 나타나기 시작했다. 당시 일본은 범국민적인 기초질서 캠페인을 벌여 거리질서 지키기(차량운행 등), 담배꽁초 안 버리기, 줄 바로 서기, 친절하고 부드러운 일본인 인상심기, 온갖 친절 캠페인, 심지어는 길거리에서 담배 피우는 남자들이 보이면 아주머니들이 재빨리 손바닥을 내밀어 담배꽁초를 받아내는 그런 정도의 열렬한 캠페인이 일본 전역에서 일어났다.

마침내 올림픽이 끝나고부터는 일본 사회에 놀라운 대변혁이 일어났다. 그 당시 일본인들이 보인 기초질서 수준은 훨씬 더 '업그레이드'되어 그들의 변화된 모습은 2차 대전 당시의 이미지가 완전히 해소되고, 세계 선진국과 어깨를 겨룰 수 있는 선진 문화민족이라는 이미지를 수축하는 데 대성공을 거두었다.
그 후부터 일본의 자동차와 전자제품은 급속히 미국시장을 석권했고, 국제적인 비즈니스 국제화에 성공하여 세계 경제대국의 자리에 우뚝 설 수 있게 되었다. 성공에 가장 중요한 요소는 사람이 먼저 바뀌는 원칙이 있었다. 상품도 중요하고 자본도 중요하지만, 더 중요한 것은 사람이고 이미지가 중요다고 본다.

2000년대에 미국의 코카콜라 브랜드의 가치는 720억 달러로 세계 1위 일 때, 우리나라 삼성전자 브랜드의 가치는 52억 달러로 세계 43위였다. 만약에 삼성전자가 일본의 기업으로 상장했더라면 적어도 2배 내지 3배로 가치를 인정받을 수 있을 것이라고 한다. 우리나라 SK텔레콤이 만약 중국의 증시에 상장된다면 지금의 7배는 더 높은 가치를 인정받을 수 있을 것이라고 전문가들은 평가하고 있다. 다시 말해서 우리나라의 많은 대기업들이 대한민국의 기업이라는 이유 하나로 세계시장에서 제대로 가치를 인정받지 못한다는 사실에 귀를 기울여야 한다.
결론적으로 우리나라는 '삶의 질'과 '생활문화'를 바꾸어 이미지 쇄신을 하지 않으면 안 된다고 말하고 싶다.

문화에 대한 이미지 쇄신
우리가 아무리 열심히 일하고 좋은 상품을 많이 만들어낸다 해도 우리의 문화와 우리의 이미지가 향상되지 않으면, 우리의 제품들이 제대로 된 값을 받지 못하는 불이익을 피할 수 없다. 그렇게 되면 그 피해와 손실은 기업 경영주 한 사람이 아니고 우리 국민 모두가 피해를 입게 된다는 사실을 간과해서는 안 된다고 한다.

우리나라는 21C 아시아 관광 중심국가로 도약하기 위하여 중장기, 단기 육성정책을 발표하고 국비, 민자(閔子) 투자계획을 내놓고 있지만 거의가 하드웨어 정책 부분에 치우치고 있다. 이제는 소프트웨어 부분에 관심을 기울이고 보다 구체적이고 실리적인 정책수립이 요구되는 현실이다. 관광이나 문화산업 진흥은 보고 지나가는 관광지 개설이나 문화재 구경으로 끝나서는 안 되고, 사람과 사람의 만남이 더욱 중요하고 안내자들의 이미지와 그 지역민들의 태도와 인상이 훨씬 더 중요한 부분임을 우리 스스로가 의식하고 있지 않으면 안 된다.

유대인 보석상의 이야기
한 유대인 보석상 주인의 친구가 어느 날 흠집이 난 큰 보석 하나를 가지고 온 친구문제로 3일간이나 고민을 하다가 마침내 기발한 아이디어가 떠올랐다. 그것은 흠집이 있는 곳에다 아름다운 꽃을 수놓아 흠집 자리에 꽃으로 디자인하여 가장 아름다운 보석으로 변신시켰다는 이야기다. 그래서 환경이나 자연을 바꿀 수 있는 것은 좋은 생각, 좋은 말, 멋있는 아이디어로 얼마든지 가능한 것이다. 이같이 당신의 인생도 아름다운 아이디어로 변신시킬 수 있다는 자신감을 가지고 새 출발을 시도할 수 있기를 바란다.

나는 43년간 복음사역에 전념했다. 세상 돌아가는 것 모르고 우물 안 개구리처럼 교회 일, 선교, 목회자 재교육, 청소년 선도, 회개운동, 갱신운동, 연합운동 등(거의가 목회자 대상) 목회자가 변해야 교회가 살아날 수 있다는 일념으로 달려왔는데 지난해에는 병상에서 새로운 사실을 발견하게 되었다.

큰 두 가지 내용은?

1. 교회가 복음이 없다는 사실을 발견했다.
교회는 새생명 창조사역이고 새생명을 소유하게 되면, 예수 그리스도 복음을 가슴에 안고 교회가 세상 속으로 파고 들어가야 한다.

2. 이기 집단으로 변질되었다.
철저한 이기집단화 되었다. 나만 알고 우리만 알지 세상은 어디로 가고 있는지 모른다. 말로는 영혼구원을 외치지만 영혼구원은 실패했다. 예수님은 하늘 보좌를 버리시고 낮고 천한 세상에 성육신하셨다. 주님은 이 세상에 당신의 교회를 계획했는데 기독교는 주님의 뜻과 상관없이 자기들의 교회(인본주의)를 세웠고 사유화시키는데 급급했다. 그 결과 괜찮은(!)

교회는 거의 세습화(hereditary succession)되고 말았다. 교회가 교회 자체를 위해 존재해서는 안 된다. 오직 교회는 세상을 구원하기 위해서 존재해야 한다(Only the church must exist to save the world).

3. 물량주의와 기복신앙에 매몰되어가고 있다.

돈이 없으면 신학교를 갈 수 없고(성직자가 될 수 없음), 소유가 없으면 교회 직분(장로, 권사) 받기가 어려운 실정이다. 중세기 가톨릭에서 자행한 성직 매매를 지금도 유사하게 하고 있으며 교단 장 선출에도 돈으로 매표를 하고 있어, 명예와 교권을 돈으로 매매하는 최악의 불법도 공공연히 행해지고 있다.

25
나의 조국 '대한호'는 어디로 가고 있는가?

저자(나)에게는 두 분의 어머니가 계신다! 실제 어머니는 나에게는 내 생명과 버금가는 존재이고 이 세상에 둘도 없는 유일무이한 귀하고 소중한 존재이며, 아무리 연약하고 무식하고 부족함이 많아도 내게는 가장 위대한 분이시다. 나를 이 세상에 태어나게 해주셨고, 나에게 인생의 의미와 가치를 가장 많이 깨우쳐주셨고, 철이 들 때까지 모든 것을 아낌없이 베풀어 주셨고 도와주셨기 때문에 나는 이미 15년 전에 하늘나라로 귀향한 어머니를 잊지 못하고 가슴속에 고이고이 간직해 오고 있다.

그리고 나에게는 또 하나의 어머니인 나의 조국 대한민국을 잊을 수 없고 이 생명 다할 때까지 떠날 수 없다. 두 곳에서 10년(일본 6년, 미국 4년)이란 세월을 어머니의 품을 떠나 지내보았기 때문에 나는 더욱 어머니를 사랑한다. 나의 어머니가 너무너무 어렵고 가난했던 60년대 후반 어머니의 품을 떠나 이웃집 경제대국 일본 땅에서 주경야독(晝耕夜讀)으로 인고의 날들을 보내면서, 먼 훗날에 내 어머니의 자주통일과 번영 그리고 슬하의 자손들이 자유와 평화를 만끽하는 순박한 그 꿈을 가슴에 품고 무던히도 애써 왔던 그 날들을 지금도 잊지 못한다(그후에는 15년을 보낸 후).

주의 종으로 사명 받고 복음의 선진국 미국 땅으로 견문과 시야를 넓히기 위해 국제무대인 미 대륙에서 학생신분으로 겸하여 목회자로 엄청난 체험을 하게 하셨다. 이 모든 연단과 고난의 행군은 역사의 주권자인 하나님께서 나를 정금 같은 믿음으로 연단시키시고 훈련시키신 과정이었다. 이제는 지난날의 모든 연단과 과정을 이 땅에 하나님나라 확장과 부흥을 위해서 그리고 내 조국, 내 민족을 영적 가나안으로 인도하게 하기 위한 과정으로 그 일(꿈)은 지금도 진행 중이고 하나도 끝나지 않았다. 역사의 주인이 하나님이란 사실을 우리 조상들이 깨닫지 못해 그 불행한 과거사를 우리는 후대(後代)에 물려주어서는 안 된다고 생각한다.

하나님을 믿고 하나님을 알고 사랑하는 여러분의 생각은 아직도 우리나라는 희망이 있다고 생각하는가? 아니면 끝났다고 생각하는가? 저는 둘 다 맞고 둘 다 틀렸다고 생각한다. 그것은 우리 모두의 시각에 따라 우리 각자의 관점에 따라 따르기 때문에 정답은 우리 각자에게 달렸다고 보고 있다.

"배가 고파본 사람이 음식의 고마움을 알고,
병고(病苦)로 아파본 사람이 건강의 고마움을 알고,
나라를 떠나본 사람이 내 나라의 고마움을 안다".

그만큼 경험과 경륜은 무시할 수 없이 소중하다. 6.25 동란을 경험해 보지 않은 젊은이들 공산주의 체제에 시달려 보지 않은 세대들은 자유민주주의 시장경제 체제가 얼마나 귀한지 잘 모른다. 1970년대 초반까지만 해도 우리 조국 대한민국은 비참한 나라였다. 지구상에 가장 저질국가, 폐쇄된 나라, 북한과 동족끼리 서로 총부리를 겨누고 대치하고 있으면서 한민족이니 단일민족이니 하면서 허리가 두 동강 난 것도 원통한데 서로 총부리를 겨누며 원수로 지내서 되겠는가? 그뿐 아니라 우리는 외세에 밀려 원치 않는 분단국가가 된 것도 억울한데, 같은 체제 속에 같은 이념 속에 있으면서도 남남갈등(南男葛藤)과 영남(嶺南), 호남(湖南)이 서로 투기하고 진보와 보수가 서로 적대시 하는 것은 정말 부끄러운 일이다.

"오늘의 친구가 내일의 적이 되고 오늘의 적이
내일의 친구가 되는 것이 우리 인간사회의 현주소다".

문제는 우리가 정직하지 못하고 하나님 편에 있지 않았기 때문에 우리가 마땅히 받아야만 하는 보응이라고 본다. 악이 선을 이기지 못하고 거짓이 진실을 이기지 못하는 것은 역사가 증명해 주고 있다. 지금은 원치 않는 감옥에 갇혀 있는 수년전 박 근혜 대통령이 취임식을 한 후 "통일은 대박"이라고 희망선언을 했지만, 정작 북한이 하는 짓을 보면 통일이 대박이기 전에 통일이 대재앙이 될 수도 있다는 것을 부인할 수 없는 현실이다. 굶어 죽는 백성이 수백만이 넘었고 탈북자가 한국에만도 30,000명가량, 중국에서는 그보다 몇 배가 넘는데 누구를 더 죽이려고 핵무기 개발은 계속하고 있으며, 각종 살상무기 생산에 국가예산의 80% 이상을 쏟아붓고 있는 야만적인 정권과 손을 잡고 같이 가야한다고 평화정책을 노래하고 있는 우리의 정치지도자들은 언제쯤 제정신이 돌아올지 답답하기만 합니다.

"여호와로 자기 하나님을 삼은 나라 곧 하나님의 기업으로 빼신바 된 백성은 복이 있도다"(시33:12).

하나님은 인격적인 신(神)으로 아무에게나 복을 주시지 않는다. 순종하는 자에게 특권을 주신다. 공산주의 체제는 본래 지상에 유토피아를 건설한다고 장담했고 종주국 러시아에서 시작하여 급속도로 지구의 3분의 2가 적화(赤化)되었지만 그 꿈은 일세기도 못되어 무너지기 시작했다. 절대로 인간이 주인이 되고 주최가 되는 그런 계획은 오래가지 못하는 법이다. 절대로 우리 인간이 역사의 주인이 될 수는 없다는 결론이 이미 나왔다. 우리는 복음으로 다시 태어나야 한다. 나를 알고 적을 알아야 전쟁에 승리할 수 있듯이 우리나라는 북한 공산주의 실체를 바로 알아야 한다. 우리가 사탄의 작품인 공산주의 체제를 모르면 결국은 패배하고 만다.

1905년 애국지사 월남 이 상재 선생은 “한국의 유일한 살길은 기독교에 있다. 하나님을 믿는 길 외에는 다른 길이 없다”고 외치면서 끝까지 전도를 쉬지 않았다. 유대인들 중에 하나님을 가장 열심히 지극정성으로 믿는 교파는 바리새파였다. 그런데도 아이러니하게 그들이 예수님 앞에서는 가장 많이 책망을 받았고 독사의 자식들이라고 질책을 받기도 했다. 어떤 때는 회칠한 무덤이라고 책망을 받기도 했다. 사람은 외모를 보고 판단을 하지만 하나님은 우리의 중심(마음)을 보고 판단하신다고 했다. 그 이유는 모든 것이 겉으로 보기에는 괜찮아 보여도 내면(본질)은 잘 못되어도 겉으로 모르기 때문에, 하나님께서는 비본질보다 본질을 중요시하고 우선시 하시므로 우리는 하나님의 시각에서 분별하고 판단할 줄 알아야 된다는 것을 강조하고 싶다.

이스라엘의 대선지자 예레미야는 B.C 627년에 이스라엘이 분단되고 북 이스라엘이 먼저 멸망하고 곧 남 유다도 패망할 것을 미리 아시고, 비록 선민일지라도 하나님은 악을 묵과하지 않으신다는 것을 경고했고 회개할 것을 촉구했으리라고 본다.

> "죄 없이 망한 사람 없고 죄짓고 망하지 않은 나라 없다"는 옛말도 있다. 지금 우리나라는 신(信), 불신(不信) 막론하고 참사람을 만나기가 어렵다.

바른말을 하면 불이익을 당하고 환영받지 못하기 때문에 듣기 좋게 포장된 말 가장(假裝)된 말로 교회 안에서까지도 소신껏 바른말을 하기가 어려운 참담한 현실이 되고 말았다. 그러나 한 가지 남은 희망이 있다면 하나님의 말씀 위에 세워진 교회 곧 진리의 기둥과 터인 복음교회가 거짓된 세상을 책망하고, 진리 편에 굳게 서기만 하면 머지않아 정의가 승리하는 날이 서서히 다가올 것으로 생각 된다.

지금은 우리나라(조국 대한민국)가 좌경세력 앞에 밀려나고 혼잡하여 위기를 맞고 있지만 "진리는 거짓을 반드시 이긴다"는 확신을 가지고 끝까지 진리수호를 힘쓰면, 역사의 주권자인 하나님께서는 우리 조국 대한민국을 지켜 보호해 주실 것이고 들어 사용하실 것이라고 확신하고 있다.

Never give up!(포기하지 말라!)

26
대한민국의 희망은 오직 한국교회!

"가로되 하늘의 하나님 여호와 크고 두려우신 하나님이여 주를 사랑하고 주의 계명을 지키는 자에게 언약을 지키시며 긍휼을 베푸시는 주여 간구하나이다"(느헤미야 1:5).

교회 존재의 가치

오늘의 대한민국은 한국교회가 회생(回生)시켜야 한다. 무지와 가난과 전쟁의 잿더미 위에서 대한민국을 일으켜 세운 것도 기독교(한국교회)이고 대한민국을 망하게 하는 빌미도 교회라고 지적한다. 그 근거는 여러 가지로 대답할 수 있다. 교회라는 공동체(community)는 정치집단, 경제단체, 문화단체, 예술단체, 영리단체, 시민단체도 아니다. 교회의 주체(主體)는 역사의 주권자이신 하나님의 주권에 의해 다스림을 받으며, 하나님의 영광을 위해 존재하고, 하나님의 뜻을 지상(인류 역사)에 계승하기 위하여 존재할 때만이 그 진정한 가치가 나타나게 된다.

예수 그리스도께서 제자들 앞에서 지상의 공동체, 교회에 대한 정체성을 말씀하셨다.

"너희는 세상의 빛이요 세상의 소금이니라"(마5:13-16).

한국교회는 우리나라가 가장 혼란하고 어려웠던 시기에 이승만 대통령을 비롯한 애국정신(patriotism)이 투철한 민족의 지도자들이 '반공사상'(反共思想)과 '경천애인'(敬天愛人) 정신을 기본이념으로 오늘의 대한민국을 일으키는데 선구자적인 사명을 감당하면서 우리 대한민국을 세계 가운데 오늘의 한국으로 도약하는 밑거름이 되었다.

1970년대 초반까지만 해도 한국교회는 세속(世俗)과 구별되고 그에 맞설 거룩성(holiness)으로 신성한 이미지를 보여줄 수 있었다. 당장 먹고살기조차 힘든 시대라서 "잘살아보세, 잘살아보세, 우리도 한 번 잘살아보세~!"라는 구호에 따라 그때부터 우리의 교회는 본연의 자세를 망각하고 물량주의와 기복사상에 서서히 빠져들기 시작했다. 때를 같이 해서 교회 지도자들도 세상과 재물을 하나님 섬기기보다 더하여, 순박한 성도들은 거짓된 종(從)들의 달콤한 미혹과 속이는 말(메시지)을 참된 종(從)들의 바른 진리의 말씀보다 더욱 좋아하고 따르게 되었다.

마침내 물질의 부요함에 취하여 현실에 안주하여 나태하던 우리 백성에게는 저주거리가 되고 재앙이 되고 말았다(호4:7). 오늘날 우리나라와 우리의 교회가 잘못된 것은 백성과 교인들에게도 책임이 있지만, 그보다 더 큰 문제는 국가경영의 지도자들과 영계(靈界)를 이끄는 교회 지도자들의 의식과 영적인 문제가 더 큰 것으로 점차 드러나고 있는 실정이다.

듣기 좋은 감언이설, 기복신앙으로 이끌어감

무엇보다도 영적세계와 정신세계를 이끌고 갈 지도자들이 하나님 말씀대로 성도들을 양육하지 않고 듣기 좋은 감언이설(甘言利說)과 기복신앙으로 이끌어 감으로 그 숫자가 천 이백만이 된다. 하지만, 그것은 숫자에 불과한 쭉정이일 뿐이지 알곡은 십분의 일도 안 되는 헛된 숫자일 뿐이다. 헛된 것으로 자화자찬에 빠졌고 껍데기를 쌓아 놓고 성공이니, 능력이니, 축복이니 하는 선전에만 급급했었다. 이럴 때 잠시 손을 놓고 생각해보면, 문제가 있으면 언제나 답이 있는 법이다. 지금이라도 그 대안을 바로 깨닫고 하나님께로 돌아가기만 하면 살길은 열리게 되는 법이 정한 이치이다.

저자는 목회를 시작하면서부터 원점(초대교회)에서 다시 시작해야한다고 외쳤고, 첫 저작물인 "교회 어떻게 새로워져야 하나"(부제: 21C를 준비하는 교회/대장간출판사/1995년판)에서 첫 서론부터 간곡한 호소를 한 바 있다. 늦었다고 할 때가 바로 깨어날 때라고 호소했었다. 무엇보다 진심으로 통회자복해야 한다. 우리의 목회가 영혼사랑의 목회가 아니라 세상과 재물을 하나님보다 더욱 사랑한 삯꾼 목회였음을 솔직하게 토로하면, 사랑과 자비와 긍휼이 풍성하신 하나님께서는 우리를 외면하지 않으시고 다시 회복시켜 주실 것을 확신하고 있다.

교회의 기능은 우리 몸의 심장과 같아서 지금이라도 한국교회가 구습(舊習)을 벗어버리고 새롭게 건강한 교회로 기능을 회복하기만 하면, 우리 조국 대한민국은 절대로 망하지 않고 열방에 빛을 발휘하게 될 것으로 믿는 마음 간절하다. 주님께서 우리에게 분부하신 대위임령(The Great Comendment), 땅 끝까지 복음증거의 사명을 감당할 수 있도록 세상 끝 날까지 함께 하실 것이 분명하다(마28:19-20).

언제나 국가는 정치와 경제와 군사와 국방이 아무리 튼튼하고 왕성해도 그 내부인 국민들의 사상과 정신이 부패하고 타락하면 모든 것이 허사가 되고 무너져버리고 마는 것은 동서고금(東西古今)의 역사를 통해 충분히 경험했다. 우리나라는 무엇보다 국민들의 정신이 건전하고 하나로 뭉치는 국민 정신통합이 시급한 과제이다.

여기까지 지탱해오고 세계 앞에 자랑할 만한 저력
다른 사상과 다른 종교는 다 실패한 경험이 있다. 그러나 우리가 믿는 기독교와 한국교회는 그만한 능력이 있고, 지금까지 우리나라를 지탱해 오고 세계 열국 앞에 자랑할 만한 저력이 있으므로 먼저 영계의 지도자들이 정신을 차리면 얼마든지 가능한 일이다. 지금이라도 겉으로 나타나는 현상에 마음을 빼앗기지 말고 눈에 보이지 않는 영적인 교훈과 그 가치를 보화같이 여기고 더욱 귀하고 고상하게 깨달아야 하겠다.

지금 당장 우리 눈에 보이지는 않지만 인류역사를 총괄하시고 만유의 생성과 생사화복을 주관하시는 하나님께 모든 주권을 위탁하여, 우리 인간의 힘으로 이루지 못하는 평화통일(복음통일)을 꼭 이루어내야 할 것이다. 이 일은 다른 사람에게 맡길 것이 아니라 하나님의 백성인 우리들과 한국교회가 감당해야 할 중차대한 사명이다. 이 일을 앞장서서 이끌어갈 주인공은 바로 영계와 정신세계의 지도자로 선택받은 목회자가 아니고는 아무도 없다고 본다.
우리는 이 사명에 대하여는 긍지와 자부심을 가지고 당당하게 전진해야 한다. 이제 우리는 눈앞에 보이는 현상과 소아(小我)에 머뭇거리지 말고 대아(大我)에 이끌려 이스라엘의 위대한 영도자 모세와 같이 나라와 민족을 구하는 일에 위대하게 쓰임 받아야 한다고 감히 주장해 본다.

27
한국교회가 다시 태어나려면…!

"예수께서 대답하여 가라사대 바요나 시몬아 네가 복이 있도다 이를 네게 알게 한 이는 혈육이 아니요 하늘에 계신 내 아버지시니라"(마태복음 16:17).

1. 복음 위에 바르게 심어져 뿌리를 내려야 나무가 곧게 자란다.

모든 교회는 복음(천국복음)에 뿌리를 내리고 시작해야 한다. 오늘날 기독교(개혁교회)는 유대교(율법주의)에서 시작했다고 해도 과언이 아니다. 그래서 교회마다 교리, 신학노선 이념논쟁으로 밤낮 싸움질만 하고 있다. 진정으로 필요한 예수님의 마음과 하나님의 사랑은 보이지 않고, 진정으로 진리와 화평으로 거룩한 참 교회는 만신창이가 되어버리고 말았다. 모든 교회는 뿌리 찾기, 참 주인 찾기 운동을 펼쳐야 한다. 교회의 모든 구성원은 성령의 지배에 절대복종하도록 가르쳐야 하며, 모든 교회는 불 같은 성령의 임재와 역사하심을 갈망해야 한다.

우리가 믿은 하나님은 전지전능하시고 실존하시고, 자존하시고, 유일신 하나님이시지 인간들이 작사 작곡한 그런 실리적인 유형의 존재가 아니다. 주고 또 주고 독생자까지 아낌없이 우리를 위해 다 주신 하나님을 믿는 신앙이 바로 복음의 본질이다. 우리가 할 일은 그를 전적으로 신뢰하고, 전심으로 의지하고 경외하며 그에게 감사 찬양과 영광 돌려드리는 일 밖에 우리가 해야 할 일이 없다. 그리고 우리는 복음을 바로 알고 바로 전해야 한다.

2. 교회의 본질 회복이 우선되어야 한다.

"하나님은 사랑!"(God is love!)이라고 말하면서 그 사랑에 대한 정의가 분명치 않다. 교회의 첫 번째 가르침에도 하나님의 사랑은 '필레오'도 '에로스'도 아닌 '아가페'(무조건적인 사랑)이다. 하나님의 사랑은 돈, 명예, 권세 그리고 세상과 자아에 관한 것이 아니고 영혼과 생명과 진리에 관한 것이다. 하나님을 사랑하는 것은 그 무엇보다도 하나님 말씀에 대한 순종과 준행이다. 고로 성경 말씀이 우리를 교훈하는 진리는 하나님은 창조주이시고 생명이시고 영이시라고 가르치고 있다.

교회란 인간들이 조작한 제도나 조직이나 단체가 아니고 하나님께서 아브라함에게 명령하시고 약속하신 언약의 성취라고 말하고 있다. 창세기 12장 1절부터 3절에서 말씀하신 것처럼 하나님께서 아브람을 '우르'땅에서 불러낸 것이 바로 '에클레시아'의 모형이다.

"내 교회를 이 반석위에 세우리라"(마16:16-17)

예수 그리스도께서 말씀하신 것은 교회의 본질을 교훈하셨다. 결국 사랑이 고갈된 교회, 사랑의 실천이 없는 교회는 죽은 교회나 마찬가지다.

3. 모든 교회는 예수 그리스도의 지상사역을 계승, 계대해야 한다.

성육신하신 예수 그리스도께서 행하신 3대 사역은 '천국복음 선포'와 '성경 말씀을 풀어서 가르치심'과 '모든 약한 자, 병든 자, 소외당한 자, 귀신에게 고통당하는 자를 풀어주시는' 생명 살리는 사역이셨다.

〈Table-6〉 **예수 그리스도의 전인 치유 사역**

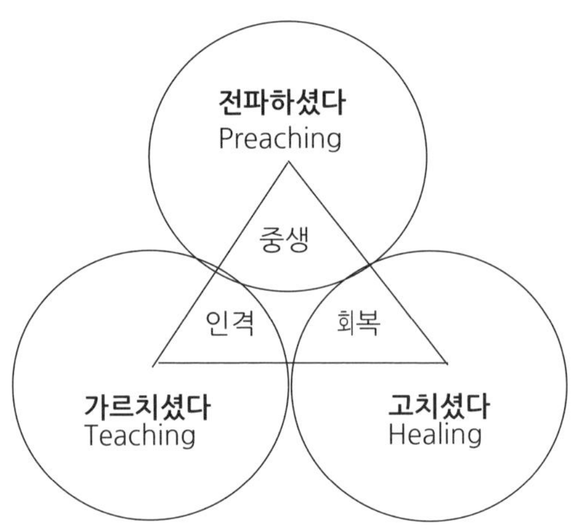

Preaching, Teaching, and Healing 이 세 가지 사역을 전인치유 사역이라고해도 좋은 줄 안다. 영을 살리고(중생), 혼을 건전케 하고(인격적), 육신을 강건케(회복)하는 전인 치유사역 이 세 가지를 교회가 외면하는 것은 예수님 제자들의 사역이 아니다.

교회가 이 사역을 뒷전에 두고 교회를 사유화(私有化)시키고 세속화(世俗化)시키는 것은, 하나님 앞과 사람 앞에서 사기와 직무유기에 해당되고 월권행위가 되는 것을 말해 주고 있다. 역사성을 배제한 교회는 오래가지 못하고 무너지게 된다. 수많은 이단과 사이비 교파들이 성경의 가르침과 교훈보다 인간들이 고안한 교리와 제도를 더욱 중요시하고 좌우로 치우치게 되면, 그런 교회는 세상의 빛과 소금의 사명보다 세상의 공해로 나쁜 영향을 끼치는 흉물스러운 집단이 되고 만다.

교회가 가장 관심을 가져야 할 부분은 예수 그리스도께서 세상에서 행하신 삶을 본받는 것이어야 한다.

> "내가 그리스도를 본 받는 자 된 것같이 너희는 나를 본 받는 자가 되라"(고전11:1).

4. 대안이 무엇인가?

첫째 단계 : 모든 교인을 신분의 변화를 체험하게 해야 한다.
'자연인'(육에 속한 사람)을 '영성인'(영에 속한 사람)으로 전환하도록 해야 한다. 예수님께서 공생애를 시작하시면서 처음 강조하신 메시지는 다음과 같은 말씀이다.

> "가라사대 때가 찼고 하나님 나라가 가까왔으니 회개하고 복음을 믿으라"(막1:15).

물질이 아닌 영에 대한 말씀이다. 교회는 회개를 체험한 사람들의 공동체가 되어야 하고 생명의 변화를 경험한 영적인 구성원들이 주최가 되어야 한다. 회개를 통해 거듭나야 하며, 거듭나면 성령의 사람이 되어야 한다. 성령의 세례를 받으면 '증인'(그리스도인)이 되어야 한다. 예수님의 최종적 권면(명령)은 성령의 권능을 받은 후에 나가서 모든 족속으로 제자를 삼고 땅 끝까지 이르러 증인이 되라고 하셨다.

둘째 단계 : 남은 자로 예수님의 정예 군사를 만들어야 한다.

교인과 성도, 목사와 목자는 다르다. 하나님께서는 시대마다 역사마다 당신의 사람들을 준비시키시고 또 남겨두셨다. 바알에게 무릎 꿇지 않고 입 맞추지 아니한 자 곧 세상의 악과 혼합하지 않고 신앙의 정조를 지킨 구별된 자를 곳곳에 숨겨두시고 계신다. 그들이 이제는 모여서 힘을 합해야 한다. 그리고 이 세상 악과 싸워서 이겨야 한다.

그들은 하나님을 아는 지식이 없고 눈에 보이는 것에만 열심(자기 의와 율법)인 지도자들은 '삯군'이기 때문에 아무리 많이 모이고 대단한 것 같이 보여도 하나님과는 무관하거나 쭉정이 같은 존재들이다.

> "삯군은 목자가 아니요 양도 제 양이 아니라 이리가 오는 것을 보면 양을 버리고 달아나나니 이리가 양을 물어 가고 또 헤치느니라"(요10:12).

셋째 단계 : 영적지도자들을 재교육(완전무장)시켜야 한다.

한국교회의 가장 큰 문제는 지도자이다. 소경이 소경을 어디로 인도할 것인가? 교회 지도자들이 다 벌거벗고 성령의 불가마 속으로 들어가서 때를 씻어야 한다. 저자는 35년 전 미국 LA윌스 거리 노상에서 하늘로부터 큰 음성을 들었는데, **"목자들이 다 길을 잃었다!"**고 하신 말씀이며, 그 말씀의 깊은 뜻을 바로 깨달아야 한다.

"내가 곧 길이요 진리요 생명이라"(요14:6).

지금 우리의 가장 큰 고통과 불행은 참된 지도자(영적, 정신적)가 잘 보이지 않음을 말하고 있다. "그 때에 이스라엘에 왕이 없으므로 사람이 각각 그 소견에 옳은 대로 행하였더라"(삿21:25). 혼란스럽고 캄캄한 시대다. 그래서 '영적지도자 아카데미'가 시급하게 요구된다. 한국교회 이대로는 우리 민족을 구원의 길로 인도할 수 없다. 우리 남은 자들이 분연히 일어 나야 한다. 하나님의 나라를 위해서! "죽으면 죽으리라!"는 각오를 가지고…

28
한국교회는 지도자들이 먼저 깨어나야 한다

지나간 민족의 상흔을 돌아보는 교훈

하나님은 모든 역사의 주인이시며 모든 그리스도인에게는 유일무이(唯一無二)한 주권자이심을 믿어 의심치 않는다. 올해는 우리나라가 1910년 8월 29일 일본제국주의에게 빼앗겼던 한일 합병 111주년이 되는 해이며, 동족끼리 총부리를 겨누며 살상을 서슴지 않았던 6.25동란 71주년이 되는 해이다.

일제(日帝)에게 전 주권과 민족혼을 빼앗긴 채 지옥 같은 세상을 살아가던 우리 민족에게 하나님께서 1945년 8월 15일 꿈에도 그리워하던 조국해방의 값진 선물을 주셨다. 그럼에도 순진한 우리 국민들은 판단력이 상실되어 자유민주주의와 무신론 공산주의 곧 우익(右翼)과 좌익(左翼)의 양대 세력으로 나누어져 있었다. 극심한 대립과 갈등으로 방향을 잃고 서로 비방과 악선전의 광란으로 빠져 있을 때, 1950년 6월 25일 이른 새벽 김일성 괴뢰도당이 기습적으로 불법남침을 강행하여 3년 2개월 동안 수많은 동족의 생명을 빼앗고 금수강산을 초토화시켰으며, 2,112개의 예배당을 불태웠으며, 30만 명의 미망인과 20만 명의 고아와 미군전사자가 35,000명, 30만 명의 행방불명자와 15,000명의 납치, 10만 이상의 유엔군 부상자 등등 수 많은 그리스도인을 살해하는 만행을 저질렀다.

한국 근대사 발전에 기여한 기독교의 수난

우리 기독교는 한국 근대사 발전과 민족중흥의 새 역사에 가장 많은 공로를 끼쳤음에도 불구하고 지금의 세대들은 그러한 역사를 망각하고 있으며, 오히려 기독교를 비하하는 역방향으로 가고 있고 민족역사를 왜곡하는 세력들이 날로 더해가고 있다.

우리 선진과 우리 조상들은 역사의 소중함을 제대로 깨닫지 못하여 후세들에게는 바른 역사교육을 시키지 않았으며, 정치와 교육계 지도자들마저 역사의식이 없었던 관계로 먼 후대를 생각지 않았기 때문에 그 화가 지금 젊은 세대들에게 나타나고 있다.

북녘의 김일성 삼대 세습정권(世習政權)은 우리민족 역사를 송두리째 왜곡시켜버렸다. 거짓된 유물사관으로 세뇌교육을 70여 년간 시켜왔음으로 전범자 김일성 부자를 민족의 태양과 시대의 영웅으로 칭하고 있으며, 삼대째 이어지는 폭정과 인권말살에도 누구하나 말하지 못하는 창살 없는 감옥에 갇혀있는 가운데 충성을 맹세하고 있다.

신세대에게 알려줄 공산주의 만행

그런데 우리는 해방 후세대들과 지금 성장하고 있는 청소년 세대들은 기독교 역사와 민족 역사를 제대로 듣지 못하고 알지도 못하고 있다. 이대로 향후 20~30년이 지난 후에는 전후 세대들이 우리 민족사를 어떻게 기억하고 평가할지 염려하지 않을 수 없다. 지금은 역사의 산증인들이 대부분 생존해있고 뼈저린 아픔을 생생히 기억하고 있는데도 6.25 동란이 반세기도 지나기 전에 6.25는 남침(南侵)이 아니고 북침(北侵)이라는 공공연한 주장을 하고 있다. 10년 전 서해상에서 '천안함 폭침건'도 다시 재조사해서 진실을 밝히라고 주장하고 있으며 그 세력들이 우리 주위에 많이 남아 있다. 과연 그들의 조국은 어디인지 의심스러울 지경이다. 정치권은 그렇다고 해도 우리 기독교 공동체마저도 침묵을 지키고 있는 현실은 하나님 앞에 범죄하고 있으며 망령된 행위를 하고있는 것 아닌가 싶다.

한국교회가 깨어나기를 비는 기도
늦은 감이 있지만 지금이라도 한국교회가 정신을 차리고 깨어나서 우리 후세대들에게 바른 역사를 깨우쳐주고 어둠에 속한 영혼들이 빛 가운데로 새 생명으로 다시 태어날 수 있도록 선지자적인 사명을 감당하기 위하여, 우리는 '새생명복음선교위원회'라는 이름으로 이 지상의 그리스도인에게 다음과 같이 간곡히 호소하는 바이다.

1. 모든 교회는 하나님의 주권 앞에 동등하며 예수 그리스도의 이름 앞에 하나로 일치해 연합해야 한다.

모든 교회는 교단, 교리, 어떤 조직단체보다 주님의 뜻이 먼저이며 서로 분리하고 분쟁하여 흩어지는 것은 주님의 몸을 해치는 불의한 일이다. 서로를 이해하고 용서하고 포용하려고 하지 않고 나만 옳고 나와 다르면 정죄하는 행위는 안티 기독교 사상이다.

2. 교회의 모든 직분은 역할과 사명의 차이고 높고 낮음(주종 관계)의 구분은 아니다.

가르치는 직분자(목회자)는 책임과 의무가 중하기 때문에 모든 이의 본이 되고 귀감이 되어야 하며, 피 지도자는 지도자의 가르침에 100% 전적으로 순종하는 자세로 임해야 한다. 반면에 지도자는 섬김과 나눔과 온유, 겸손의 본이 되어야하며 정상적인 교육과 훈련을 반드시 이수한 자라야 한다.

3. 큰 교회(대 교회)는 작은 교회(미 자립)를 괴롭게 하거나 피해를 끼쳐서는 안 된다.

전국 방방곡곡에 많은 미자립 교회가 난립하고 있는데 대교회가 이를 외면하고 후원과 협력하는 일에 소홀해서는 안 된다. 교인쟁탈과 피라미드식 조직의 운영은 제 무덤을 스스로 파는 행위와 다를 바 없다. 서로서로 상생과 공존을 위하는 그곳에 평화가 있고 번영과 꽃이 필 것으로 생각 된다.

4. 모든 교회는 영혼 구원뿐만 아니라 사회구원 나아가 범국민적인 전인치유 건강회복도 적극 기여할 수 있어야 한다.

'교회가 가는 곳에 나라가 간다'는 말이 있듯이 우리 대한민국의 희망은 오직 교회뿐임을 잊어서는 안 된다. 나라가 부강하고 쇠망하는 것이 정치, 경제, 군사, 문화, 교육의 책임만이 아닙니다. 온몸에 심장의 역할을 바로 교회가 감당해야 할 사명인 것을 잠시도 망각해서는 안 될 것이다.

모든 교회는 지금까지 한국교회(장,감,성)는 서로를 경시하며 강단교류를 금기시하는 바리새적인 전통을 이어왔다. 이제는 이단 사이비와 유사한 기독교와 안티세력에는 모든 교회가 합동으로 대응하고 합심해야 한다. 기생충은 주변의 환경이 청결하면 잘 서식하지 못하고 스스로 사라지게 된다. 이단 사이비집단이 난무하는 것은 정통기독교(기성교회) 공동의 책임을 인정하고 단호히 대처해야 한다.

5. 모든 교회는 연합하여 영적 전쟁을 치러야한다.

우리들 교회가 영적전쟁을 하지 않고 주야로 교회 내의 내분으로 교계가 심히 혼란스러운 가운데 있다. 우리의 대적 원수는 불신세상과 악한 영들과 혼탁한 인본주의적 사상(휴머니즘) 등인데, 그들과 싸우지 않고 내분으로 힘을 다 빼앗기고 있다. 우리가 만일 영적싸움을 하지 않고 밤낮 형제간에 분쟁하면 누가 좋아하겠는가?

〈Table-7〉 한국교회가 깨어나기를 비는 기도

29
한국교회를 진단한다

"또 내가 네게 이르노니 너는 베드로라 내가 이 반석 위에 내 교회를 세우리니 음부의 권세가 이기지 못하리라"(마태복음 16:18).

한국교회의 문제는 무엇인가?

한국교회의 문제를 이슈화(Issueize) 시키지 않을 수 없다. 그것은 교리와 신학의 문제가 첫째다. 한국교회가 선교 100년 역사에 천 만 성도를 확보할 만큼 급성장을 하게 된 것은 자랑스럽고 긍정적인 평가를 받기에 조금도 부족하지 않다. 그러나 이 한 가지 업적만으로 만족하거나 자랑하기에는 문제가 있다고 본다. 한국교회를 언급하면서 가장 신중해야하고 분명해야 할 것은 첫 번째로 교회란 무엇인가? 그에 대한 정체감(identity)의 주제가 있어야 하고, 두 번째는 교회가 존재해야 하는 목적, 필요성(necessity)의 주제가 분명해야 한다고 본다.

베드로에게 교회 본질을 가르침

교회란 예수 믿는 사람들이 모여 예배와 행사를 치르는 건물로 많은 사람은 잘못 이해하고 있다. '예배당'을 '교회'(모임)이라고 칭하는 것은 문제가 있다.

"너는 베드로라 내가 이 반석위에 내 교회를 세우리니"(마16:18).

예수 그리스도께서 제자 베드로에게 말씀한 것은 교회의 본질을 언급해 주셨다. 베드로에게 "너의 교회" "너희들 교회"라고 말하지 않고 "내 교회를 세우겠다"고 말씀하신 것은 우리 인간들이 얼마나 부정하고 이기적인 존재인가를 주님께서는 간파(看破)하셨으므로 교회가 탄생되기 전부터 예방조치를 하셨음을 볼 수 있다. 결국 교회를 사유화하고 인간이 주인 노릇 하려고 하면 교회를 세우신 주님의 뜻과는 그 시작부터가 빗나감을 알 수 있다. 첫 단추 구멍이 잘못 끼워졌다고 할 수 있다. 지난 2000년 동안 기독교 교회사를 살펴보면, 시대마다 신학적 논쟁과 교리에 대한 논쟁이 극심했고 중세시대는 구원론이 논쟁의 쟁점이었다.

"복음에는 하나님의 의가 나타나서 믿음으로 믿음에 이르게 하나니 오직 의인은 믿음으로 말미암아 살리라"(롬1:17).

마틴 루터가 주장한 '이신득의'(二信得意)의 구원론은 카톨릭의 구원론에 대한 정면도전으로 종교개혁의 위업을 이루었고, 19세기에서 20세기에는 성령론이 논쟁의 쟁점이 되었고 21세기 현대의 교회는 교회론이 논쟁의 쟁점이 되고 있다. 교회가 무엇이며 교회의 존재목적이 무엇인가? 하는 교회론에 대한 재정립이 꼭 필요한 시점에 와 있다. 지금은 루터가 종교개혁을 부르짖을 때보다 더욱 더 큰 파장을 불러오고 있다.

주님의 교회, 내 교회

엄밀하게 따지면 교회는 무형의 교회와 유형의 교회로 분류할 수 있는데 또 다른 표현으로는 주님의 교회와 내 교회로 분류할 수 있다. 그 분의 교회는 세상에서 불러내어 변화시켜서 다시 세상으로 내보내는 교회라면, 내 교회는 세상 사람들을 불러 모으는 데에만 열심이고(교권주의, 대형교회) 변화시켜 내보내는 데에는 너무 인색하여 마치 물이 흘러가거나 넘쳐나지 않고 고여 있으면 썩게 되는 것처럼 교회본질과 기능을 상실해버리는 우(愚)를 범하고 있다.

이번에 발생한 신천지 코로나 사건은 우리에게 좋은 교훈이 되고 반성의 기회를 준 것이 틀림없다. 수천 명 불러 모아서 코로나 확진을 부추긴 것은 잊을 수 없는 대 실수였다. 그에 대하여는 변명의 여지가 없다.

교회가 무엇인가 그 정체감을 정리하려면

1. 교회란 하나님의 백성(나라)이다.

> "호세아 글에도 이르기를 내가 내 백성 아닌 자를 내 백성이라, 사랑치 아니한 자를 사랑한 자라 부르리라 너희는 내 백성이 아니라 한 그곳에서 저희가 살아 계신 하나님의 아들이라 부름을 얻으리라 함과 같으니라 또 이사야가 이스라엘에 관하여 외치되 이스라엘 뭇 자손의 수가 비록 바다의 모래 같을 찌라도 남은 자만 구원을 얻으리니"(롬9:25~27).

한 것은 우리가 구원받아 하나님 나라의 권속이 된 것은 하나님의 긍휼과 자비하심과 사랑으로 된 것을 뜻하는 말이다(참고 벧전2:9-10, 엡2:19, 고후6:16).

2. 교회란 그리스도의 몸이다.

> "몸은 하나인데 많은 지체가 있고 몸의 지체가 많으나 한 몸임과 같이 그리스도도 그러하니라"(고전12:12).
> "너희는 그리스도의 몸이요 지체의 각 부분이라"(고전12:27).
> "또 만물을 그 발아래 복종하게 하시고 그를 만물 위에 교회의 머리로 주셨느니라"(엡1:22-23).

> "그러므로 형제들아 내가 하나님의 모든 자비하심으로 너희를 권하노니 너희 몸을 하나님이 기뻐하시는 거룩한 산제사로 드리라 이는 너희의 드릴 영적 예배니라 너희는 이 세대를 본받지 말고 오직 마음을 새롭게 함으로 변화를 받아 하나님의 선하시고 기뻐하시고 온전하신 뜻이 무엇인지 분별하도록 하라 내게 주신 은혜로 말미암아 너희 중 각 사람에게 말하노니 마땅히 생각할 그 이상의 생각을 품지 말고 오직 하나님께서 각 사람에게 나눠 주신 믿음의 분량대로 지혜롭게 생각하라 우리가 한 몸에 많은 지체를 가졌으나 모든 지체가 같은 직분을 가진 것이 아니니 이와 같이 우리 많은 사람이 그리스도 안에서 한 몸이 되어 서로 지체가 되었느니라"(롬12:1-5).

모든 지체는 한 몸에 유기적으로 서로 연합하고 있다. 너와 나는 따로따로가 아닌 우리는 모두가 하나인 것이다(고전12:12-20).

3. 교회란 회개를 통과한 그리스도인의 공동체이다.

영적전쟁에서 승리한 거듭난 하나님의 백성들을 의미한다. 교회만 출석한다고 그리스도인이 아니다. 회개하여 말씀과 성령으로 거듭난 중생의 체험(확신)이 없으면 온전한 그리스도인이 아니다.
결론적으로 교회란 성령의 사역체이다. 성령의 역사가 떠나면 빈껍데기에 불과하다.

교회의 존재 목적과 가치성, 교회가 반드시 지켜 행해야 할 일

1. 예배
성령의 인도와 감동에 따라 다이나믹한 예배가 되어야한다.

2. 선교(전도)
성령의 인도와 감동에 따라 모든 사람에게 증인이 되어야 한다.

3. 성도의 교제
성령의 도우심이 필요(코이노니아)

현대교회는 인간들이 조직한 제도와 전통(장로의 유전)과 관행, 교리 등에 따라 인본주의로 집단 이기주의로 변질되어버려 진정한 교회의 모습을 찾기는 너무 어렵게 되어 버리고 말았다.
우리는 강도의 굴혈과 같이 된 이기 집단화 된 인본주의 교회를 답습만 하지 말고, 말씀 중심, 성령 중심, 참 교회 중심의 교회로 회복시키는 사역이 필요한 때에 이르렀다. 초대교회의 순수한 영성회복과 진리중심의 교회로 돌아가지 않으면 바벨탑을 쌓는 어리석음에 파멸되고 마는 결과에 이를 것이다.

30
한국교회 부패와 타락의 주범은?

대한민국에 복음이 전파되면서 최초로 들어온 교단은 미국의 북 장로교와 감리교 선교사 두 개의 교단에서 파송한 선교사에 의해 시작되었다. 이로 인하여 한국교회 선교의 시작이었다. 그와 같은 역사적인 배경 때문에 지금 우리나라의 교단별로 교인확보 숫자는 단연히 장로교단 다음으로 감리교단이 우세한 실정이다.

한국 교단의 분열 현상 계속 중이다

그런데 가장 심각한 문제는 선교100년 역사에 장로교단 교회는 300여 교단으로 분립했고 지금도 계속해서 분열되고 있는 현실이다. 누가, 무엇이 교단을 필요로 해서인지 하나이면 족한 교단을 수백 개 교단으로 찢어 나누어 무엇을 하자는 것인지 이해할 수 없는 일이 해마다 발생한다. 감리교단도 기감, 예감으로 나누어 서로 힘겨루기를 하는 중에 감독회장 문제로 온 나라가 시끄럽게 10년 넘게 싸우고 있다. 참으로 한심스럽고 타락과 부패의 온상이 바로 대장 자리싸움이 아닌가 생각이 든다.

"주도 하나이요 믿음도 하나이요 세례도 하나이요 하나님도 하나이시니 곧 만유의 아버지시라 만유위에 계시고 만유를 통일하시고 만유가운데 계시도다"(엡4:5~6).

한분 하나님을 믿고 섬기고 따르는 그리스도인들이 왜 이토록 분열되고 서로 증오하고 서로 적대시하면서 어떻게 거룩한 성 총회라고 말할 수 있으며, 대장의 자리가 무슨 그런 매력이 있어서 서로 그 자리를 빼앗으려고 투쟁을 그치지 않고 있으니 과연 이것이 교회이며 교회 지도자들이 맞는지 의심이 생기지 않을 수 없다.

숫자가 많으니까 조직이 커지고 복잡해지는 것은 당연지사(當然之事)라고 하겠지만, 교회를 가리켜 '주님의 몸'이라고 했고, 우리 모두가 그 몸에 각각 지체라고 했으면 지체는 연합하고 서로 유기적인 관계 속에서 지체이지 오장육부, 사지백체를 분리시켜 놓으면 그것은 아무데도 쓸모없는 죽은 시체가 아니겠는가?

에스겔 골짜기에 마른 뼈들처럼 골짜기에 흩어져있는 죽은 시신들은 아무데도 쓰일 곳이 없다(겔37:1~13). 골짜기의 마른 뼈들처럼 영적으로 다 죽고 말라빠진 시체 같은 한국교회의 교단과 지도자들 속에 성령의 바람이 강타하지 않고는 아무짝에도 쓸모없는 것이 작금의 우리 한국교회 모습이 아닌가 싶다.

그렇다면 이렇게 한국교회가 분열되고 찢어진 원인이 무엇인가를 먼저 살펴보고 대안을 제시해야 할 것 같아 나름대로 원인분석을 해본다.

한국교회 분열의 원인

여러 가지 원인이 있겠지만 가장 드러나게 큰 원인 중 하나는 우리나라가 일제 식민지 지배하에 들어가고 태평양 전쟁이 발발하고 일본제국주의가 우리 민족정신과 사상을 박탈하기 위해서 저지른 일이 바로 장로교단을 비롯하여 모든 교회 지도자와 모든 국민에게 시도한 일이다.
그것은 일본 천황에게 경배하게 하는 일이었다. 1938년 일제의 회유에 넘어간 장로교단 총회가 신사참배는 우상숭배가 아닌 국민의례라고 하는 명목하에 총회가 모인 자리에서 공식적으로 결정을 함으로 결국 반대세력이 50%도 안 되는 숫자로 가결이 되고 말았다.

총회에서 신사참배는 국가의식일 뿐 종교적 행위가 아님으로 죄가 되지 않는다고 결의를 하고 말았다. 그러나 반대하던 회원들은 교회에서 쫓겨나고 교단에서는 목사직을 잃었고 심하게는 법정구속을 당해 고문을 당하고 옥중에서 순교하는 일까지 생겨났다. 다행히 1945년 8월 15일 갑작스런 일본의 패전으로 많은 옥중 성도들이 풀려나기는 했지만, 만약 조금만 전쟁이 지속되었더라면 수많은 한국의 그리스도인이 처형되고 한국교회는 멸절되었을 것이 뻔한 일이다.

더 큰 문제는 종전이 되었으니까 지도자들이 독일교회 지도자들처럼 회개하고 신학에 입각한 선언과 죄책 고백의 정신 아래 다시 결속되었으면 좋았을 텐데, 한국교회지도자는 신사참배에 대한 회개나 죄책 고백도 하지 않고 신사참배 지지자들을 교단에서 내쫓고 몰아내는데 혈안이 되었다. 그 결과 1948년에는 고신측이 분열되어 나갔고, 1953년에는 기장측이 분열되어 나가고, 1959년에는 합동과 통합이 분열되었고, 1979년에는 합동측도 주류와 비주류로 나누이고 계속해서 명분 없는 분열(대장 자리 싸움)이 계속되어 지금은 300개가 넘는 장로교단이 생겼다고 한다. 한국교회 전체 숫자의 70%가 장로교단이고 보면 이미 한국에 있는 모든 교단과 교회가 하나님 앞에서 우상숭배의 책임을 면하기 어렵다.

문제는 여기서 끝난 것이 아니고 교회 안에 홍수처럼 밀려들어온 세속화와 맘모니즘(물질만능, 인본주의)이 이제는 모든 교회 깊숙이 자리를 차지하고 들어와, 순진한 양떼들까지 오염시키고 타락하게 만들어 교회공해라는 말이 나올 정도가 되었다. 이제는 양심의 자유나 영성회복과 바른 복음증거를 통한 교회회복과 교회갱신은 물 건너간 것 같다.

여기저기에 사이비 신학교와 사이비 종교집단인 이단과 사이비 교주들이 교회 간판을 달고 하나님의 이름으로 온갖 불의를 서슴없이 저지르고 있다. 양들을 지키고 보호해야 할 지도자들이 사람들의 약함과 무능함을 빌미 삼아 그들의 영혼과 재물을 착취하여 자기들의 아성을 쌓고, 자기들의 배를 불리며 창조주 하나님을 이용하고 예수 그리스도 이름을 빙자하여 천국복음을 상품화시키고, 교회를 강도의 소굴로 만들고 있는 이중 인격자들이다.

참으로 비통한 일이고 하나님 앞에 부끄럽고 죄송스러운 마음뿐 할 말이 없다. 웨스트민스터 신앙고백 제31장에 "노회나 총회의 결의는 신앙과 행위의 절대규범이 될 수 없다"고 못 박아 놓았지만 인간들이 만든 노회, 총회가 진리의 규범처럼 좌지우지하는 교단과 교회로 변질되고 말았다.

31
작은 교회와 소수를 귀하게 여겨야 한다

역사를 이끌어 간 주역은 다수가 아니고 소수였다

어느 때나 그 시대 그 역사를 이끌어간 사람은 다수가 아니고 소수였음을 알 수 있다. 그래서 한 사람 소수의 존재가치를 무시하고 소외시킨 사회나 공동체는 망했다. 이스라엘 백성을 성민으로 택하신 하나님의 관점은 숫자가 아니다. 지도자 한 사람의 가치는 더더욱 그러하다. 오히려 한 사람을 의로 사용하여 많은 사람을 이끌도록 하신다.

> "너는 여호와 네 하나님의 성민이라 네 하나님 여호와께서 지상 만민 중에서 너를 자기 기업의 백성으로 택하셨나니 여호와께서 너희를 기뻐하시고 너희를 택하심은 너희가 다른 민족보다 수효가 많은 연고가 아니라 너희는 모든 민족 중에 가장 적으니라"(신7:6-7).

> "너희는 예루살렘 거리로 빨리 왕래하며 그 넓은 거리에서 찾아보고 알라 너희가 만일 공의를 행하며 진리를 구하는 자를 한 사람이라도 찾으면 내가 이 성을 사하리라"(렘5:1).

우준하여 지각이 없으며 눈이 있어도 보지 못하며 귀가 있어도 듣지 못하는 백성들에게 각성을 촉구하고 있다. 하나님께서 아브람을 믿음의 조상으로 삼으시기 전에 "너는 너의 본토 친척 아비 집을 떠나라"고 지시하신 것은 무슨 이유일까? 하나님께서는 먼 훗날에 지금의 교회(에클레시아)를 예상하시고 조상, 친척, 이웃, 친구 모두가 우상 숭배하는 문화권 전통사회에서는 하나님을 제대로 섬길 수 없기 때문에 미리 준비하게 조치하셨다.

하나님은 반드시 준비된 사람을 들어 쓰시기 때문이다. 그것도 많은 숫자가 아니고 소수(한 사람)를 통하여 일하시기 때문이다. 지금 우리나라의 역사는 어떠한가? 우리나라의 흥망성쇠는 어디에 관점을 맞추고 있는가! 한번 점검해 볼 필요가 있는 줄 안다. 우리나라가 건국된 이후 한국교회는 세계선교에 역사상 가장 급속도로 부흥 성장하여 세계 모든 나라로부터 한국교회를 배워야 한다고(벤치마킹) 세계 기독교 지도자들이 몰려왔다. 그 때가 1980년대에서 1990년대 초반까지다.

1200만에서 900, 800만으로 급락하는 한국교회

저자는 그보다 훨씬 먼저 1970년대 후반부터 1980년대 후반까지 10여년간 담임목회(현장)를 하면서 끊임없이 부르짖고 강조한 것이 한국교회는 개혁(갱신)하지 않으면 이대로는 오천만이 다 기독교인이 되어도 희망이 없다. 교회본연의 모습으로 돌아가야 한다! 이러한 한국교회는 세속화의 물결에 떠밀려 물량주의, 인본주의, 기복주의 신앙을 벗어버리지 않으면 안 된다고 외쳤다. 허나 귀 기울여 듣는 사람은 거의 없었다. 아니나 다를까 그 유예기간은 잠시, 1990년대(미국에서 귀국할 당시) 진입하면서 1,200만이라는 숫자가 900만 800만 숫자로 나타나기 시작했다.

귀국과 동시에 벌인 한국교회 갱신운동은 이미 때가 한참 늦은 뒤였다. 우리는 최소한 백년 앞은 내다볼 수 있는 안목(眼目)을 가져야 한다. 하나님께서는 이미 1970년 중반에 저자에게 한국교회와 앞날을 예고해 주셨다. 그래서 10년 넘게 그 준비에 최선을 다해 보았지만 역부족이었다. 대세가 물량주의, 인본주의, 세속화된 교권주의자들 손에 이미 넘어가 있었다. 우리나라는 자고로 우물 안 개구리의 근성과 도토리 키재기 식의 의식구조를 벗어나지 못하고, 항상 눈앞의 이익에만 급급해 왔다. 그래서 우리 민족성은 언제나 얻어터지고 난 후에야 정신을 차리고 다 빼앗기고 난 후에야 제정신이 돌아오는 그런 민족성을 가지고 있었다. 한국교회도 그리스도 예수의 정신은 찾아볼 수 없고 조상들의 추잡스런 민족성을 고집하고 있다.

예수 그리스도께서 하늘영광 보좌를 버리시고 육신의 몸을 입으시고 낮고 천한 이 땅에 오신 것은 누구를 위해서인가? 죄와 사망에 매여 종노릇하던 우리에게 자유와 평화와 새 생명을 주시기 위해 허물과 죄로 죽었던 우리를 살리시기 위해(엡2:1), 새 생명의 복음을 우리에게 전파하라고 증인 삼으시기 위해 이 땅에 오셨다. 이렇게 금보다 더 귀중한 복음을 받은 우리가 저주받은 공산주의자, 적그리스도 무신론주의자 앞에서 왜 벙어리 냉가슴 앓듯 기(氣))를 펴지 못하고 숨죽이고 있는지 모르겠다.

우리가 어떤 사람들인가?

> “전에는 멀리 있던 너희가 그리스도 예수 안에서 그리스도의 피로 가까워졌느니라 그러므로 이제부터는 너희가 외인도 아니요 손도 아니요 오직 성도들과 동일한 시민이요 하나님의 권속이라 너희가 그 은혜를 인하여 믿음으로 말미암아 구원을 얻었나니 이것이 너희에게서 난 것이 아니요 하나님의 선물이라”(엡 2:8,13,19).

결론으로 우리의 국정은 정부와 정치 지도자와 고위 공직자들 손에 달렸고, 한국교회는 우리들의 책임이고 우리의 영적지도력과 리더십에 달려 있다. 우리나라는 국력도 희망도 없는 나라였는데 130여 년 전에 하나님의 빛이 이 땅에 비쳤고, 70년이 넘게 복음 위에 대한민국이 세워져서 하나님의 은혜로 세계 열방에 자랑스러운 자유와 평화를 누리는 복지국가로 성장해왔다.

이제 우리에게 한 가지 소망이 있다면 이 땅에 있는 하나님의 택하심을 입은 성도들과 목자(지도자)들이 제자리를 찾아 원위치로 돌아가 우리 조상들의 죄와 나의 허물과 죄를 통회자복하고, 내게 맡겨주신 사명 감당을 위하여 순교자의 위치로 돌아가는 그 길밖에 없는 줄 안다. 이 일만은 남에게 미루어도 안 되고 많은 무리가 모여야 만 되는 일도 아니다. 모든 사람이 깨닫지 못하고 용기가 없어 주저앉아 있을지라도 우리 남은 자 한 사람만이라도 괜찮다. 이때를 위해서 하나님께서는 부족한 우리(저자)의 생명을 연장시켜 주시고 복음의 전령(傳令)으로 또는 청지기로 남겨두신 줄 믿는다.

시편 기자의 "존귀에 처하나 깨닫지 못하는 사람은 멸망하는 짐승과 다를 바 없다"(시49:20)고 한 하나님의 깊은 뜻을 깨닫고, 위에서 부르신 부름의 상을 위하여 전진하는 우리 모두가 되어야 할 것이다.

"산 개가 죽은 사자보다 낫다"(전9:4).

32
미래의 한국교회

"오라 우리가 여호와께로 돌아가자 여호와께서 우리를 찢으셨으나 도로 낫게 하실 것이요 우리를 치셨으나 싸매어 주실 것임이라" (호세아 6:1).

B.C. 689~611년에 활약한 호세아 선지자는 21세기에 한국교회에 임할 예언서와 같은 기록이다.

"내 백성이 지식이 없으므로 망하는도다 네가 지식을 버렸으니 나도 너를 버려 내 제사장이 되지 못하게 할 것이요 네가 네 하나님의 율법을 잊었으니 나도 네 자녀들을 잊어버리리라 저희는 번성할수록 내게 범죄하니 내가 저희의 영화를 변하여 욕이 되게 하리라"(호4:6-7).

지금 이 시기는 20세기를 지나 21세기를 시작하는 뉴 밀레니엄 시대를 축하하는 샴페인을 터트린 지도 상당한 시간이 지났다. 어쩌면 호세아서는 우리 대한민국과 한국교회를 깨우치기 위해 예언한 기록과 같다.

세월호 사건은 한국교회에 엄중한 경고

지난 세월호 사건을 나는 한국교회에 대한 경고장이라고 선언했었다. 이상하게 세월호가 침몰하는 광경을 TV생중계를 보면서 이 사건은 예사로운 사건이 아니고 하나님께서 우리 대한민국과 한국교회에 대한 엄중한 경고라고 직감할 수 있었다. 왜냐하면 그 현장의 모습은 있을 수 없는 사건이었으며 현장 책임자의 무지와 우매(愚昧)함이 너무 절실하게 느껴졌기 때문에 즉시 나는 조선 TV에 전화를 걸어 방송국 책임자를 바꾸어 달라고 했지만, 안내원은 책임자가 안 계시니 전해드리겠다고 하면서 전화를 끊었다. 아무리 바다와 선박에 대하여 무지한 사람이라 해도 배가 침몰하는 그 시간에 200~300명은 충분히 구조하고도 남을만한 시간임에도, 죄 없는 어린 생명들을 배 안에 가둬두고 희생하게 한 사건은 도저히 용납할 수 없는 사건이기 때문이다.

그 사건은 선박회사와 선장이 일차으로 책임져야 하고 다음은 해경과 관련 공무원이 져야 하는데도 불구하고 엉뚱한 청와대와 대통령에게 책임을 묻는 것도 비상식적이고 기획된 사건임을 부인할 수 없다. 대통령을 탄핵시키는 빌미로 삼아 온통 나라 전체가 마비될 정도로 혼란스러웠다. 어린 생명들을 역(逆)이용하여 사리사욕을 취한 사건관계자들은 언제라도 무거운 심판을 면치 못한다고 본다. 초등학생의 상식 수준에도 못 미치는 사건을 역이용하여 정치 권력자들이 그들의 호재(好材)로 사용하는 것도 정말 부끄러운 일이 아닐 수 없다. 그러나 우리나라는 세계 어느 나라보다 하나님의 관심이 큰 나라임에 틀림이 없다.

역사적인 복음의 흐름을 간섭

하나님께서 각 시대마다 많은 나라 가운데 어느 한 나라를 특정하게 들어 쓰시는 역사를 볼 수 있다. 생명의 구원을 위한 복음이 이스라엘에서 시작하여 그 당시 세계를 석권하던 로마라는 나라를 통하여 전파되기 시작했고, 로마가 사명을 다한 후에는 독일과 프랑스와 주변국을 사용하여 복음을 전파했고, 마틴 루터(M. Luter)와 칼빈(J. Calvin) 같은 선각자들을 사용하셨다. 그 복음이 유럽에서 전성기를 지나고 청교도들을 통하여 북미대륙으로 건너갔다. 그리고 19세기와 20세기는 미국이 세계선교의 강국으로 세계 각 곳으로 선교사들을 파송했고, 미국이 복음의 전성시대를 지내고 그 바톤을 보잘 것 없는 동아시아 지역으로 넘겨 주셨다.

한국이 복음을 받은 후 세계 경제대국 중 하나

동아시아 지역 한국에 넘겨준 그 복음이 이 땅에 뿌리를 내리기 시작하면서 하나님께서는 경제적 측면에서 많은 복을 부어주셨다. 6.25사변이라는 국난을 겪을 당시만 해도 우리나라는 세계에서 가장 가난한 나라라였다. 불과 50~60년 사이에 세계 경제대국으로 10대 강국의 반열에까지 오르게 되었다. 반세기동안에 이렇게 경제대국으로 세계 각국에 원조를 베풀 정도로 선진국 대열에 든 것은 하나님의 섭리와 도우심이 분명하다. 그럼에도 지금 우리의 현 시국은 뭐라고 말하고 있는가?

> "초상집에 가는 것이 잔칫집에 가는 것보다 나으니 모든 사람의 결국이 이와 같이 됨이라 산 자가 이것에 유심하리로다"(전7:2).
> "지혜자의 마음은 초상집에 있으되 우매자의 마음은 연락하는 집에 있느니라"(전7:4).

어쩌면 지금 우리나라 현상은 집권하고 있는 여권에는 잔칫집 분위기이지만 선거에 패한 야권의 분위기는 초상집 분위기임에 틀림없다. 그러나 오늘의 현상은 우리의 시각과 관점으로는 판단하기가 어려운 일이다. 하나님께서는 역사의 주권자로 지금 우리나라를 어떻게 들어 쓰실지 알 수가 없다. 국제정세와 한반도의 정세가 어쩌면 하나님께서 우리나라를 사랑하시고 다시 들어 쓰시려고 시동을 걸고 계시는지도 모른다. 최근 들어 판문점에서 남북 두 정상의 회담, 북미 간 두 정상의 수뇌회담과 뒤를 이어 코로나19 방역사건은 우연한 일이 아닌 줄로 안다. 하나님께서는 우리 한반도를 한 번 뒤집으려고 시동을 거는 모습 같다고 본다.

인간의 마지막이 하나님의 시작

우리가 이 때에 정신을 차리고 깨어 있으면 화를 당하지 않고 전화위복(轉禍爲福)으로 바꾸어 주실지 모른다. 인간의 마지막이 하나님의 시작이라는 말처럼, 하나님께서 우리에게 주시는 기회가 다가오고 있는지도 모른다. 우리나라는 지난 반세기 동안 급성장 궤도에 올라서 위를 보지 않고 열심히 달려왔다. 주변도 보지 않고 과속으로 달려오느라 구석구석에 문제가 생겨도 별 관심이 없었다. 지금이 바로 기회가 될 수 있다. 하나님께서는 이번 기회에 한 번 잠시 멈추어 서서 전후좌우를 살펴보라는 사인을 보내신 것인지도 모른다. 우리 민족성은 원래 냄비근성이 있어서 빨리 끓고 빨리 식는 장점과 단점을 지니고 있다.

> 옛말에 "음식은 먹어봐야 맛을 알고, 강은 건너봐야 깊이를 알고, 사람은 오래 사귀어봐야 진심을 안다"고 했다.

성공 신화에 매몰된 지상 교회 정서

우리가 사는 이 시대는 '초스피드시대'이다. 언제 먹어보고 언제 건너보고 언제 사귀어보느냐고 말할지 몰라도 '빨리 빨리'가 능사(能事)가 아님을 깨달아야 한다. 문제는 우리나라 민족성만이 아니고 하나님의 백성들, 교회마저 세상과 차별화되지 않고 한탕주의, 기회주의, 성공신화에 매몰되어 상식도 안 통하고 진리가 매도 당하고 양심과 정의가 인정받지 못하는 그런 시대가 되었다. 교단의 정체성이나 신학의 정체성 같은 것은 액세서리로 취급되고 무조건 크고 많아야(예배당, 교인숫자) 인정받는 배금주의(Mammonism) 사상이 교계를 점령하고 있다.

이대로 계속하면 앞으로 한 세대가 유지될지 신라시대의 불교나 이조시대의 유교처럼 역사의 뒤안길로 사라져갈지도 예측이 불가하다. 몇몇 대형교회는 명맥을 유지할지 몰라도 그 속에 생명은 없는 빈껍데기만 남아있어 박물관으로 변할지도 모른다. 지난 80년대 후반에 4년간 미국 땅에 가서 보고, 듣고, 느낀 것이 바로 미래의 한국교회를 염려하게끔 저에게 견문을 넓게 해 주셨고 대안을 미리 간구할 수 있도록 깨우쳐주셨다고 본다.

모든 문제는 답이 있고 대안은 반드시 있다
그때부터 나는 한국교회 미래의 대안을 탐구하면서 지금까지 준비를 거듭해 온 것이 나를 있게 해 주었다. 그 대안은 바로 우리 지도자들에게 주어져 있고, 그 책임도 우리 지도자들에게 있음을 결코 부인할 수 없다. 지도자는 진심으로 영혼을 사랑하고 한 영혼을 위해서는 내 생명까지도 포기할 수 있는 뜨거운 구령의 열정(행20:24)에 불타서 지도자들이 가슴을 찢어야 하며, 통회자복(痛悔自服)하고 성령의 용광로 속에 뛰어 들어가는 용기있는 결단력이 필요하다.

지나간 과거는 다 묻어 버리고 성령의 능력으로 거듭나는 체험과 새 출발을 시도하는 그 길밖에 다른 방법은 없다. 그리하면 역사의 주권자 되신 하나님께서 우리를 받아 주실 것이다.

> "오라 우리가 여호와께로 돌아가자 여호와께서 우리를 찢으셨으나 도로 낫게 하실 것이요 우리를 치셨으나 싸매어주실 것임이라 그러므로 우리가 여호와를 알자 힘써 여호와를 알자 그의 나오심은 새벽빛같이 일정하니 비와 같이 땅을 적시는 늦은 비와같이 우리에게 임하시리라 나는 인애를 원하고 제사를 원치 아니하며 번제보다 하나님을 아는 것을 원하느니라"(호6:1,3,6).

하나님께서는 우리를 다 버리지 않고 남은 자를 붙들어 주신다. 우리의 희망은 남은 자 뿐이다. 가만히 멈추어 있는 물은 썩기 마련이다. 솟아나거나 흘러가는 물은 썩지 않듯이, 오늘의 한국교회는 실천하는 신앙과 행동하는 양심이 없으면 살아날 방도가 없다. 참된 신앙과 복음은 이론이나 지식이나 구호가 아니고 예수 닮는 영성이라야 한다.

지금의 한반도의 분단 상황은 70년이 지났고 통일을 위해 기도하던 많은 분들이 이제 지치고 소망을 잃어가고 있다. 보이는 상황은 아무 것도 희망적이지 못하다. 북한정권은 6차 핵실험 이후 핵무기보유가 기정사실화 되었고, 이제는 장거리 소형화되고 그 위력이 엄청나게 향상되고 각종 핵무기개발은 지체없이 진행되고 있다. 설상가상으로 우리 한국 내에서는 살인마 김일성 주체사상을 추종하는 주사파 정권에 불법선거 조작으로 거대여당을 형성하여 연방제 적화통일의 수순을 소리 없이 완성해 가고 있다. 그 뿐 아니고 대다수의 교회 지도자들까지 교회 내에서 주사파 및 좌익사상의 악령이 공공연하게 활개치고 있으며 6.25 참상을 잊어버리고 월남패망의 교훈을 잊어가고 있다.

그러나 이 시간 저희가 주님 앞에 중보자로 나아가야 살 수 있다.

"요나 선지자 시대 니느웨 성읍의 120,000영혼을 주께서는 귀히 여기셨듯이 북한 땅에 2,500만 영혼을 불쌍히 여기시옵소서! 30만에 가까운 지하교회 성도와 북한 내의 5곳의 정치범수용소에 갇혀있는 20여만 명의 영혼들을 불쌍히 여기시옵소서! 동방의 예루살렘이라 불리던 평양과 북한 땅을 돌보아 주옵소서!" "주님! 이 한국 땅에 강력한 회개의 영을 부어 주옵소서! 1817년 평양 대 부흥운동을 능가하는 새로운 부흥과 함께 이 나라에 복음 통일을 허락하시고 제2의 건국을 보게해 주옵소서! 이 땅의 백성들이 복음의 전령이 되어 이 놀라운 일들을 이루게 하시고 세계 열방 중에 영광과 찬송과 존귀를 홀로 받으시옵소서!"

〈Table-8〉 주님 앞에 나가는 중보기도

1. 우리에게 이 위기의 대안은 하나님의 보호와 인도하심 외에 아무 것도 없다.
2. 우리에게 두 번째 대안은 다음 말씀이 교훈하고 있다.

"오순절 날이 이미 이르매 그들이 다 같이 한 곳에 모였더니 홀연히 하늘로부터 급하고 강한 바람 같은 소리가 있어 그들이 앉은 온 집에 가득하며 마치 불의 혀처럼 갈라지는 것들이 그들에게 보여 각 사람 위에 하나씩 임하여 있더니 그들이 다 성령의 충만함을 받고 성령이 말하게 하심을 따라 다른 언어들로 말하기를 시작 하니라"(행2:1-4).

"그 흩어진 사람들이 두루 다니며 복음의 말씀을 전할 쌔"(행8:4).

예루살렘 교회가 흩어지면서 복음을 증거하는 일들이 사방으로 번져갔고, 낙심하고 한탄하고 비굴하기보다 더욱 기도하며 찬송하며 하나님을 바라보는 역사가 불같이 일어났다. 7~8절은 위기가 기회로 바꾸어진다. 지금 우리나라도 교회가 주일성수를 할 수 없도록 대면예배를 못하게 하고 비대면 예배를 강요하는데도 잠잠하고 있어야 하는가?

우리 교회가 잠잠하고 권력 앞에 아무말 못하고 입 다물고 있으면 사단은 더욱 춤을 추고 교회를 핍박하고 지배하려고 할 것이다. 세속적인 욕구충족을 위해서 양심도 믿음도 헌신짝처럼 버린다면, 하나님께서도 우리들 교회를 당신의 분신처럼 당신의 백성으로 인정하지 않고 배설물처럼 버리실 것이다.

기도로 세운 나라, 말씀 위에 세운 나라, 복음의 불꽃으로 온 세계를 비추기 위해 세운 나라, 대한민국을 하나님께서는 결코 버리지 않으시고 다시 회복시켜 마지막 때까지 세계선교의 마지막 주자(走者)로 들어 쓰실 것을 굳게 믿는다. 포기하지 말고 좌절하지 말고 성령의 강권적인 역사하심 앞에 쓰임 받는 하나님의 백성들이 되어야할 것이다.

33
미래 한국교회의 영성

"저희가 다 화덕같이 뜨거워져서 그 재판장들을 삼키며 그 왕들을 다 엎드러지게 하며 저희 중에는 내게 부르짖는 자가 하나도 없도다"(호세아 7:8).

복음전파 목적을 위한 오묘한 섭리

하나님께서 세계 어느 나라보다 우리나라의 모든 교회에 대하여 더 많은 관심을 가지고 지켜보고 계신다고 믿는다. 인류 역사의 주권을 가지고 계신 하나님께서 각 시대마다 한 나라를 들어 쓰신 것을 알 수 있다. 맨 처음으로 복음이 출발된 나라는 이스라엘에서 시작했고 당시 세계를 지배한다고 할 만큼 강력한 힘을 가진 나라인 로마를 하나님께서 도구로 사용하셨다. 그리고 로마가 기독교를 핍박하고 대적하기 시작하자 많은 기독교인이 유럽 여러 나라로 흩어져서 복음을 전파하기 시작했다.

120명의 청교도가 아메리칸 선교장을 열게됨

당시 가장 크게 들어 쓰임 받은 나라 중에 독일, 프랑스, 영국 주변국에 하나님의 백성(칼빈, 마르틴 루터, 요한 웨슬레 등) 유능한 신학의 거장(巨匠)들을 들어 쓰셨다. 당시 영국을 비롯한 많은 나라는 기독교 영향을 받아 문화, 경제, 정치, 교육 여러 면에서 전성기를 이루었다. 그러나 그것도 오래가지 않아 기독교에 여러 가지로 핍박과 어려움이 닥치자 신앙의 자유와 복음의 열정이 강한 많은 성도가 새로운 삶과 새로운 자유 신지(新地)를 찾아, 험한 개척지인 미지의 땅 아메리카에 120여 명의 청교도가 건너가 그곳에 뿌리를 내리고 나라를 세워 많은 신앙인이 배출되었고 물질의 복을 받고 세계선교의 장을 열었다.

복음선교 100년 만에 세계 선교강국 됨

아메리카 대륙으로 건너간 복음이 이제는 뿌리를 내리면서 그들이 세계 각처에 선교사를 파송하게 되었다. 우리나라도 그들로부터 복음을 전수받아 먼저 평양에서 성령의 불길이 일어나 '동방의 예루살렘'(Jerusalem in the East)이라고 불리어 졌다. 그러나 그곳에 지금은 김일성, 김정일 부자의 동상이 세워져 죽은 시체를 불사신처럼 신격화시키고 있으면서 북한 땅은 완전히 우상으로 점령당해 버렸다. 6.25사변으로 많은 그리스도인이 신앙과 자유를 찾아 남하해서 남한 땅에 불씨가 떨어져 선교 100년도 되기 전에 기독교인 수가 1,000만 명을 기록하기에 이르도록 세계에서 선교강국(미국 다음)으로 우뚝 서게 되었고, 지금은 전 세계 곳곳에 선교사를 파송하는 자랑스러운 선교 국가가 되었다.

이제 대한민국은 열방을 가슴에 품고 세계선교를 꽃피우는 일등 국가가 되었지만 저 가로막힌 38선 분단의 장애물 때문에 하나님의 계획도 정지된 상태로 70년이란 오랜 시간이 경과해 버렸다. 이제는 하나님께서 분명 이 분단의 아픔을 치유해주시고 복음통일(평화통일)을 선물로 허락해 주실 줄 믿는다.

역사의 주관자에 의해 '역사 뒤집기'가 시작됨

최근에 들어서 하나님께서 우리나라를 재건하게 하시고 복음의 전령으로 쓰시기 위해서 새 일을 시작하시고 계신 줄 믿는다. 판문점 남북정상회담과 북미회담을 시작하였고 우한폐렴(코로나19)사건을 통해서 하나님께서는 대한민국을 한 번 뒤집으시려고 시동을 거는 것이 아닌가 생각해 본다. 이런 때 우리는 정신을 차리고 화를 당하기 전 스스로 깨닫고 하나님께서 주신 기회를 놓치지 않도록, 우리 그리스도인들이 대 각성하여 제2의 평양 대 부흥운동을 일으켜 보는 것이 어떨지 기도제목으로 삼아 보았으면 하는 마음이다. '인간의 마지막이 하나님의 시작'(The end of man is the beginning of God)이라는 말이 있듯, 우리는 세계적으로 위기의 때에 이 현상을 기회로 여기고 한 번 뒤집기 작전을 했으면 한다.

우리나라가 지난 반 세기 동안 너무 급성장 하느라 앞만 보고 열심히 달려오면서 주변은 생각도 않고 너무 과속으로 질주함으로 사방에 문제가 발생했다. 국민 정서와 정신문화(문명)가 이 땅에 추락되고 말았다. 우리의 고속도로 상에 시속 100~110킬로미터 제한속도를 전혀 무시한 채, 150~200킬로미터까지 과속하면서 우리 국민의 양심은 실종되어버렸고 이웃을 돌아보는 공동체 정신은 흔적조차 사라졌다. 이대로 두면 안 되겠기에 이번 기회에 잠시 멈추게 하시고 지나온 과거를 뒤돌아보고 소외당한 자들, 억울하게 피해 입은 이웃들, 저 북녘 땅에 갇힌 자들을 돌아보게 하시려고 하나님께서 기회를 주시는 것 같다.

우리 민족성이 원래가 냄비근성이라서 빨리 끓고 빨리 식는 그런 장점과 단점이 있다. 우리 속담에는 '음식은 먹어봐야 맛을 알고, 강은 건너봐야 깊이를 알고, 사람은 오래 관계를 맺어 봐야 진심을 알 수 있다'는 말이 있다. 그러나 지금은 만사가 초 고속으로 진행되어 검증(檢證)해 볼 시간조차 없다.

인본주의 등의 늪으로 빠르게 함몰되어 감

우리나라 일반적 상황은 차치(且置)하더라도 하나님의 자녀요 하나님의 나라인 한국교회는 세상과 구별되고 차별화되어야 하는데, 작금(昨今)의 한국교회는 인본주의, 물량주의, 한탕주의, 세속주의, 기회주의, 성공신화의 늪으로 점점 매몰되어가는 시간이 빠르게 치달리고 있다. 진리가 진리로 인정받지 못하고, 정의가 정의로 인정받지 못하고, 상식이 통하지 않는 그런 판(販)이 되었고, 교단의 정체성도 신학의 정체성도 간 곳이 없어졌고, 오직 물량과 숫자 지상주의가 되어 무조건 크고 많이 모여야 인정받는 맘몬이즘이 교계를 지배해버렸다.

진리를 목숨 걸고 사수하려는 양심적인 지도자들은 점점 보이지 않고, 교회 본질적 가치는 모든 지도자 가운데서도 인기를 상실해버리고 말았다. 만약 이대로 한 세대 혹은 한 세기가 지나고 나면, 한국교회는 신라시대의 불교와 이조시대의 유교와 다를 바 없이 역사의 뒤안길로 밀려나지 않을 수 없게 되었다. 일부의 대형교회들은 그래도 살아남겠지만 그 속에 생명은 죽어버리고 껍데기와 쭉정이만 남아 있어 기독교박물관처럼 변하는 종말을 맞게 된다.

눈물 병을 채우지 않으면, 그 작정하심을 변경하지 않음

여기서 대안을 제시하라면 하나 뿐이다. 그 대안은 먼저 지도자들이 가슴을 찢으며 통회자복하고 성령의 능력으로 거듭나는 변화와, 진리의 말씀에 포로가 되어 새출발하는 그 길밖에는 다른 대안이 없다고 본다. 이제껏 남을 정죄하고 시기, 질투하고 증오와 갈등으로 끊임없이 분열만 거듭해온 교회 지도자가 모두 다 꿇어 엎디어 눈물 병을 채우지 않으면 하나님의 마음이 움직이지 않을 것이다.

지금까지 이기집단에 앞장서서 기업화되고 세습화되어온 교회 지도자들이 진심으로 영혼을 사랑하고 한 영혼을 살리기 위해서, 내 생명을 포기할 수 있는 뜨거운 구령의 열정으로 새 출발을 시작하게 되면 역사의 주인 되신 여호와 하나님께서 우리를 받아주실 것이다(호6:1-3).

가만히 멈춰있는 물은 썩기 마련이다. 물은 솟아나야하고 흘러가야 썩지 않고 청정도(清淨度)를 유지할 수 있다. 입으로만 설교하는 목회는 포기하고, 삶으로 실천하지 않으면 그것은 울리는 꽹과리에 지나지 않는다.

결론으로 제시하고픈 대안

예수 닮은 '예닮 영성'과 예수님의 3대 사역인 천국복음을 선포(Preaching), 말씀을 풀어 가르치는(Teaching), 병든 자, 약한 자, 소외당한 자를 찾아가서 고쳐주고 싸매어주고 회복시키는(Healing), 이 세 가지를 우리도 본받아 실천하는 생명목회를 시작하면 하나님께서 마음을 돌이키시고 한국교회를 마지막 선교국가로 들어 쓰실 줄 믿는 마음 간절하다.

34
한국교회의 미래와 영성

"예수께서 백부장에게 이르시되 가라 네 믿은 대로 될지어다 하시니 그 즉시 하인이 나으니라"(마8:13).

한국교회를 위기라고 많이 이야기한다. 위기는 부정적으로만 보지 말고 좀 더 긍정적(창조적)으로 볼 필요가 있다. 위기란 위험+기회의 두 단어의 첫 글자이다. '헬, 크리노' 어원을 둔 의학적 용어이다. 환자의 상태가 좋아지거나 악화되는 전환점을 나타내며 환자의 회복과 죽음의 분기점이 되는 갑작스럽고 결정적인 병세의 변화를 가리킨다고 한다. 약점과 강점, 단점과 장점이 포괄된 단어로서의 의미를 지니고 있다.

초대교회 당시 제자들은 핍박 가운데서도 생활의 염려가 없었다. 당시는 제자들이 예수 그리스도를 전했다는 이유 하나 때문에 핍박하고 죄인으로 취급하고 옥에 가두었다. 그런데 세상의 상태와는 반대로 핍박받고 갇히고 고난 당한 사도들을 통해 선포된 말씀으로 더 많은 사람에게 복음이 확산되었고 구원받는 사람들이 점차 늘어났다.

> “말씀을 들은 사람 중에 믿는 자가 많으니 남자의 수가 약 오천이나 되었더라”(행4:1-4).

초대교회가 부흥된 것은 오랜 세월이 아니라 짧은 기간에 이뤄졌다. 우리 한국교회가 다시 한번 부흥의 불길이 일어나려면 초대교회가 어렵고 극한 환경을 어떻게 극복했는가를 살펴보면 한국교회가 다시 부흥의 불길을 일으킬 수 있다고 생각한다.

1. 말씀에 집중하고 말씀을 실천해야 한다.

목회자가 돈, 명예, 인기와 영합하면 둘 다 죽는다. 한국교회의 가장 큰 위기는 말씀 부재(不在), 구원에 대한 확신이 없는 교인을 양산(量産)하고. 성경의 주파수와 강단의 주파수가 맞지 않으면 헛발질이 되는 경우와 같다. 꼴 문 앞까지 공을 몰고 갔으면 골인해야지 문 앞에까지 열심히 달려갔지만 꼴 대 앞에서 눈 깜짝할 순간 실수라도 하면 모두가 허사다. 한국교회가 물량주의로(인기 영합) 기울기 시작하면서 강단에서 복음은 사라지고 성도들의 귀를 즐겁게 해주는 소리가 복음을 대신하여 주님께서 내 교회를 세우겠다고 하셨는데, 하나님이 주인이 아니고 목사와 교인이 주인으로 주객이 전도되었다. 사도들은 다른 말 하지 않았다. 누구를 말했는가? 그것은 오직 예수!라고 전한 것을 말한다.

장로, 서기관, 성전지킴이들, 사두개인들이 사도들을 핍박했다(행4:1-7).
그들이 사도들에게 경고한 내용은 예수 이름으로 말하지 말라는 것(행

4:17-18) 등 다음 소개되는 말씀처럼 철저하게 핍박을 가했다. 핍박의 주체들은 사도들과 전혀 타협하지 않고 더 강하게 나온다. 지금 우리나라 사태와 비교해 보라.

> “하나님 앞에서 너희 말 듣는 것이 하나님 말씀 듣는 것보다 옳은가 판단하라 우리는 보고 들은 것을 말하지 아니 할 수 없다 하니 관원들이 백성을 인하여 저희를 어떻게 벌할 도리를 찾지 못하고 다시 위협하여 놓아주었으니 이는 모든 사람이 그 된 일을 보고 하나님께 영광을 돌림이러라”(행4:19-20절).

2. 성령 충만의 역사가 불붙어야 한다. 사도들의 힘은 다른 것 없다.

머리로만 이해하는 믿음에서 탈피해야 한다(행2:14-47), (3:1-19), (행4:7,29,30). 성령은 인격적인 분이시다. 그분을 내발 아래 문밖에 세워두지 말고 내 마음의 왕좌에 모셔야 성령님이 나를 완전히 제압하신다.
보혜사!(요16:25-33), (14:15,26).

세상 재판에서도 변호사에게 수 백 만원, 수 천 만원의 수임료를 내가면서 선임하는 이유는 재판에서 승패를 가름하기 때문이다. 성령님은 인격을 가지신 하나님이시다. 베드로 같은 무식한 사도들 입에서 나오는 말이 그것을 증명해주고 있다. 성령 충만은 내 머릿속에도 가슴속에도 입에서 나오는 말속에도 성령이 가득 차 있으므로 아무도 당하지 못한다.
성령님과 동행할 때 세상을 이긴다. 오순절 성령(행2:1)으로 시작하여 세상이 감당하지 못했다(행4:8-20).
한국교회가 화목하고 부흥 발전하려면 이론상으로는 여러 가지 노하우와 대안이 있을 수 있지만, 근본적인 대안은 이상의 두 가지 밖에는 없다고 본다. 시대마다 지역마다 교회가 경험한 것은 동일하지 않았고 다양했다. 그러나 교회가 현상적으로는 다양하게 변천되고 발전과 쇠퇴를 거듭했지만 그것은 어디까지나 밖으로 나타난 현상이었지 교회의 본질은 변하지 않았던 것을 우리는 유념해야 한다.

교회가 하나님 말씀인 진리 안에서 이탈되거나 성령의 도우시고 인도하시고 역사하심을 떠나서는 결단코 세상을 이길 수 없고 교회의 최대 적인 사단의 역사를 막을 방법이 없다. 한국교회가 세기말적인 사단의 궤계를 싸워 이기고 하나님의 지고(至高)의 뜻과 섭리를 성취하기 위해서, '우리는 하나님의 전신갑주로 무장하지 않으면 쓰임 받지 못한다'(We are not used unless we are armed with God's full armor)는 성경의 교훈에 겸허하고 진솔되게 순응하는 생활신앙과 실천신앙으로 거듭나야 한다.

35
한국교회 희생의 대안은 예닮 영성

"하나님이여 내 속에 정한 마음을 창조하시고 내 안에 정직한 영을 새롭게 하소서"(시51:10).

현대의 많은 영성 프로그램내용이 예수의 영성을 부분적으로는 경험할 수 있고, 이런 것들이 인위적인 수단이나 방법을 통한 체험이나 경험에 의한 것이지만 그리스도의 영성체험이 전적으로 배제되었다고는 말할 수 없다. 그러나 영성프로그램을 통한 영성체험이 하나의 전형적인 패턴으로 고착되어 질 경우에는 중세기적인 수덕주의(修德主意) 신앙으로 전락할 수 있는 위험성 또한 배제할 수 없다. 무엇보다 염려되는 점은 영성을 인간의 수단방법으로 개발하려는 인본주의개념으로 잘못 오해할 수 있게 된다. 진정으로 이 시대의 교회를 개혁하고 부흥 성장하게 하는데 꼭 필요한 영성은 중세시대의 수덕주의자들처럼 기도와 묵상과 수련 속에서 찾으려고 할 것이 아니라 성경말씀 속에서 예수 그리스도의 진정한 참모습을 추구하고 찾아내어야 한다고 생각한다.

이에 대하여 좀 더 구체적으로 열거하면 다음과 같다.

첫 번째, 예수의 영성처럼 비움과 낮아짐에서 시작되어야 한다.

예수 그리스도의 영성은 아가페 사랑을 전제로 한 영성이다. 그는 죄로 죽을 수밖에 없는 죄인 곧 인간을 사랑하여 하늘보좌 영광을 포기하고 성육신하신 그 마음, 곧 비움과 낮아짐의 영성으로 구속사역을 성취해 주셨다. 성육신하신 예수께서는 탄생에서부터 죽으시기까지 철저하게 자신을 비우고 낮아짐의 삶을 사셨다. 현대의 교회 곧 그리스도인들이 가장 먼저 깨닫고 열어가야 할 영성은, 모든 인간이 하나님 앞에서는 얼마나 원천적(源泉的)으로 죄인 된 존재임을 깨닫는 것이 먼저이다. 예수 그리스도께서 강조한 영성은 죄악을 깨닫고 회개하는 데서부터 시작해야 함을 철저하게 보여주고 있다.

그의 말씀, 뜻, 명령에 순응하는 영성
그래서 세례요한의 첫 외침 "회개하라"는 한마디였다. 예수 그리스도께서 자신을 철저하게 비우고 낮아짐의 극치(極致)는 죄악 세상에 성육신하신 것과 하늘영광 보좌를 떠나 십자가상에서의 죽음이다. 이 같은 비움과 낮아짐의 영성은 인간의 수양과 고행에 의한 명상이나 묵상이나 훈련을 통한 그런 영성이 아니라, 전적으로 하나님의 말씀과 뜻과 명령에 순종하는 헌신이 되어야 함을 교훈하고 있다.

이러한 비움과 낮아짐의 역사가 한국교회 지도자들 위에 임하게 된다면, 한국교회는 단연 새로워지며 변화의 이미지를 갖게 되고 그 능력에 힘입은 제2의 사도행전의 역사가 발생한다고 믿는다. 그렇게 되기 위해서 한국 강산에 회개의 바람(영)이 다시 한번 한국교계를 강타해야 할 것으로 사료된다.

두 번째, 예수의 영성은 전적인 순종이다.

예수 그리스도의 영성은 오직 하나님께만 전적으로 의존하고 순종하는 영성이라고 말할 수 있다(생활 신앙). 예수께서 40일을 금식하고 난 후 제일 먼저 찾아온 마귀(악령)가 유혹할 때 예수님은 다른 것으로 대항하지 않고 철저하게 하나님의 말씀으로 대적(對敵)했다. 예수님께서 인용한 말씀은 "하나님께만 경배하고 순종해야 한다"고 구약의 말씀을 가지고 싸우며 타협하지 않으셨다. 그는 철저하게 하나님의 말씀에 전적 의존해서 살았기 때문에 말씀이 가라면 가고, 서라면 서는 순종의 영성이셨다.

예수께서 보여주신 영성은 우리 모든 그리스도인이 전적으로 하나님께 의존하고 순종하는 영성이므로 우리는 어떠한 손익(損益) 앞에서도 하나님의 뜻이 아니고 말씀이 아니면 타협하거나 용납해서는 안 된다. 오직 하나님의 말씀과 그의 뜻에 전적으로 의지하고 순종하는 영성만이 참 그리스도인의 영성이고 최선의 삶의 방법이다. 삶과 신앙은 하나이지 분리할 수 있는 것이 아니다.

세 번째, 예수의 영성은 치유와 회복의 영성이다.

치유는 육신만의 치유가 아니고 사랑과 진리로 인간의 모든 속박과 멍에와 고통에서 자유롭게 되어 영, 혼, 육간에 개인과 사회(공동체)가 온전하게 정상이 되는 것을 말한다. 예수의 영성은 사람들이 예수 안에서 참 자유인이 되며 온전한 사람이 된다.

"진리를 알찌니 진리가 너희를 자유케 하리라"(요8:32).

예수님께서 선포하셨지만 유대인들은 이 말을 알아듣지 못하고 육신적인 자유로 오인을 했다. 그분이 행하신 지상사역 가운데 하나가 바로 치유(healing)와 회복(recovery)이었다. 오늘날 교회가 치유와 회복, 자유와 해방이 안 되는 이유는 바로 예수 그리스도가 안 계시거나 중심이 되지 않기 때문이다. 그런 교회는 신앙과 예수님이 없는 영성으로 죽은 교회 같은 지름길로 가게 된다.

네 번째, 예수의 영성은 희생과 섬김의 영성이다.

참 자유인이 되면 모든 사람을 섬기는 자가 된다. 루터는 '기독자의 자유'에서 '기독자란 완전한 자유인이며 동시에 모든 사람을 섬기는 종이다'고 했다.

다음 소개한 말씀을 보면, 예수님은 구속사역을 이루시기 위해 자기 권세, 자기 명예, 자기 피, 자기 살(몸) 모두 다 주셨다.

"인자가 온 것은 잃어버린 자를 찾아 구원하려 함이니라"(눅19:10).

요한복음 6장에 "내가 곧 생명의 떡이다 나는 하늘로써 내려온 산 떡이니 내 살은 참된 양식이요 내 피는 참된 음료로다 내 살을 먹고 내 피를 마시는 자는 내 안에 거하고 나도 그 안에 거하나니…"라고 하셨다.

우리 그리스도인은 보고 듣고 느끼는 것만으로는 안 된다. 먹고 마셔야 한다. 곧 혼연일체가 되어야 한다. 그래서 예수의 영성은'복음 운동'(요 8:32, 14:17)이며 '진리 운동'이다.
한국교회의 젊은이들이 점점 교회를 떠나고 있는 이유가 여기에 있다. 설교자는 지성, 이성, 영성의 조화와 균형이 필요하며 실천 영성이 요구되고 있다. 우리의 영혼은 하나님의 뜻을 위하여 지음받았다. 자신의 개인 뜻을 추구하는 것은 그 다음의 일이다.

교회가 예수의 영성으로 정상화되면 세상은 놀랍게 변화되는 것을 성경이 약속하고 있다. 우리의 몸은 "성령의 전"이라고 했다. 그릇이 준비된 만큼 채워지게 된다. 누가 뭐래도 나는 오직 예수로 살고 오직 예수로 죽을 수 있다. 내 안에 어느 정도 성령을 예수께서 채우시느냐에 따라 세상은 변화된다. 그래서 내가 하는 일이 내 의지, 내 노력, 내 경험, 내 뜻, 내 지식이 아니고 모두가 하나님의 은혜요 하나님의 능력이다.

다만 내(자신)가 할 수 있는 것은 아가페의 순종과 섬김으로 쓰임 받는 것뿐이다. 절대로 거역하고 불순종하면 안 된다. 불순종은 교만이요 교만은 망하는 것을 명심해야 한다.

36
대한민국은 하나님의 특별관리 구역이다

"그러므로 우리가 여호와를 알자 힘써 여호와를 알자 그의 나오심은 새벽 빛같이 일정하니 비와 같이, 땅을 적시는 늦은 비와 같이 우리에게 임하시리라 하리라"(호세아 6:3).

우리나라의 역사는 1948년 5월 10일에 총선이 실시되고, 1948년 8월 15일 일본 압제에서 해방된 3주년 기념일을 맞아 세종로 중앙청 광장에서 대한민국 정부수립을 전 세계 각국에 이승만 대통령은 선포했다.
그보다 앞서 1948년 5월 31일 중앙청 회의실에서는 제헌국회 개원식이 거행되었고, 임시의장인 이승만 박사는 회의를 진행하면서 먼저 단상에 올라가 "오늘 우리가 이 자리에서 대한민국 독립 제1차 국민회의를 열게 된 것을 먼저 하나님께 감사드리지 않을 수 없습니다. 나는 먼저 우리가 다 성심으로 자리에서 일어서서 하나님께 감사를 드릴텐데 이윤영 의원(월남한 감리교 목사)께서 나오셔서 간단한 말씀으로 기도를 올려 주시기를 바랍니다"라고 부탁을 했다.

제헌국회 개원식 기도문

이윤영 의원은 단상에 올라가 5.10총선에 당선된 198명의 국회 의원들과 함께 기도를 드렸다.

"이 우주와 만물을 창조하시고 모든 역사를 섭리하시는 하나님이시여 이 민족을 돌아보시고 이 땅을 축복하셔서 감사에 넘치는 오늘이 있게 하심을 저희들은 전심으로 감사하나이다. 오랜 세월동안 이 민족의 고통과 호소를 들으시사 정의의 칼을 빼서 일제의 폭력을 굽히시고 우리민족의 염원을 들으심으로 이 기쁜 역사적 환희의 날을 이 시간에 우리에게 오게 하심은 하나님의 섭리가 세계만방에 정시하신 것으로 저희들은 믿나이다.

하나님이시여! 이로부터 남북이 둘로 갈라진 이 민족의 어려운 고통과 수치를 신원하여 주시고, 우리 민족 우리 동포가 손을 같이 잡고 웃으며 노래를 부르는 날이 우리 앞에 속히 오기를 기도하나이다.

하나님이시여! 원치 아니한 민생의 도탄은 길면 길수록 이 땅에 악마의 권세가 확대되나 하나님의 거룩하신 영광은 이 땅에 오지 않을 수밖에 없을 줄 저희들은 생각하나이다. 원컨대 우리 조선의 독립과 함께 남북통일을 주시옵고 또한 우리민생의 복락과 아울러 세계평화를 허락하여 주시옵소서!

거룩하신 하나님의 뜻에 의지하여 저희들은 성스럽게 택함을 입어 가지고 이 민족의 대표가 되었습니다. 그러하오나 우리들의 책임이 중차대한 것을 저희들은 느끼고 우리 자신이 진실로 무력한 것을 생각할 때, 지(智)와 인(仁)과 용(勇)과 모든 덕의 근원이 되시는 하나님 앞에 이러한 요소들을 저희들이 간구하나이다.

이제 이로부터 국회가 성립이 되어서 우리민족의 염원이 되는 모든 세계만방이 주시하고 기다리는 우리의 모든 문제가 원만히 해결되며, 또한 이로부터 우리의 완전 자주독립이 이 땅에 오며 자손만대에 빛나고 푸르른 역사를 저희들이 정하는 이 사업을 완수하게 하여 주시옵소서!

하나님이시여! 이 회의를 사회하시는 의장으로부터 모든 의원 일동에게 건강을 주시옵고 또한 여기서 양심의 정의와 위신을 가지고 이 업무를 완수하게 도와주시옵기를 기도하나이다. 역사의 첫 걸음을 걷는 오늘의 우리 환희와 감격에 이 민족의 기쁨을 다 하나님께 영광과 감사를 올리나이다.

이 모든 말씀을 주 예수 그리스도 이름 받들어 기도하나이다. 아멘!"

〈Table-9〉

세 가지 항목으로 드려진 민족을 위한 기도

하나님께서는 이 민족의 지도자들이 합심하여 드린 간절한 기도를 하늘에서 다 들으시고 기억하신 줄 믿는다. 이윤영 의원이 간절히 기도드린 이 세 가지 '민생의 복락'과 '남북의 통일'과 '세계 평화' 이 세 가지는 하나님의 염원이며 우리민족 모두의 소원인 줄 믿는다.

대한민국은 제2차 세계대전 후 세계에서 최고의 성취를 이룬 나라로 기록된다. 1998년 전 세계 174개국을 대상으로 유엔 개발계획(UNDP)에서 조사한 바에 의하면, 대한민국의 경제성장률은 인구 5천만도 안 되는 작은 나라 남과 북이 대치하고 있는 분단 국가중에 균형개발과 인권분야에서 세계 어느 나라보다 자랑스러운 나라가 되었다.

60년대 후반까지만 해도 우리나라는 박정희 대통령의 강력한 경제개발 5개년 계획이 추진되던 때여서 앞을 내다보기가 힘든 때였다. 당시 이웃나라 일본의 경제성장은 미국을 뒤좇는 그런 활발한 상황이었다. 우리나라는 고속도로는 물론이고 지하철 같은 것은 꿈도 못꾸는 때였지만 하나님께서는 내 눈을 열어 보여 주셨다. 지금은 우리가 몇 십 년 뒤떨어져 있지만 반세기가 지나면 우리나라는 일본을 추월하게 된다고 내다봤다.

그 이유는 두 가지로 이해가 되었다.
그 중에 한 가지는 우리나라의 젊은이들이 일본의 젊은이들보다 애국심이 강하고 잘 살아야겠다는 의지와 열정이 일본의 젊은이들보다 월등하며, 또 한 가지는 박정희 대통령의 강력한 리더십이 일본 지도자보다 더욱 확고하다는 점을 생각할 수 있었다. 배가 고파본 사람이 양식의 고마움을 알고, 몸이 병고(病苦)에 시달려 본 사람이 건강의 고마움을 알고, 나라를 빼앗겨 본 사람이 조국의 고마움을 안다는 말이있다. 우리는 이 세 가지를 거의 다 체험한 경험이 있는 국민들이기 때문에 반드시 우리나라는 일본을 추월하는 날이 나의 세대(21C)에 올 것을 확신할 수 있었고 일본 청년들에게 당당하게 말할 수 있었다.

그리고 나는 결심하기를 절대로 나는 이곳에 영주권자가 되지 않을 것이고 꿈을 위해서라도 빨리 조국에 돌아가고 싶다고 누구 앞에서나 서슴지 않고 말했다. 꿈은 꿈으로 끝나지 않는다는 나의 생각대로 우리나라는 2008년 12월 유엔개발기구(UNDP)가 발표한대로 '삶의 질'역시 179개국 중 25위까지 급상승하게 되었다. 우리나라는 분단국가인 것과 지구상에서 가장 악랄한 독재국가(김일성체제)와 맞대고 있어서 잠시도 혼란과 갈등이 그치지 않았지만 각종 주요 산업에서 세계적인 규모와 질량을 확보해 놓았다.

선박조선은 세계 1위, 반도체는 2~3위, 전자도 2~3위, 자동차는 4위, 섬유, 철강 등도 세계 6~7위까지 랭크되고 있다. 세계 모든 산업부분에서 10위 이내로 산업국가로 발돋음하게 되었다. 대한민국의 발전은 경제와 민생의 문제뿐만 아니고 건국의 아버지로(이승만 대통령의 반공사상)부터 초대 국회에서 하나님 앞에 간절히 기도드린 양심적인 지도자들이 있었기 때문이라고 사료 된다.

'호사다마'(好事多魔)라는 말처럼 우리나라는 하나님의 도우심으로 양심적이고 우수한 두뇌를 가진 지도자들과 모든 종교 중에 가장 독특한 유일신 하나님을 경외하는 기독교가 건국의 바탕이 되었다. 모든 악조건과 사탄의 모략으로 수없이 위기를 겪었지만 그때그때마다 하나님께서는 위기를 모면하게 해 주셨고, 피할 길을 열어주셔서 위기극복에 뛰어난 민족으로서 자리매김할 수 있도록 훈련된 나라가 되었다. 두 전직 대통령의 좌경화된 지도자 때문에 많은 경제와 국방에 위기가 있었지만, 하나님께서는 그들을 적당한 때에 사용하시고 끝나도록 해 주셨다.

세계에서 가장 폐쇄적이고 경제적으로 빈곤하고 인권을 짓밟는 북한공산정권이 언제나 걸림돌이 되었지만 하나님의 손길은 항상 우리 편이 되어 주셨다. 한민족(韓民族)의 역사가 약 5천년으로 그동안 우리나라는 900번을 넘게 외침을 당하였지만 한 번도 남의 나라를 침략한 적은 없었다. 지구상에서 수많은 나라가 사라지고 다시 생겨나고 되풀이되는 동안에도 우리나라는 송죽(松竹)의 기개를 닮아서 사라지지 않고 버텨왔다.

우리민족은 세계에서 IQ가 가장 높은 민족이고 북한도 세계 2위로 IQ가 높다고 하면서도 유엔개발기구의 통계에 의하면, 북한은 세계 최악의 지도자로 199개국 중에서 1,2위를 차지하고 있다고 한다. 지형적으로는 북한이 우리보다 유리한 편이고 지하자원은 엄청나게 많지만 잘못된 체제와 이념 때문에 가장 악질인 지도자가 통치하고 있는 연고로 남의 나라에 신세를 지고 있다. 빚을 갚지 않고 지금도 남의 나라에 도움을 청하고 있으며 굶주림에 신음하며 죽어가는 국민이 수백만을 넘고 있으니 어떻게 해야 좋을지 막막하기만 하다.

지난 대통령 박근혜는 당선 직후 "통일은 대박"이라고 선포를 했지만 그의 임기는 반 토막도 못하고 말았다. 대안 없는 통일정책과 지나친 대북강경 정책으로 위기에 몰린 주사파 세력과 좌경화 된 노조와 친북세력의 대동단결로 정권을 빼앗기고, 지금은 온 나라가 고통당하고 몸살을 앓고 있어 백성들의 신음소리는 깊어만 가고 있다. 이대로 반칙과 불법을 계속한다면 2~3년도 버티지 못하고 몰락할 것 같은 위기의식에 나라 근간이 흔들거리고 있다.

그러나 거짓은 진리를 이기지 못한다는 확고한 믿음이 우리에게 남아있는 한 결코 대한민국을 하나님께서 버리지도 외면하지도 않으실 것을 나는 믿는다. 거리에 나가서 외치고 투쟁하고 하는 운동도 필요하지만 그보다 더욱 확고한 대안은, 언약의 하나님과 그의 신실하심을 우리는 더욱 굳게 붙잡아야 할 줄 안다.

하나님의 교회가 서 있던 자리에 지금은 우상 김일성 동상이 우뚝 서 있고 그 앞에 모든 사람이 절(경배)하는 나라가 되었다. 소위 자기가 하나님의 자리에 앉아서 모든 백성을 다스리고 통치하려는 망령된 행위를 포기하고 그 자리에서 우상을 끊어버리기 전에는 북한사회는 저주를 면하지 못할 것이라 생각한다. 하나님께서는 우상 숭배하는 죄를 가장 싫어하시는데 동방의 예루살렘으로 불려지던 평양 모란봉을 우상의 성지로 만들어 스스로 저주를 자초하고 있다. 더러는 일본의 천황 앞에 한국교회 지도자들이 총회석상에서 이것은 우상숭배가 아니고 국가의식이라고 합리화시키고 우상숭배를 생명 걸고 반대했던 주의 종들을 면직, 출교시키는 대죄(大罪)를 하나님께서 징계하시기 위해 내리는 저주라고 하는데 과연 우리는 이 문제를 어떻게 해석해야 좋을지 고민이 클 수밖에 없다.

하나님께서는 공의로우신 분이시기 때문에 죄를 묵과하시지는 않는다고 하지만, 우리 선조들이 범한 무서운 죄를 우리에게 책임을 물으신다면 후손 된 우리가 어떻게 처신해야 옳은지 깊이 생각해봐야 할 문제라고 본다. 여기에 대한 정확한 대답이 없이는 장차 우리 조국 대한민국이 나아갈 방향이 쉽게 열려지지 않을 것 같은 안타까움이 오늘도 나를 짓누르고 있다.

37
21세기는 우리나라가 세계선교 대국(大國)이 된다

북한의 김일성 주석이 죽자 그 후손이 자동으로 바턴을 이어 받았지만 2011년 세습 독재자 김정일도 죽었다. 그 뒤를 이어받은 김정은은 철도 들기 전에 왕위를 이어받아 모든 나라가 그의 불장난을 염려했고, 파산 선고를 하거나 급변사태가 발생할 것이라는 우려도 많았다. 아니나 다를까 김정은은 자기의 통치역량을 알고 그의 가장 측근이고 2인자이며 고모부인 장성택을 고사포 총으로 짐승보다 더 잔인하게 쏴 죽였다. 절대 권력은 절대 부패한다는 말처럼 북한 땅은 헌법이 있는 것 같지만 실제로는 김정은 입에서 나오는 그의 명령이 바로 헌법이고 불문율이다.

아직도 복음을 듣지한 120여 종족이 기다린다

이제 우리 앞에는 건국의 아버지인 이승만 대통령과 애국선열들이 하나님 앞에 서원하고 약속했던 자유통일과 세계선교의 약속을 준수해야 할 기회가 다가오고 있음을 알아야 한다. 지구상에는 아직도 복음을 듣지 못한 120여 종족들이 복음을 기다리고 있다. 우리나라가 인류역사와 전 세계 모든 나라에 기여할 수 있는 재산은 자유와 복음보다 더 귀한 것이 없다. 하나님께서는 마지막 때에 인류구원의 마무리 역할을 우리에게 맡기셨다. 20세기는 미국이 전 세계를 이끌어 복음을 전했지만, 21세기는 한국교회와 한국인들이 그 역할을 맡게 되었다.

6.25동란을 통해 전 세계의 젊은이들이 이 땅에 와서 피를 흘림으로 자유와 평화를 지켜줬는데, 이렇게 자유와 풍요를 누리게 된 우리나라가 이제는 그 우방 국가들의 희생과 공로를 갚아야 할 때가 다가왔다. 우리나라는 인류의 구원역사를 감당하기 위해서 미전도 종족에게 복음을 전하고 실크로드를 따라 예루살렘까지 달려가야 한다. 땅 끝까지 평화와 자유의 복음으로 열방을 치유해야 하며 주님 오실 날을 준비해야 하는 사명이 우리 앞에 놓여 있게 되었다.

세상을 밝게 만든 감동 드라마

2017년 12월 10일 미국 텍사스주 댈러스에서 열린 BMW댈러스 마라톤 대회에서의 일이다. 여성부 1위로 달리던 뉴욕의 정신과 의사인 첸들러 셀프가 결승전을 고작 183미터를 남기고 비틀거리기 시작했다. 다리가 완전히 풀린 첸들러 셀프는 더는 뛰지 못하고 바닥에 주저앉아 버렸다. 그 뒤를 바짝 쫓고 있던 2위 주자인 고교생 아리아나 루터먼은 첸들러 셀프를 부축하고 함께 뛰기 시작했다.

의식을 잃은 것 같은 첸들러 셀프에게 아리아나 루터먼은 "당신은 할 수 있어요! 결승전이 바로 저기 눈앞에 있어요!" 라고 끊임없이 응원하며 함께 달렸다. 그리고 그 결승선 앞에서 그녀의 등을 밀어주며 우승을 할 수 있도록 해 주었다고 한다.

이날 첸들러 셀프는 2시간 53분 57초의 기록으로 우승을 차지했지만 오히려 2위인 아리아나 루터먼에게 더 큰 환호와 찬사가 돌아갔다. 바로 이 아리아나 루터먼은 어린 나이인 12살 때부터 댈러스의 집 없는 사람을 위한 비영리 단체를 만들어 돕던 아름다운 사람이기도 했다.

우리에게도 조용히 등을 밀어주던 누군가가 있었다

우리는 흔히 줄 세우는 사회라는 말을 한다. 성적으로 줄 세우고, 재산으로 줄 세우고, 권력으로 줄 세우고, 그 줄에서 누구보다도 앞에 서고자 한다. 하지만 곰곰이 생각해 보면 우리가 여기까지 오는 과정에서 우리의 등을 조용히 밀어주었던 누군가가 반드시 있었다. 앞만 보고 열심히 달리느라 미처 눈치를 채지 못했을 뿐이지 우리는 타인의 도움을 받으며 살아가고 있다. 그리고 가장 중요한 게 하나 더 있다. 나 역시 누군가의 등을 힘껏 밀어줄 따뜻한 손을 가지고 있다는 사실이다.

대한민국의 정통성 문제를 해소하고 국론분열을 해소

지금 우리에게 가장 시급한 문제는 통일이 아니고 대한민국의 정통성에 많은 문제점을 해소하고 국론분열의 혼란을 더이상 방임(放任)해서는 않되겠다. 서로 상반 된 역사의식을 가진 두 세력이 쉽게 하나 될 수는 없다. 월남의 패망을 교훈 삼아야 한다.

3.8선보다 더 큰 장애는 역사의식 곧 정통성의 문제이다. 지금 북한에서 가르치고 있는 역사는 거의 전부가 왜곡된 역사로 사실과는 전혀 다르다. 지금 우리나라에서 전교조가 학생들에게 가르치는 역사도 대부분이 거짓된 북한식 역사관에 근거한 내용이기 때문에 설령 통일이 된다고 해도 혼란은 면치 못하게 되어 있다. 완전 흡수통일이 되면 몰라도 그렇지 않고 합의에 의한 연방제 통일이 되면 우리나라는 또 다시 혼란이라는 늪에 빠지게 된다.

지금 우리나라는 대부분 국민이 특히 젊은 층 세대들은 대한민국의 정통성을 인정하지 않는 상태이다. 우파에 속한 국민마저 권력, 돈, 명예에 관심을 더 가지고 있으나 역사에 대하여 관심밖에 있다. 우리나라가 역사에 대한 교육도 제대로 하지 않고 건국의 정통성에 대하여도 제대로 가르치지 않은 것은, 역대의 지도자들이 권력 유지에만 관심이 있었고 미래의 국가경영에 대해서는 전혀 생각이 미치지 못했던 것을 반성해야 한다. 진정으로 나라와 후대를 위한 정치보다는 자기들의 배를 채우고 자기들 집권에만 연연한 것은 어떠한 변명도 통하지 않다고 본다.

국가의 건국이념에 맞는 통치자가 요구됨

전 현직 9명의 수장들 중에 3명은 하나같이 반역자와 다름없는 정치가였음을 알고, 그들의 불법과 잘못을 명명백백하게 밝혀서 다시는 이런 불량배 지도자가 대한민국을 지배하는 잘못을 범하지 못하도록 우리 국민들이 깨어있어야 하고 분명한 국가관과 역사관을 갖추고 있어야 한다. 언제나 국민의 수준만큼 지도자가 나오기 마련이다. 세계 어느 나라도 적국의 편을 들고 주적과 손을 잡고 국정을 통치하는 나라는 없다.

우리는 한 번만 아니라 여러 차례 그런 악순환이 되풀이되면서도 오늘의 자유민주주의 대한민국이 유지되어 온 것은 기적이 아닐 수 없다. 그러한 역사를 되풀이 해오면서 깨닫지 못하고 정신을 바로 차리지 못하면서도 지구상에 존재하는 것도 기적적이다. 적과 싸울 때는 반드시 "지피지기면 백전백승"이라는 말을 알아야 한다. 독일이 동서가 분리되었다가 하나로 통일된 것은 바로 이 진리를 깨달았기 때문이다. 우리나라는 건국 대통령이 이 정신으로 나라를 세웠고 다음은 민생과 외교와 경제개발에 힘을 쏟았기 때문에 북한을 능가한 국가를 이루게 되었다.

남한이 북한경제를 앞지르고 세계경제 대국으로…
1970년대 초반까지만 해도 북한경제는 우리나라 남한보다 훨씬 여유로웠다. 그러나 지금의 북한경제는 바닥까지 하락했으며, 그들은 세계에서 가장 비참하고 인권이 말살된 후진국으로 추락하고 말았다. 아직도 김일성 주체사상으로 남한을 적화시켜야 한다는 주체혁명 위업에 온 국력을 쏟고 있으므로 지옥 같은 체제하에서 백성들만 신음하며 죽어가고 있다. 90년대부터 배급제도가 무너지고 제2인자 장성택도 숙청되었고 300만이 넘게 굶어 죽었다. 계급이 지배하는 그런 체제로는 마침내 권력층 상부까지도 흔들리고 있으며 언제 와장창 무너져버릴지 모른다. 그런데도 우리 정부는 착각에 빠져 급변사태에 대한 대비(對備)조차 못하고 있다.

앞으로 통일은 이념과 체제의 문제보다 영적 전쟁을 치러야할 것으로 사료 된다. 통일은 대박이라고 많은 사람들이 환상에 들떠있지만 지도자들이 비정상이고 국제정세와 시대변화에 적응못한다면 우리가 살아남을 수 없다. 원래 공산주의 사상은 모든 근원을 물질과 현상에 두고 있기 때문에 유물론 사상과 창조론 사상은 함께 갈 수 없는 이치이다.
지금 북한은 두 부자(김일성, 김정일) 동상에 200억 이상 투자했고 죽은 시신을 관리하는 비용도 어마어마하게 낭비하고 있다. 그리고 김정은도 살아있는 신(神)이 다 되어가고 있어서 언제 화신이 될지 모른다. 애초부터 북한은 거짓말 위에 세워진 나라이며 지금도 거짓말로 통치하고 있는 나라이다.

김일성은 영원히 산다고 했는데(태양신) 망해야 산다. 악한 영들이 북한을 70년 넘게 삼키고 있다. 지금 우리는 북한 사람들과 싸우는 것이 아니고 그들을 사로잡고 있는 악한 영(사탄)과의 싸움이고 그 악령들과의 대결을 하고 있다. 북한이 개혁, 개방한다는 생각은 꿈에 지나지 않는다. 국정원은 평화적인 통일을 계획하고 추진하는 핵심적인 조직인데 국정원이 지금은 유명무실하며 아무 역할도 못하는 식물조직이나 마찬가지 상태이다. 대한민국은 이명박 정권 때부터 거짓말과 거짓선동이 판을 치기 시작하여 촛불시위가 시작됨으로 미국 광우병(쇠고기 파동)으로 대통령이 코너에 몰리기 시작했다. 우리나라의 거짓말 공세는 일본의 17배에 달하고, 위증죄는 276배에 달하고 있어 대한민국을 붙잡고 있는 세력은 거짓된 영의 문제로 드러나고 있다.

우리의 대안은 무엇인가?

1. 복음 통일(평화 통일)이 안 되면 적화통일이 될 수밖에 없다.
2. 남한에서 주체사상 뿌리를 뽑지 못하면 우리는 망한다.
3. 북한의 핵무기를 억제하지 못하면 언젠가는 도발을 한다.
4. 6.25이 후 전쟁이 없었던 것은 한미동맹과 미군 주둔 때문이다.
5. 북한은 대북 지원이 많을수록 핵개발과 도발이 심하고 잦았다.
6. 우리의 통일은 독일처럼 흡수통일이 되어야 한다.
7. 우리의 문제는 하나님의 마음에 맞추고 영이 하나님께 속해야 한다.
8. 북한은 적화통일 야욕을 버리고 핵무기개발을 포기해야 한다.
9. 중국과 손잡으면 끝난다. 일본,중국,러시아는 우리통일에 장애물이다.
10. 한국교회가 성령으로 무장하고 하나가 되어야 한다.

〈Table-10〉

우리의 힘으로는 아무 일도 못한다. 우리가 하나님 편에 서야 한다. 나만 위하고 나만 잘되고 내 교회만 부흥되기를 바라는 믿음은 가짜이다. 참 믿음은 예수가 그리스도이심을 믿고 그 권세와 능력으로 복음을 증거하고 세상 어두움의 권세와 정사가 이 땅에서 물러나도록 강력히 회개하고 기도하면 악령의 세력이 물러나게 될 것이다.

하나님의 뜻은 평화를 사랑하는 우리 민족이 한마음 한뜻으로 굳게 뭉쳐서 "우리는 이 세상에 속한 사람들이 아니라 하나님의 자녀요 그의 백성"임을 담대히 고백하며 주님의 보좌 앞으로 나아가는 것을 말한다. 그와같이 하나님의 뜻을 이룰 때 하나님께서는 우리민족을 열방의 선교국가로 사용해주실 수 있으며, 복음을 통해서 민족 통일을 시켜주실 것이라고 굳게 믿는다. 그 때가 되면 세계가 한국의 무대가 될 것으로 믿는 마음 간절하다.

38
한국교회와 교회 지도자에게 호소하는 글

"이스라엘의 남은 자는 악을 행치 아니하며 거짓을 말하지 아니하며 입에 궤휼한 혀가 없으며 먹으며 누우나 놀라게 할 자가 없으리라"(스바냐 3:13).

비탄에 빠졌던 지난 민족사를 돌아봄

하나님은 모든 역사의 주인이시며 모든 그리스도인에게 유일무이한 주권자이심을 믿어 의심치 않는다. 올해는 우리나라가 1910년 8월 29일 일본제국주의에게 국권을 빼앗겼던 한일합방 111주년이 되는 해이며, 동족끼리 총부리를 겨누고 살상을 서슴지 않았던 6.25동란 71주년이 되는 해이다. 일제에게 전 주권과 민족혼(民族魂)을 빼앗긴 채 지옥 같은 세상을 살아가던 우리 민족에게 하나님께서는 1945년 8월 15일 꿈에도 그리던 조국해방의 값진 선물을 주셨다. 그럼에도 우리 국민은 판단력을 상실하여 자유민주주의와 무신론 공산주의 곧 우익과 좌익 양대 세력으로 나누어져 극심한 대립과 갈등으로 방향을 잃고 서로 비방과 악선전의 광란으로 빠져있을 때였다. 1950년 6월 25일 이른 새벽 김일성 괴뢰

도당이 기습 불법남침을 강행하여 3년 2개월 동안 수많은 동족의 생명을 빼앗았다.

전후 세대가 올바른 민족사를 평가하기 바람

우리 기독교는 한국 근대사 발전과 민족중흥의 새 역사에 가장 많은 공로를 끼쳤음에도 불구하고 지금의 세대들은 그러한 역사를 망각하고 있으며, 오히려 기독교를 비토(非討)하는 역방향으로 가고 있으며 민족 역사를 왜곡하는 세력들이 날로 더해가고 있다. 우리 선진들과 우리 조상들은 역사의 소중함을 제대로 깨닫지 못하여 후세들에게 바른 역사교육을 시키지 않았으며, 정치와 교육계 지도자들마저도 역사의식이 없었던 관계로 후대들을 생각하지 않았기 때문에 그 화(禍)가 지금 젊은 세대들에게 나타나고 있다. 이대로 향후 20~30년이 지난 후에는 전후(戰後) 세대가 우리 민족사를 어떻게 기억하고 평가할지 염려하지 않을 수 없다.

지금은 역사의 산증인들이 대부분 생존해있고 뼈저린 아픔을 생생히 기억하고 있는데도 6.25 동란이 반세기도 지나기 전에 6.25는 남침(南侵)이 아니고 북침(北侵)이라고 공공연히 주장하고 있다. 그 세력들이 우리의 주변에 많이 남아있음은 과연 그들의 조국은 어디인지 의심스러울 지경이다. 정치권은 그렇다고 하더라도 우리 기독교 공동체마저도 침묵을 하고 있는 현실은 하나님 앞에 범죄하고 있으며 망령되이 행하고 있지 않은가 싶다.

한국교회는 제자를 키우는데 관심이 없다. 교회 내에서 진행하는
제자훈련이나 다른 프로그램도 자주 실패하고 있다. 왜? 머리와 신학지식과
눈에 보이는 숫자만 가지고 씨름하는데, 그것으로는 영적 전쟁에 이길 수 없다.
제자훈련은 가슴으로 해야 하고 삶으로 영적으로 해야 한다
-본문 45장 내용 중에서

The encounter of God

내가 만난 하나님

제4부-나의 믿음과 사상

39
주께 하듯하고 사람에게 하듯하지 말라!

"무슨 일을 하든지 마음을 다하여 주께 하듯 하고 사람에게 하듯 하지 말라"(골로새서 3:23).

기독교의 가치관

기독교의 가치관은 세상의 가치관과 엄연히 달라야 한다. 한때 인류의 유토피아를 내세우고 자본주의 체제를 극렬하게 부정하고 비판했던 공산주의 체제는 하나님과 신적 영적 세계를 모두 부정하고 현상세계에서 쟁취할 수 있는 물질만을 숭상하는 물질주의의 대표적 사상이었다. 그와 함께 지금도 세계를 움직이는 자본주의 역시 물질적 생산을 최고 가치로 여기면서 다만 유신론(영적세계)을 인정하는 부분만 공산주의와 차별화 되고 있는 현상이다.

'유전가사귀'(有錢可邪鬼)라는 말이 있다. 돈만 있으면 귀신도 부릴 수 있다는 뜻이다. 우리가 처해 있는 이 시대는 배금주의 또는 물신주의(맘몬이즘)

를 한마디로 표현한 말이다. 돈이면 다 된다는 물신주의가 한국교회를 점령한지 벌써 80년대 이후라고 본다. 교회가 급성장하고 생활이 부요해지면서 저급한 '성공주의 신화'(Successful Mythology)가 목회자들의 가치관 속까지 자리를 잡고 말았다. 돈이면 다 된다는 생각이 지배하는 세상은 천민자본주의가 낳은 아주 불행한 안티 유토피아를 생산해내고 말았다. 기독교의 가치는 이 세상의 가치관과 전혀 다른 별개의 가치관을 가진 신본주의(神本主義) 사회로 성경이 말하는 뜻을 따라야 하는 것이다.

> "너희가 먹든지 마시든지 무엇을 하든지 다 하나님의 영광을 위하여 하라"(고전10:31).

21세기 기독교는 신본주의 사상을 망각했다

웨스트민스터 소요리 문답에 "인간의 제일 되는 목적은 하나님을 영화롭게 하고 그를 기뻐하고 즐거워하는 것이다"고 했다. 안타깝게도 21C의 기독교는 성경의 교훈과 신본주의 사상을 까마득하게 잊어버리고 말았다고 해도 과언이 아닌 듯싶다.

이제는 교단의 임원이 되고 총회장이 되려면 거액(巨額)의 비자금이 있어야 하고 시골교회나 소규모 교회의 목사는 꿈도 못 꾸는 그런 세상으로 변해버리고 말았다. 그러나 지금도 어딘가에 언젠가는 그런 교회 그런 지도자가 탄생할 시간이 올 것이라는 실낱같은 기대와 희망이 완전히 사라지지는 않았다고 생각한다. 우리나라 기독교 역사에 1879~1959년 기간에 실제로 생존했던 이자익 목사(李自益 1882~1959)는 장로교 총회 역사상 유일무이하게 3회에 걸쳐 총회장을 역임한 역사적인 인물이 있었다는 것을 우리는 알고 있다.

그는 1879년 7월 25일 경남 남해군 이동면 시골 마을에서 태어났지만 불행하게도 두 달 만에 아버지를 잃고 12살 되던 해에는 어머니마저 별세하여 고아가 되었다. 살길을 찾아 전라도 지방(여수, 순천, 임실 등)을 옮겨 다니면서 겨우 연명을 하다가 조금 철이 들어서는 하동, 남원, 전주를 거쳐 김제군 금산까지 가게 되었다.

그 당시 그 지역에서 꽤 세력과 부를 누리는 조덕삼(趙德三 1867~1919)이라는 지주(地主)의 집에 마부(말을 키우는 직분)로 들어가 일하면서 주인과 함께 교회를 다니게 되었다. 그 당시 이자익은 조덕삼의 집에서 마부로 일하면서 성심성의껏 정성을 다해 조덕삼의 일을 도왔고, 무슨 일에든지 사람의 눈치를 보거나 눈가림을 하지 않고 최선을 다했던 까닭에 조덕삼은 마방(馬房)에서 일하는 이 자익을 자기 아들과 함께 천자문을 배우도록 배려해주었다.

이자익의 학구열과 총명함에 감동을 받은 조덕삼은 친자식처럼 배려해 주어 성경을 국문(國文)과 한문(漢文)으로 자유롭게 읽을 수 있게 되었다. 그때, 조덕삼이 운영하던 유광학교에서 성경을 가르치는 교사까지 되게 하였다고 한다. 1905년 이자익은 세례를 받고 1910년에는 루이스데이트(최의득) 선교사와 함께 평양에 가서 평양신학교에 입학할 수 있을 정도로 재능도 뛰어났다고 한다.

금산교회가 설립된 것은 1906년인데 그 당시 그 교회는 전주선교부에 있던 루이스데이트 선교사가 설교했고, 매년 교회에서 실시하는 부흥사경회를 통해서 두 사람은 신앙이 급속도로 성장하여 함께 금산교회(초대) 영수(領袖)가 되었다고 한다. 교회도 빨리 성장하여 교인이 200여 명이 되자 교회를 이끌어갈 장로가 필요하게 되어 연말 공동의회에서 장로를 뽑는 투표를 하게 되었는데, 뜻밖에 그 고장의 지주요 교회를 기둥처럼 떠받들던 조덕삼이 떨어지고 이자익이 장로로 당선되었으니 놀랄 일이었다. 그러나 아무도 말하는 사람이 없어 찬물을 끼얹듯이 정적이 흐르는 가운데서 조덕삼 영수가 일어서서 "우리교회 초대 장로로 주님께서 이자익 영수를 피택해 주셨으니 우리 모두가 박수로 축하해 하나님께 영광을 돌립시다!"하면서 먼저 큰 박수를 치니 온 교회가 큰 박수로 이자익을 장로로 받으며 환영했다고 한다.

조덕삼 장로는 비록 자기가 키운 머슴보다 인정을 못 받았지만, 교회의 후원과 선교부의 도움을 끌어내 자신의 사가(私家)에서 부리던 종 이자익을 평양신학교를 다니도록 최선을 다해 후원했다. 그후 이자익이 신학교를 졸업하자마자 자신이 섬기는 교회 담임목사로 청빙하여 그의 가르침을 받는 장로로써 신앙생활의 본(本)을 보였다고 한다. 이 같은 아름다운 미담(美談)은 한국교회 지도자들이 모두가 본 받아야하는 귀감이 되는 사건이다.

국내 성지순례 코스로 선택된 전북 금산교회는 매주 수백 명의 순례객이 다녀간다고 한다. 두정리교회(금산교회의 전신) 성도들과 조덕삼 장로의 모범적인 신앙은 대한예수교장로회(통합)의 귀감이 되고 자랑스러운 미담으로 한국교회가 본받아야 할 위대한 교훈이 되었다. 이자익 목사는 1924년 제13회 총회장을 이어 1947년 제33회 총회장으로 뽑혔고, 1948년 제34회 총회장으로 세 번이나 훌륭하게 총회장 직(職)을 마친 목회자는 단 한 사람, 이자익 목사밖에 없었다고 한다.

한국장로교 총회 100년 역사상 초유의 일이요 유일한 역사적 사건이었다. 오늘날처럼 지연, 인연, 학연 그리고 금권선거로 만신창이가 된 한국교회에 머슴이요 마부였던 사람이 어떻게 거대한 장로교단의 수장이 되어 한국교회를 이끌 수 있었는지 궁금하기 짝이 없는 일이다. 작금의 한국교회 지도자들은 앞으로 이자익 총회장과 같은 유능하고 신실한 지도자와 조덕삼 장로와 같은 지혜롭고 넓은 주님의 마음을 가진 장로가 한국교회 130년 역사에 또 다시 한번 태어날 때, 한국교회의 위기가 회복되고 실추된 목회자들의 이미지가 다시 살아날 수 있을 것이라는 가냘픈 기대가 결코 기대로 끝나지 않고 현실로 되살아날 것을 믿어 의심치 않는다.

40
새 생명의 양식인 하나님의 말씀

인간의 생명은 밥(식물)을 먹어야 그 생명이 유지된다. 만약 그 양식을 공급받지 못하면 천하장사도 생명유지가 불가능하다. 어린아이는 젖과 이유식이 필요하고 장성한 사람에게는 단단한 음식이 필요하듯 거듭난 성도인 그리스도인은 빵만 먹어서는 영의 생명이 유지될 수 없기 때문에 영의 양식인 하나님의 말씀을 먹어야만 한다. 그러나 오늘날 많은 그리스도인이 유일무이한 생명의 양식인 하나님의 말씀을 먹지도 마시지도 않고 살아가고 있는 것은 심각한 문제가 아닐 수 없다.

새 생명 양식 공급에 왜 무관심일까?

아프리카 여러 곳에 굶주린 어린아이들을 위하여 여러 자선 단체가 홍보하고 모금 활동을 하고 정성을 들여 일하는 모습을 보면서, 우리 그리스도인들은 왜 우리와 가장 가까이 있는 이웃들과 우리 동족에게도 영의 양식인 성경, 곧 새 생명의 양식인 복음을 전하지 않고, 심지어는 교회를 다니는 교인과 교회 안에 있는 우리의 이웃인 형제자매들에게 이 귀한 생명의 양식을 공급하는 일에 무관심하고 이렇게도 소극적인지 반성하고 자책할 일이 아닌가 생각해 본다.

효과적으로 전해야 할 메시지가 필요함

세상에는 많이 배운 사람, 못 배운 사람, 부요한 사람, 가난한 사람, 건강한 사람, 허약한 사람이 존재한다. 그러나 그들이 각각 취하는 양식은 큰 차이가 있다. 어린아이와 노인 세계는 너무 단단한 음식이 금물(禁物)이고, 장성한 사람은 아무런 음식이나 마음대로 소화시킬 수 있기 때문에 크게 가릴 이유가 없다. 그래서 목회자가 초청을 받아 말씀을 전할 때에는 그 장소에, 그 위치에, 그 수준에 맞는 말씀을 전해야 한다.

초등학생들이 모인 곳에, 중. 고등학생들이 모인 곳에, 대학생 수준의 사람들이 모인 곳에 전하는 말씀(양식)도 어느 정도 차별을 두는 것은 기본적인 상식이 되는 것임을 알아야 한다. 하나님의 말씀을 전하는 메신저(설교자)는 음식점에 주인인 요리사처럼 음식을 요리할 때 정성을 들여 기술을 발휘해서 맛있는 음식을 만들어 손님들에게 대접해야 한다. 그때 고객의 취향과 입맛을 고려해서 정성껏 요리를 만들어 내듯 말씀을 전하는 전도자도 듣는 대상의 수준과 이상과 목표와 기타 여러 가지를 배려해야 효과적인 메시지로 전달되어야 할 것이다.

생명의 양식-하나님의 말씀

> "하나님의 말씀은 살았고 운동력이 있어 좌우에 날선 어떤 검보다도 예리하여 혼과 영과 및 관절과 골수를 찔러 쪼개기까지 하며 또 마음의 생각과 뜻을 감찰하시나니 지은 것이 하나도 그 앞에 나타나지 않음이 없고 오직 만물이 우리를 상관하시는 자의 눈앞에 벌거벗은 것 같이 드러나느니라"(히4:12-13).

이 말씀의 의미는 하나님의 말씀은 우리 영혼의 양식만 되는 것이 아니라 생명이 되고, 에너지가 되고, 교훈이 되고, 삶의 원동력이 되기 때문에 정상적인 그리스도인이 되려면 무시로 하나님의 양식을 공급받아야 할 필요가 있게 된다. 일반인은 밥만 먹어도 생명에는 지장이 없지만 하나님의 자녀인 성도들에게는 또 다른 영의 양식인 성경을 배우지 않고 인식하지 못하면 빈 수레처럼 시끄럽기만 하다. 그러므로 성경은 말한다.

> "또 네가 어려서부터 성경을 알았나니 성경은 능히 너로 하여금 그리스도 예수 안에 있는 믿음으로 말미암아 구원에 이르는 지혜가 있게 하느니라"(딤후3:15).

결국 우리가 구원받고 천국에 들어가 영생을 누리는데도 하나님의 말씀인 생명양식은 절대적으로 필요함을 증명해 주고 있다. 디모데후서 3:16-17에서 "모든 성경은 하나님의 감동으로 된 것으로 교훈과 책망과 바르게 함과 의로 교육하기에 유익하니 이는 하나님의 사람으로 온전케 하며 모든 선한 일을 행하기에 온전케 하려 함이니라"말씀하고 있다. 하나님의 말씀(성경의 교훈)인 생명의 양식이 없이는 정상적인 성도 곧 하나님의 자녀가 될 수 없으며 이 세상에서 사는 동안도 빛과 소금의 사명을 감당하기가 어렵다는 뜻이다.

성도는 온전한 하나님의 백성이 되기 전에 먼저 하나님의 말씀으로 채워지고 그 말씀이 우리에게 주시고자 하는 생명수를 반드시 먹고 마시는 체험이 있어야 한다. 하나님을 제대로 알고, 제대로 믿고, 의의 사람 천국시민 자격도 인정받아서 영원한 천국에서 주와 함께 영생을 누리며 살 수 있다. 이 놀라운 사실을 깨닫게 해 주신 성령님께 전심으로 감사드리며 날마다 영혼의 양식이 고갈(枯渴) 됨이 없어야 한다.

41
전 인격적인 예배

"하나님께서 구하시는 제사는 상한 심령이라 하나님이여 통회하는 마음을 주께서 멸시하지 아니하시리이다"(시편 51:17).

예배는 하나님과 인간 사이에 유일한 통로

우리 그리스도인의 삶 속에 예배만큼 요긴하고 고상한 행위가 없다. 살아있는 동물과 식물은 반드시 호흡이 있어야 생명이 유지되고 우리 인간도 호흡이 잠시라도 중단되어서는 안 되듯, 하나님의 자녀 된 성도들은 예배가 끊어지면 생명(호흡)이 중단되는 것과 같다. 예배는 하나님과 인간 사이에 빼놓을 수 없는 불가분의 관계이며 유일한 통로라고 해도 과언이 아니다. 다만 문제가 되는 것은 우리가 지금 그런 예배를 드리고 있다는 의문사항을 가지고 있다. 우리의 예배를 자세히 살펴보면, 진정한 예배의 모습보다는 오히려 의식화 되고 관행처럼 전통적으로 이어오는 제도적인 예배로 진행되고 있음을 부인할 수 없다.

예배가 교회(목사)의 비즈니스 인가?

어떤 면에서 보면, 예배가 교회(목사)의 비즈니스처럼 잘못 전개되고 있지는 않는지 의심스럽기도 하다. 예배는 일방통행이 아닌 쌍방통행이고 소통이 분명한 살아 움직이는 활로(活路)가 되어야 한다. 예배를 단순한 교회부흥의 노하우로 생각해서는 안 된다. 개척교회를 담임하면서부터 한 가지 반드시 선포한 것이 있다. 내가 원하는 교회는 많은 사람이 모이는 1,000명의 교인이 있는 교회보다 단 3명의 교인이 있어도 '예수 그리스도와 복음을 위해 죽을 수 있는 순교의 신앙인'이 있는 그런 교회였다.

자립 교회와 미자립 교회 중 이민 목회의 첫 선택사항

말이 씨가 된다고 한 것처럼 실제로 미국 유학 중에 교회를 시무하려고 하니, 처음 소개된 곳은 텍사스주에 있는 문 닫고 없어진 교회로 세 집사가 가정에서 2년 동안 목회자 없이 형식적으로 주일예배만 드리는 곳과 다른 한 곳은 아이오와 주에 100명 성도(사례금 2,000불)가 모이는 교회가 연이어 소개되어 고민에 빠졌다. 인간적인 생각과 계산으로는 당연히 아이오와 주에 있는 교회가 백배 천배 유익하고 유리한 위치에 있었다. 그러나 성령의 인도가 먼저이고 인간의 계산은 차선이기 때문에 고민이 더해 갔다. 잘 아는 선배 목사님 교회를 방문해서 상담한 결과 이 목사답지 않다고 핀잔만 들었다.

미국에서 100명 모이는 교회는 배경이 없으면 힘이 드는 상황이고 텍사스의 교회는 아무도 가려고 하지 않는다. 희망이 없다는 것이다. 무슨 의논이 필요하냐고 꾸중만 듣고 뒤돌아 나왔다. 그런데 놀라운 것은 그 교회 문밖에 나오기가 바쁘게 성령의 책망과 마음의 갈등이 나를 그냥 놓아두지 않았다. 한 달 가까이 고민으로 시간을 보내다 어느 날 텍사스에 있는 집사님 앞으로 전화 통보하고 가방을 챙겨 텍사스행 비행기를 타고 말았다. 처음부터 아무런 보장도 약정도 없는 텍사스에 자리를 잡고 귀국하기까지 3년 동안 열심히 섬겼더니, 후임자에게 인계할 때는 일만 불이 넘는 잔고와 10개 지역의 선교후원을 부탁하고 이취임 예배를 드리고 귀국길에 올랐다.

하나님의 종은 어디에 있든 어떤 여건에 있든 하나님의 뜻이 먼저이고 내 뜻 내 계산은 없는 일이다. 하나님 앞에는 무엇을 하든 최선을 다해 따라가야 한다.

예배는 전인적, 최상으로 드려야 함

> "마음을 다하고 뜻을 다하고 성품을 다하여 주 너희 하나님을 사랑하라"(마22:37).

위의 말씀은 어디에서나 어떤 영역이나 어떤 사역이나 어떤 삶에 있어서도 동의어로 이해해야 옳은 줄 안다.

예배가 우리 신앙의 뿌리와 같은 부분이라면 "하나님을 사랑하고 이웃을 사랑하라"는 계명이 지상지고(地上至高)의 하나님 뜻임에는 틀림이 없다. 우리가 늘 드리는 예배도 예외 없이 전인격(Whole person)으로 최상의 것으로 살아계신 하나님께 경배를 드려야 마땅한 예배가 될 수 있다.

> "… 네 마음을 다하며 목숨을 다하며 힘을 다하며 뜻을 다하여 주 너의 하나님을 사랑하고 또한 네 이웃을 네 자신 같이 사랑하라…"(눅10:27).

42
하나님께서 기뻐 받으시는 예배

아담이 그의 아내 하와와 동침하매 하와가 임신하여 가인을 낳고 이르되 내가 여호와로 말미암아 득남하였다 하니라 그가 또 가인의 아우 아벨을 낳았는데 아벨은 양 치는 자였고 가인은 농사하는 자였더라 세월이 지난 후에 가인은 땅의 소산으로 제물을 삼아 여호와께 드렸고 아벨은 자기도 양의 첫 새끼와 그 기름으로 드렸더니 여호와께서 아벨과 그의 제물은 받으셨으나 가인과 그의 제물은 받지 아니하신지라 가인이 몹시 분하여 안색이 변하니 여호와께서 가인에게 이르시되 네가 분하여 함은 어찌 됨이며 안색이 변함은 어찌 됨이냐 네가 선을 행하면 어찌 낯을 들지 못하겠느냐 선을 행하지 아니하면 죄가 문에 엎드려 있느니라 죄가 너를 원하나 너는 죄를 다스릴지니라 가인이 그의 아우 아벨에게 말하고 그들이 들에 있을 때에 가인이 그의 아우 아벨을 쳐죽이니라 여호와께서 가인에게 이르시되 네 아우 아벨이 어디 있느냐 그가 이르되 내가 알지 못하나이다 내가 내 아우를 지키는 자니이까 이르시되 네가 무엇을 하였느냐 네 아우의 핏소리가 땅에서부터 내게 호소하느니라 땅이 그 입을 벌려 네 손에서부터 네 아우의 피를 받았은즉 네가 땅에서 저주를 받으리니 네가 밭을 갈아도 땅이 다시는 그 효력을 네게 주지 아니할 것이요 너는 땅에서 피하며 유리하는 자가 되리라(창세기 4:1-12).

예배의 중요성

예배가 살아야 교회가 산다. 예배가 죽으면 교회가 죽는다. 가인과 아벨은 아담과 하와의 후대(後代)이다. 그들은 한 형제인데도 각각 다르게 제사(예배)를 드렸다. 우리도 함께 한 장소에서 예배를 드리지만, 하나님께서 기뻐 받으시는 예배와 그렇지 못한 예배를 운영할 수 있다. 예배를 운영하는 주최나 사람마다 다르다.

> "우리 조상들은 이 산에서 예배하였는데 당신들의 말은 예배할 곳이 예루살렘에 있다 하더이다 예수께서 가라사대 여자여 내 말을 믿으라 이 산에서도 말고 예루살렘에서도 말고 너희가 아버지께 예배할 때가 이르리라 너희는 알지 못하는 것을 예배하고 우리는 아는 것을 예배하노니 이는 구원이 유대인에게서 남이니라 아버지께 참으로 예배하는 자들은 신령과 진정으로 예배할 때가 오나니 곧 이때라 아버지께서는 이렇게 자기에게 예배하는 자들을 찾으시느니라 하나님은 영이시니 예배하는 자가 신령과 진정으로 예배할찌니라"(요4:20-24).

가인과 아벨이 드린 제사(예배)의 차이가 무엇인지를 살펴보면서 우리자신과 연유해서 생각해 보고, 우리가 드리는 예배를 돌아보는 시간이 되기를 바란다.
-'예배'란 국어사전에 '신이나 부처에게 공손한 마음으로 절하는 것(일)' 개신교(교회)에서 '성경을 읽고 기도와 찬송으로 하나님께 정성껏 경배의

뜻을 나타내는 일'로 나와 있다.

아담과 하와가 동침하여 낳은 아들 가인과 아벨에게
왜 무엇이 이런 결과를 초래하였을까요?

첫 번째 원인-두 사람의 삶이 달랐다(삶의 차이와 인격).

정직한 삶보다는 악한 삶의 욕심이 더 많았음을 보여주고 있다.

> "나는 인애를 원하고 제사를 원치 아니하며 번제보다 하나님을 아는 것을 원하노라"(호6:6).
> "오직 공법을 물같이, 정의를 하수같이 흘릴찌로다"(암5:21-24).

왜 이런 결과를 빚고 있는가? 원인은 하나님을 모르거나 무관한 상태에서 예배하는데 있다. 하나님은 제물보다 예배하는 사람의 삶에 더 관심을 두고 계신다. 예배에 몇 명이나 모였느냐 얼마나 많은 헌금을 드렸느냐가 중요하지 않고, 예배를 드린 사람의 인격적인 변화나 그 교회 공동체가 은혜의 정서가 어떻게 변화되었느냐가 더욱 중요하다고 말한다.

> "그러므로 예물을 제단에 드리다가 거기서 네 형제에게 원망들을 만한 일이 생각나거든 예물을 제단 앞에 두고 먼저 가서 형제와 화목하고 그 후에 와서 예물을 드리라"(마5:23-24).
> "진실로 다시 너희에게 이르노니 너희 중에 두 사람이 땅에서 합심하여 무엇이든지 구하면 하늘에 계신 내 아버지께서 저희를 위하여 이루게 하시리라 두세 사람이 내 이름으로 모인 곳에는 나도 그들 중에 있느니라"(마18:19-20).

두 번째 원인-제물의 차이다.

첫 새끼! 첫째와 둘째는 다르다.

> "세월이 지난 후에 가인은 땅의 소산으로 제물을 삼아 여호와께 드렸고 아벨은 자기도 양의 첫 새끼와 그 기름으로 드렸더니 여호와께서 아벨과 그 제물은 열납하셨으나 가인과 그 제물은 열납하지 아니하신지라"(창4:3-5).
> "너는 무릇 초태생과 네게 있는 생축의 초태생을 다 구별하여 여호와께 돌리라 수컷은 여호와의 것이니라"(출13:12).
> "오직 소의 처음 난 것이나 양의 처음 난 것이나 염소의 처음 난 것은 속하지 말찌니 그것들은 거룩한즉 그 피는 단에 뿌리고 그 기름은 불살라 여호와께 향기로운 화제로 드릴 것이며"(민18:17).
> "네 재물과 네 소산물의 처음 익은 열매로 여호와를 공경하라"(잠3:9).

보통 수준이냐? 제일 좋은 수준이냐의 차이, 이 세상에서 제일 좋은 것? 돈, 권력, 명예를 가지고 사탄이 예수님을 시험(유혹)했다. 이 세 가지 유혹은 세상 끝 날까지 계속된다. 영원하고 진정한 가치는 예수님이다.

'주 예수보다 더 귀한 것은 없네'(찬송102장).
"한 사람이 두 주인을 섬기지 못할 것이니 혹 이를 미워하며 저를 사랑하거나 혹 이를 중히 여기며 저를 경히 여김이라 너희가 하나님과 재물을 겸하여 섬기지 못하느니라"(마6:24).

북한 땅이 왜 저렇게 비참하고 참혹한 상태로 떨어져 버렸는가? 김일성, 김정일, 김정은 정권은 더 이상 이 지상에 존재해선 안 될 정권이다. 이

북 공산당은 하나님을 섬기는 예배당 자리에 김 부자(父子) 동상을 대신하여 세웠다. 북한 땅은 지도자 때문에 저주를 면할 수 없다. 다음 말씀은 하나님을 먼저 구하는 예배를 말씀하고 있다.

"너희는 먼저 그의 나라와 그의 의를 구하라"(마6:33).

세 번째 원인-믿음의 차이다.
믿음은 우리의 마음을 하나님께 고정시키는 것을 말하고 있다. 믿음 없는 기도, 행함이 없는 믿음은 죽은 믿음이라고 단호하게 교훈하고 있다.

"오직 믿음으로 구하고 조금도 의심하지 말라 의심하는 자는 마치 바람에 밀려 요동하는 바다 물결 같으니 이런 사람은 무엇이든지 주께 얻기를 생각하지 말라 두 마음을 품어 모든 일에 정함이 없는 자로다"(약1:6-8).
"이와 같이 행함이 없는 믿음은 그 자체가 죽은 것이라"(약2:17).

예배와 소 두 가지를 다 얻은 몽골 여인
몽골에서 사역하고 있는 이용규 선교사의 '내려놓음'이라는 책에 '소(牛) 대신 예배를 택한 여인의 마음'의 실화가 기록되어 있다. 몽골 이레교회에서 예배 도중에 있었던 한 자매에 대한 이야기이다. 예배를 마치자마자 밖에서 소 울음소리가 들려왔다. 잃었던 그 소가 집이 아니고 예배당으로 찾아온 것이다. 잃어버린 소 보다 예배를 더 중요시한(선택한) 여인은 예배와 소 두 가지를 다 얻었다.

예배만 드리는 것을 예배를 잘 때우는 것인가?
오늘날 우리 그리스도인들이 하나님을 제대로 모르듯, 유대민족은 선민이면서도 하나님이 성전(예루살렘) 안에만 계신 것으로 착각했다. 오늘날 한국교회가 주일 낮 11시 한 시간 예배만 잘 때우면 하나님을 잘 믿는 것으로 착각하거나 또 가르치는 지도자가 문제라고 한다. 우리는 일용할 양식만 있어도 만족해야 한다. 그것마저 안 주시면 하나님의 저주이다. 우리 인간의 기준(시각)으로 제한하고 판단해서는 안 된다. 하나님을 제대로 알면 예배가 우리의 삶 중에 가장 즐겁고 기쁘고 행복한 시간이 된다. 사랑하는 사람과 같이 있는 시간은 천국이다. 미워하는 사람과 같이 있는 시간은 지옥과 같은 것이다.

43
진정한 예배란 무엇인가?

> 아버지께 참되게 예배하는 자들은 영과 진리로 예배할 때가 오나니 곧 이 때라 아버지께서는 자기에게 이렇게 예배하는 자들을 찾으시느니라 하나님은 영이시니 예배하는 자가 영과 진리로 예배할지니라(요한복음 4:23-24).

가장 잘 알면서 가장 잘 모르는 것

예배란 무앗인가? 누구에게 드리는가? 예배해야 할 이유가 무엇인가? 1990년대 한국교회의 전성기(1200만 성도) 때, 그후부터 구름떼같이 몰려왔던 교인들이 교회를 떠나 버렸다. 한국교회는 떠나고 있고 떠날 준비를 하고 있다(가나안 교회). 많은 사람들이 어디로 가버렸는가? 미국교회 예배 출석(전 인구의 38%), 한국(25%에서 15%로 하향). 일부 대형교회는 예외로 성장(왼쪽 주머니 돈이 오른쪽 주머니 돈으로 이동하는 것과 같다). 여러 가지 이유가 있다.

첫 번째 이유는 자체에 있다.

핵심은 예배에 있다. 예배가 살아나면 교회가 살고 예배가 죽으면 우리의 심령이 고갈되어 죽는다. 한국교회는 하나님이 어디 계신지를 모른다. 하나님이 어떤 분이신지를 모른다. 하나님을 찾아야 하는 이유를 상실하고 있다. 교회에 대하여(예배) 만족이 안 된다. 영적문제로 옅은 농도의 바이러스(영적감기, 폐렴)에 걸려 있다. 그나마 남아 있는 교인들도 예배드리는 교인이 아니고, 구경꾼(몰려다니는 교인)이다.

> "그러므로 형제들아 내가 하나님의 모든 자비하심으로 너희를 권하노니 너희 몸을 하나님이 기뻐하시는 거룩한 산제사로 드리라 이는 너희의 합당한 예배니라"(롬12:1).

예배로부터 갈망 요구

하나님이 요구하시는 진정한 예배는 하나님께 갈망이 요구된다. 대상이 내가 아니다. 이 시대에 소년 다윗과 같은 신앙인이 요구된다.

> "너는 베드로라 내가 이 반석위에 내 교회를 세우리니 음부의 권세가 이기지 못하리라"(마16:18).

골리앗을 이길만한 영적능력이 준비되어 있어야 한다. 어린소년 다윗이 준비한 것은? 물맷돌을 나의 무기로 준비했다. 다윗의 예배는 삶 자체, 용기(하나님을 전적 신뢰), 행함이다.

이스라엘 백성에게 하나님께서 요구하신 것은 사랑(신6:4-9)이시다. 신약의 예수님께서(막12:30)의 첫째 계명을 서기관은 모르고 지도자가 되었다.

교회에 주신 최고의 우선순위는 하나님의 첫 번째 관심인 예배이다. 교회의 주된 기능은 영적예배(산제사)이다.

두 번째 이유는 복음 증거 목표에 있다-하나님께 영광/영혼 구원

초대교회의 예배(행2:42-47)는 우리에게 교훈을 주고 있다. 귀감이 되는 실제이다. 교회가 가장 중요하게 여기는 복음증거(전도, 선교)의 최고목적은 첫째는 하나님께 영광 돌리는 것이고, 둘째는 영혼구원이다. 진정한 예배는 복음 전도자를 생산하는 일이다. 교회의 지상목표는 '교회 부흥'으로, 예배의 지상목표는 '교회 성장'으로 순위가 바뀌어서는 안 된다. 교회의 지상목표는 하나님을 하나님되게 하는 것에 있다.

사도바울은 그리스도를 아는 것을 최고의 자랑으로 여겼다. 예수 그리스도의 십자가 외에는 아무것도 자랑하지 않겠다고 고백하고 있다. 우리가 하나님을 진정으로 경배하지도 않으면서 하나님을 안다고 말하는 것은 모순이다. 우리가 하나님을 진정으로 찬양하지도 않으면서 그 분을 만날 수 있겠습니까? 우리가 그 분을 영화롭게도 하지 않으면서 예수 그리스도가 인류를 위한 구세주이며 메시야라고 세상에 선포할 수 있겠는가?

하늘에 올려지는 향기

진정한 예배자들은 예수 그리스도를 아는 냄새를 효과적으로 퍼뜨릴 수 있다는 것은 분명하다(고후2:15-16). 우리의 예배 곧 진정한 예배는 하나님 앞에 올라가는 향기와 같은 것이다. 의식적으로 주일날 11시에 교회에 나와서 드리는 예배만 진정한 예배가 아니고, 예배는 우리의 아름다운 삶, 그 자체가 되어야 한다. 지금 우리가 복음 전하기 위해 이렇게 단체를 만들고 수고하는 것이 바로 하나님을 기쁘시게 하는 향기를 내

품는 공동체이어야 한다. 그 반면에 하나님을 모르는 불신자들의 삶은 사망으로 좇아 사망에 이르는 냄새(시체가 썩을 때 나는 냄새) 밖에 내뿜을 수가 없다.

우리도 전에는(저자의 16세 이전) 교회가 어떤 곳인지, 예배가 무엇인지 모르고 열심히 절에 공들이고 죽은 조상에게 제사드리는데 지극정성으로 섬겼지만 되는 일이 없었다. 예수 그리스도께서 이 땅에 오신 것은 우리를 풍성하게 하시고 영원한 생명까지 주시는, 그야말로 은혜 중 은혜의 역사라고 말할 수밖에는 달리 표현할 방법이 없다.

> "도적이 오는 것은 도적질하고 죽이고 멸망시키려는 것뿐이요 내가 온 것은 양으로 생명을 얻게 하고 더 풍성히 얻게 하려는 것이라"(요 10:10).

44
예배의 궁극적 목적

> "그러므로 형제들아 내가 하나님의 모든 자비하심으로 너희를
> 권하노니 너희 몸을 하나님이 기뻐하시는 산 제물로 드리라
> 이는 너희가 드릴 영적 예배니라 너희는 이 세대를 본받지 말고
> 오직 마음을 새롭게 함으로 변화를 받아 하나님의 선하시고
> 기뻐하시고 온전하신 뜻이 무엇인지 분별하도록 하라"(로마서 12:1-2).

예배의 최고 목적!

첫 번째

> "또 내가 네게 이르노니 너는 베드로라 내가 이 반석 위에 내 교회를 세우리니 음부의 권세가 이기지 못하리라"(마16:18).

오늘날 많은 교회들이 "하나님이여 사슴이 시냇물을 찾기에 갈급함같이 내 영혼이 주를 찾기에 갈급하니이다"(시42:1)는 말씀의 의미를 미처 잘모르는 것 같다. 하나님께서 우리에게 "너는 나를 위해 얼마나 충성할 수

있느냐?" "너는 누구에게 속해 있느냐?" "너는 누구를 의지할 것이냐?" 물으신다면, 뭐라고 답할 것인가? 하나님은 우리에게 진정한 예배를 요구하신다. 사모하는 심령이 먼저이다. 시편을 계속 읽어보면 다윗의 모습이 금방 눈에 뜨이는데 다윗의 예배는 다윗의 삶 자체였다. 제단을 쌓는 삶 곧 그 자체였다고 말할 수 있다.

두 번째
다윗의 예배는 그 어떤 것과도 타협이 없는 진정으로 예배하고, 전심으로 아낌없이 드리는 것으로 보인다(시27:1-4). 그는 하나님의 마음에 합한 사람이었다.

> "지금은 왕의 나라가 길지 못할 것이라 여호와께서 왕에게 명하신 바를 왕이 지키지 아니하셨으므로 여호와께서 그 마음에 맞는 사람을 구하여 그 백성의 지도자를 삼으셨느니라"(삼상13:14).

이와 반대로 사울 왕은 하나님 앞에 부적합했다. 사울 왕은 하나님보다 권력과 부와 명예를 더 좋아했다.

세 번째
다윗의 예배는 증거 하는 삶으로 나타냈다.

> "하나님이여 주는 하늘 위에 높이 들리시며 주의 영광은 온 세계 위에 높아지기를 원하나이다" "하나님이여 내 마음이 확정되었고 내 마음이 확정되었사오니 내가 노래하고 내가 찬송하리이다" "하나님이여 주는 하늘 위에 높이 들리시며 주의 영광은 온 세계 위에 높아지기를 원하나이다" (시57:5,7,11).

다윗에게는 예배가 최우선 순위였다. 신구약을 통해 증거하는 기록은, 아벨도 자기 양떼 중 첫 새끼를 드렸다(창4:4)고 했다. 마르다와 마리아의 비유에서 마리아의 최우선순위는 주님의 말씀을 경청(傾聽)하는 것이었다(눅10:41-42).

예배는 성도에게 주어진 최고 우선순위이다. 초대교회인 사도행전의 교회(행2:42-47)는 예배로 시작했다. 산돌과 신령한 집과 신령한 제사는 바로 거룩한 백성이다. 예배는 복음전도(선교)와 직결된다. 복음 전도사역의 최고목적은 하나님께 영광이다(영혼구원보다 앞서).

예배는 몸과 마음과 혼의 합작품이고 전인적인 행위로 조화를 이루어 어느 한쪽에도 치우침이 없는 것이 하나님의 요구조건이다. 이는 곧 마음과 뜻과 생각과 정성을 다해서 드리는 것을 말하고 있다.

결국 하나님이 요구하시는 예배는 교회에 모여 앉아 순서에 맞추어 기도와 찬송과 예물봉헌과 설교말씀을 듣는 그런 요식행위가 아니다. 더 간절한 요망은 우리 옛사람이 그대로 정지상태에 있는 것이 아니고, 예수 그리스도를 삶으로 본받고 그의 자취를 따라서 새사람으로 변화를 입어, 전인격이 '예수 화' 되는 그런 삶으로 바꾸어지기를 더욱 원하심을 교훈하고 있다.

"코람데오' 정신으로 믿으라!"

우리가 진정으로 은혜를 입고 보면 행위(겉사람)보다 속사람이 달라지는 것을 느낄 수 있다. 곧 내 삶의 목적과 가치관과 우선순위가 바뀌지는 삶의 형태를 말한다. 그렇지 않은 상태로 하나님 앞에 나오는 것은 위선이고 어쩌면 자기 자신을 속이는 거짓이라고 본다. 현대 기독교인들은 하나님을 '코람 데오'로 믿지 않고 오히려 만홀히 여기는 이중생활을 계속하고 있지 않은지 자성하고 회개해야 한다고 본다. 그런 의미에서 우리가 사모하고 추구해야 할 예배는, 다윗의 믿음 곧 그의 삶을 우리도 본받아 살려고 하는 사모함과 간절함이 바로 하나님이 기뻐 받으시는 예배라는 뜻이다. 이럴 때 "예수 닮기 원합니다!"라는 찬송가 가사가 생각나면서 소리 높여 부르고 싶다.

찬송518장 '신자 되기 원합니다~ 예수 닮기 원합니다'

우리의 삶이 일시에 바뀌어 지고 갑자기 변화를 입기는 쉽지가 않다. 그러나 우리의 모습(치부)을 무화과 잎으로 가려 보려고 애를 써 보아도 얼마 못 간다.
우리의 실상을 바로 알고 우리를 지으신 그 분 앞에 벌거벗은 모습 그대로 나아가면, 사랑과 긍휼과 자비하신 하나님께서는 우리의 정직하고 솔직한 중심을 기뻐 받아 주시고 세마포 옷으로 갈아입혀 주신다.

> "오라 우리가 여호와께로 돌아가자 여호와께서 우리를 찢으셨으나 도로 낫게 하실 것이요 우리를 치셨으나 싸매어 주실 것임이라"(호6:1).

진정한 회개
내 자신에 붙어 있는 육신의 소욕과 이 세상을 주관하는 악한 권세 욕망의 끈을 냉정하게 끊어버리고 성령의 포로가 되어버리면, 세상과 이 몸은 간 곳 없고 날 구속하신 주님만 바라보고 오늘도 내일도 천성을 향해 행복한 순례의 여행을 할 수 있을 줄로 믿는다.

45
그리스도를 본받자!

> “내가 그리스도를 본받는 자가 된 것 같이 너희는 나를 본받는 자가 되라”(고린도전서 11:1).

목회자가 이 말씀을 자신 있게 설교할 수 있으면 그는 성공한 목회자이다. 교인이 몇 명이든 상관이 없다. 나는 오늘 처음으로 이 제목의 설교를 하면서 상당한 부담감을 느낀다. “나를 따르라! 너희는 나를 본 받는 자가 되라”고 설교를 통해서 권면하는 경우가 쉽지 않은 말이다. 그러나 사도 바울은 덧 붙여서 “내가 그리스도를 본받는 자 된 것 같이”라고 한데서 상당히 자신감 있는 메시지를 전하고 있다고 보여진다.

하나님께서 우리에게 가장 하고 싶은 말과 우리를 향한 소원이 있다면 무엇일까? 하나님은 창조주시요, 만왕의 왕이시요, 만복의 근원이시다.

> “하나님이 자기형상 곧 하나님의 형상대로 사람을 창조하시되 남자와 여자를 창조하시고”(창1:26-27).

우리는 하나님의 형상임에 틀림없다. 그렇다면 하나님은 우리를 당신 닮기 원하신다는 것도 틀림없는 사실이다. 그 다음은 우리 인생들이 행복하기를 원하시고, 그 다음은 신실한 청지기 되기를 원하시고, 모든 것에 자유하기를 원하실 것이다.

본문의 저자인 사도 바울은 고린도 교회 성도들을 향하여 부모의 심정으로 "너희는 나를 본받는 자 되라"고 했고, 같은 말씀을 고린전서 4:16과 빌립보서 3:17에서도 반복하고 있다.

바울이 우리에게 이렇게 부탁하고 권면하는 이유는 무엇인가?

1. 하나님의 형상대로 지음받은 피조물이기 때문이다.

자식은 부모님을 닮기 마련이다. 안 닮는 것은 문제가 있다. 백인은 백인을 낳고 흑인은 흑인을 낳고 황인종은 황색인을 낳는다. 여기에서 말하는 형상은 문자적으로만 해석해서는 안 된다. 하나님은 영이시기 때문에 우리도 영적인 존재로 거듭나야 한다(속사람). 그리고 그리스도 예수는 하나님의 형상(고후4:4)이며, 하나님의 영광의 광채시요 그 본체의 형상(히1:3)이시라고 했다.

> "너희가 서로 거짓말을 말라 옛사람과 그 행위를 벗어버리고 새사람을 입었으니 이는 자기를 창조하신 자의 형상을 좇아 지식에까지 새롭게 하심을 받는 자니라"(골3:9-10).

결국 신약성경에서도 삼위일체를 암시하고 있으며 형상은 그리스도 예수라고 정의하고 있기때문에, 우리는 하나님의 형상대로 재창조(거듭남)되어야 한다. 그래서 예수께서 니고데모에게 하신 말씀을 적당히 넘어가서는 안 된다. 우리가 얼마나 고귀한 존재인지를 모르면 믿음의 삶에 있어서 큰 손해를 입게 된다.

> "예수께서 대답하여 가라사대 진실로 진실로 네게 이르노니 사람이 거듭나지 아니하면 하나님 나라에 들어갈 수 없느니라 육으로 난 것은 육이요 성령으로 난 것은 영이니"(요3:5-6).

2. 우리는 제자가 되어야 하기 때문이다.

제대로 된 제자는 스승을 닮게 되어 있다. 제자는 예수님 복음증거의 전략 중에 하나이다. 예수님께서 12명의 제자를 택하여 특수훈련 시킨 이유는 하나님의 예정과 섭리에 따른 일이었다. 이 세상은 영적 전쟁터나 마찬가지다. 전쟁에는 무기나 군사만 가지고 안 된다.

가장 첫 번째는 전략이 필요하다
하나님은 인간을 만드셨고 인간은 조직을 만드는 것이다. 조직은 전략이 필연적인 조건이다. 다윗의 예를 들면 다윗이 골리앗과 싸울 때 무기나 군사가 아니라 물맷돌 다섯 개였다는 사실에 주목하라.
한국교회는 제자를 키우는데 투자를 안 한다. 어느 목회자의 제자훈련도 실패한 교훈이다. 머리와 신학지식과 눈에 보이는 숫자만 가지고 전쟁에 이길 수 없다. 제자훈련은 가슴으로 해야 하고 삶으로 영적으로 해야 한다. 거기에 금식은 필수요건이라고 추천하고 싶다.
교회의 정확한 정의는 회개를 경험한 사람들의 공동체가 되어야 한다. 목회자가 제자가 못 되면 자신도 죽고 남도 죽는다. 영이 죽어있는 사람이 성령의 사람을 지도하고 교육하고 그리고 인도하거나 훈련시키지 못한다. 목회자는 지도자가 되기 전 반드시 제자가 되어야 하고 교인들까지 제자화 시켜야 하는 사명자로 육성시켜야 한다. 세상에서 유명한 스승의 제자가 되는 것도 자랑스러운 일인데, 우리가 그리스도 예수의 제자가 되는 일이 보통 일이 아니다.

방법; 어떻게 하면 본받을 수 있게 하는가?
그리스도 예수를 닮으려고 하면 여러 가지 중에 꼭 필요한 것 3가지가 있다.

1. 하나님의 은혜를 사모하고 은혜받기를 결사적으로 매달려야 한다.

아무리 넓은 땅에 아무리 많은 씨를 뿌리고 정성을 다해도 비가 오지 않으면 모든 수고가 헛되고 만다. 때를 따라 은혜의 단비가 와야 한다. 은혜를 많이 받은 성도는 주일성수, 십일조, 전도, 봉사를 말려도 하게 된다. 은혜를 받고 나면 입맛이 달라지고 얼굴이 달라지고 걸음걸이가 달라진다.

> "주의 말씀의 맛이 내게 어찌 그리 단지요 내 입에 꿀보다 더하니이다"(시119:103).
> "주의 말씀은 내 발에 등이요 내 길에 빛이니이다"(시119:105).

오래된 교회에 부임하여 첫 주부터 50일간을 '오순절 회개기도 금식성회'를 마치고 나니 헌금이 몇 배나 많아지는 경험을 했다. 헌금을 강조할 필요가 없다. 은혜받지 못한 성도와 함께 목회하는 것은 소를 지붕위에 끌어 올리는 것 만큼 힘든 일이다. 은혜를 사모하면 은혜를 주시고 성령받기를 사모하면 성령도 주신다. 사모하는 영혼을 하나님은 기뻐하시고 복을 주시게 된다. 죽기를 각오하면 못할 일이 없다. 목마른 사슴처럼 헐떡이면 된다.

2. 자아(自我)에 대한 포기와 사명 감당에 대한 열정

예수님께서 제자를 부르시면서 그들에게 분부하셨다.

> "무릇 내게 오는 자가 자기 부모와 처자와 형제를 미워하지 아니하면 능히 나의 제자가 되지 못하고 누구든지 자기 십자가를 지고 나를 좇지 않는 자도 능히 나의 제자가 되지 못하리라"(눅14:26-27).

우리나라의 강한 군대는 해병대라고 말하며, 그 군대가 되기까지 지옥훈련이 있었기 때문이라고 한다. 스포츠계에도 최고 선수나 선수단을 만드는 과정에 지옥훈련 과정이 행해지고 있다. 만사가 때가 있다. 자녀교육도 인성교육도 어려서부터 해야 한다. '세살버릇 여든까지 간다'라는 말이 있다. 10대에 인성교육이 끝나야지 30대 40대는 늦어서 불가능하다. 신앙생활 즉 영적생활도 마찬가지다. 아무렇게나 집사, 장로, 전도사, 목사 시켜 놓으면 교회 망치고 하나님 나라 무너뜨리고 지옥 자식만 배출시킨다.

> "나더러 주여 주여 하는 자마다 천국에 다 들어갈 것이 아니요 다만 하늘에 계신 내 아버지의 뜻대로 행하는 자라야 들어가리라"(마7:21).

포기하는 훈련을 시키지 않으면 교회생활을 오래할수록 교만해지고 사단의 앞잡이 노릇을 골라가면서 하게 된다. 내려놓고 포기하는 훈련이 잘 되어야 사명감당하는 일도 쉽게 할 수 있다,

3. 부단한 양육과 실전이 필요하다.

하나님의 사람은 세상 지식이나 학문으로 온전해 질 수 없다. 하나님의 말씀인 성경과 기도와 헌신 봉사하는 일에 참석시켜 훈련시켜야 가능하다. 미국 같은 선진 국가는 사회봉사한 실적을 굉장히 중요시 한다. 인간은 사회적인 동물인데 나밖에 모르는 이기주의자는 사회에서 차별대우를 받을 수밖에 없다.

우리 그리스도인은 세상에 빛과 소금이 되어야 하고 하나님의 사람으로 온전케 되라고 여러 곳에 기록되어 있다. 세상 사람만도 못한 그리스도인은 하나님 앞에서도 무거운 짐이고 장애물이 된다. 성경을 많이 읽고 기도를 많이 한다고 좋은 그리스도인이 아니다. 하나님의 말씀을 늘 가슴에 품고 새김질하면서 그 말씀이 내게 힘이 되고 능력이 되도록 부단히 애쓰고 힘쓰는 노력, 곧 실천하도록 가르쳐야 한다.

모세는 40년간 왕궁에서 교육과 훈련을 받았고 광야에 내 보내져 40년을 부단히 양육, 훈련, 실전을 통과케 하신 후 80세에 하나님께서 민족대 이동 곧 출애굽 사역에 들어 쓰셨다.
길들이지 않은 소는 크면 클수록 더욱 힘들게 된다. 어려서부터 멍에를 메우고 코를 뚫어서 길을 들이면 좋은 도구가 되고 가산에 보배가 된다. 때를 따라 양육과 훈련을 잘 받아 놓으면 때가 온다. 쓰임 받을 준비는 반드시 미리미리 해 놓아야 한다.

하나님께서는 양육되고 훈련된 준비된 사람을 반드시 사용하신다. 가만히 감나무 밑에 누워서 감 떨어지기를 기다리는 사람은 실패를 기다리는 것과 같다.

46
내 삶의 최고 가치

"내가 주께 대하여 귀로 듣기만 하였삽더니 이제는 눈으로 주를 뵈옵나이다 그러므로 내가 스스로 한하고 티끌과 재 가운데서 회개하나이다"(욥기 42:5-6).

첫 단추가 잘못 채워진 일반적 교육 현장

모든 사람은 내(자신)가 누구인지를 아는 것이 인생의 급선무이다. 소위 내 뿌리가 어디에서부터 시작했는지 아는 것이 무엇보다 먼저이다. 사회학자와 과학자들은 찰스 다윈을 원조로부터 인간의 시작은 아메바가 원숭이로 진화되어 인간으로 약간 진화되는 과정에서 꼬리가 없어지고 네 발로 걷다가 두 발로 걷게 되고 점진적으로 진화되고 발전된 것이 모든 인류의 시작이라고 주장하고 있다. 모든 일반적인 교육과정에서 이 학설을 인정하여 그렇게 가르치고 있는 것이 사실이다. 이같이 첫 단추가 잘못 끼워진 것이 인류 역사의 비극이고 불행이다. 어떤 대학교수는 이 잘못된 교육현실을 항의하고 나아가 당신의 자녀를 잘못된 교육에 맞길 수 없다는 뜻에서, 아예 초등학교 교육과정부터 자신이 직접 가정에서 교육과정을 실천하고 있는 것을 보았다.

영적(靈的)인 만남의 관계가 중요하다

우리 인생에 가장 중요한 문제는 무엇보다 "만남"과 "관계"라고 해도 과언이 아닌 줄 안다. 사람의 일생은 좋은 주인을 만나는 것이 최고이다. 그래서 훌륭한 부모를 만나고, 훌륭한 스승을 만나고, 좋은 친구와 좋은 이웃을 만나고, 좋은 지도자를 만나기를 누구나 소원하고 바라는 것이다. 그러나 이 모든 인간관계와 만남의 시종은 우리의 뜻과 일치하지 않으며, 정확 무오한 불변의 가치는 아니다.

우리 인간은 육신적이고 사회적인 만남도 중요하다. 그러나 그보다 먼저 더욱 중요한 만남은 창조주 되시는 하나님과의 만남이 우선이며, 육체나 혈통적인 관계보다 영적이고 초월적인 근원적 관계가 더욱 우선시 되어야 마땅하다.

창조원리에 의거 세상을 관리할 권위를 주심

성경은 분명하고 정확하게 우리 인간의 뿌리에 관해서 밝혀주고 있으며 해답을 제시하여 주고 있음에도 불구하고, 인간들은 무지하고 우둔하여 그 해답을 깨닫지 못하여 진화론 주의자들에게서 그 답을 구하고 있다. 진리를 비진리와 혼돈하고 있어 제 손으로 무덤을 파는 어리석음을 범하고 있는 실정이다.

창세기 1:22, 26, 28은 태초에 창조주 하나님께서 우주 만물을 창조하신 후 마지막 날(제 6일째 되는 날) 당신의 형상대로 인간을 창조하시고, 이 모든 만물을 관리하고, 지배하고, 다스리고, 누리도록 특권을 위임하신 내용을 기록(명령)하고 계신 것이 분명하다.
인간의 뿌리에 대한 해답은 성경이 계시해 주는 대로 창조주만이 진정한 답이 되기 때문에 우리는 더이상 방황하지 않아도 된다. 그런고로 인생의 모든 문제는 하나님 앞에서 묻고, 듣고, 깨달아 지키기만 하면 해결되게 되어 있다.

웨스트민스트 신앙고백 문답에서도 사람의 제일 되는 목적은?...'하나님을 영화롭게 하고 그를 영원토록 즐거워하는 것'이라고 명쾌하게 해답을 제시하고 있다. 조금 다른 표현으로 말하면 우리 인간이 살아야 하는 절대가치 곧 최고가치는 "하나님께 영광"을 돌려 드려야 한다. 모든 복의 근원은 하나님 안에서 찾아야 만날 수 있다는 명쾌하고 정확 무오한 해답을 발견하게 된다.

저자(나)는 지금까지 강론해 온 "하나님의 영광을 위하여" 무엇을 어떻게 할 것인지에 대한 구체적인 대안을 이제 밝히려고 한다.

첫 번째 대안
내 삶의 방향과 초점을 예수 그리스도의 생명에 고정해야 한다.

내 삶의 목적과 목표를 말로 하는 것은 쉽지만 막상 삶의 현장에 옮겨 놓으려면 쉽지가 않다. 우리가 사는 이 세상은 생존경쟁이 극심하고 만만치가 않다. 전쟁터에서 고지를 점령하려면 죽음을 각오하지 않고는 원하는 곳에 깃대(기)를 꽂을 수 없다. 그야말로 생사를 초월하고 죽음을 각오하지 않고는 할 수 없는 일이다.
바울의 고백을 보면 사도 바울이 지금까지 오는데 험난했고 쉽지 않았다. 성경 여러 곳에 그 증거가 있다.

> “무엇이든지 내게 유익하던 것을 내가 그리스도를 위하여 해로 여길뿐더러 또한 모든 것을 해로 여김은 내주 그리스도 예수를 아는 지식이 가장 고상함을 인함이라 내가 그를 위하여 모든 것을 잃어버리고 배설물로 여김은 그리스도를 얻고 그 안에서 발견되려 함이니…“(빌3:7-9).

이제 우리는 하나님의 영광을 위해서 살겠다고 고백하고 서원(하나님 앞에서 약속)했으면 모든 것을 내려놓아야 한다. 아무것도 내 것이 없어져야 한다. 모든 기득권도 다 포기하지 않고는 하나님의 영광을 위하여 살았다고 그분 앞에 설 때 말하지 못할 것이다. 성경대로 사는 자는 모든 욕망으로부터 자유 해야 한다. 어쩌면 나는 예수에 미쳐야 하고 그 길만이 나의 길(My way)임을 의심치 않아야 한다. 마태복음 19:22에 나오는 부자 청년과 닮은꼴이 되지 말아야 한다.

두 번째 대안
매일 매시간 말씀과 기도로 무장하고 있어야 한다.

우리가 사는 이 세상은 전쟁터와 같다. 매일 매 시간 우리는 무장이 필요하다. 우리의 대적 원수 마귀는 언제, 어느 때, 어떻게 공격을 해올지 예상을 못한다. 지금 우리 시국을 보아도 그렇다. 박 근혜 대통령과 대립하는 좌파세력, 친북사상에 물든 노조와 좌경 세력들은 때를 맞춰 총공격을 가하여 탄핵이라는 올가미를 씌워 꼼짝 달싹 못하게 만들었다.
공산주의 사상은 적그리스도와 맥을 같이 하는 것을 알아야 한다.
물질 세계보다 영의 세계는 더욱 심각하다. 사단은 자기를 광명의 천사로 가장하고 자기를 의의 일군으로 가장하는 것이 아무것도 아니다.

> "… 사탄도 자기를 광명의 천사로 가장하나니 그러므로 사탄의 일꾼들도 자기를 의의 일꾼으로 가장하는 것이 또한 대단한 일이 아니니라 …"(고후11:14-15).

내가 다시 말하노니 누구든지 나를 어리석은 자로 여기지 말라 만일 그러하더라도 내가 조금 자랑할 수 있도록 어리석은 자로 받으라.

지금 우리나라는 영적으로 교계가 사단에 거의 장악당하고 있다. 모두들 속고 있다. '한기총'과 '한교연' 그리고 '한교총'까지 사단의 이용을 당하고 있다. 목회자들은 평신도보다 훨씬 더 많은 시간 영적 무장을 힘써야 한다. 매일 3시간 이상 기도의 무장과, 매일 3시간 이상 말씀의 무장과, 매일 두 사람 이상 만남을 통하여 사랑의 실천(심방, 전도, 상담, 봉사, 구제 등)을 통한 철저한 무장이 반드시 필요하다. 목회자는 세 가지 원칙만으로도 교회 부흥은 보장될 수 있다.

세 번째 대안
범사에 감사함과 기쁨의 삶으로 지속되어야 한다.

> "항상 기뻐하라" "쉬지 말고 기도하라" "범사에 감사하라" 이는 그리스도 예수 안에서 너희를 향하신 하나님의 뜻이니라"(살전5:16-18).

우리의 삶에 감사는 상황에 따라서 순간적으로가 아니고, 감사패턴이 습관적이 되고 생활화 되어야 한다. 범사에 감사하는 것이 최선의 방법이므로 찬송하는 것이다.

> "이 백성은 내가 나를 위하여 지었나니 나의 찬송을 부르게 하려 함이니라"(사43:21).

찬송과 감사는 우리 성도의 입술의 열매이다. 감사는 생명의 열매를 맺으며, 불평은 사망의 열매를 맺는 것이다. 어느 사모는 습관적으로 불평하는 버릇이 있어 더운 날엔 덥다고 불평하고, 추운 날엔 춥다고 불평하고, 항상 불평이 입에 달려 있었다. 결국은 남편(목사님)에게 소박을 맞고 말았다고 한다. 감사가 충만하면 마귀는 도망가는데 불평이 충만하면 동네 마귀가 떼를 지어 몰려온다. 바울과 실라는 복음증거 하다가 귀신들린 여자를 고쳐준 죄로 옥에 갇혔지만 밤중에 옥중에서 찬송하고 기도할 때 옥 터가 흔들리고 옥문이 열리는 기적이 일어났다(행16-27).

네 번째 대안
선행(선한 삶의 열매)!

> "너희 몸은 너희가 하나님께로 부터 받은바 너희 가운데 계신 성령의 전인 줄을 알지 못하느냐 너희는 너희의 것이 아니라 값으로 산 것이 되었으니 그런즉 너희 몸으로 하나님께 영광을 돌리라"(고전6:19-20).

예수 그리스도께서는 제자들 앞에서 비유로 "열매 맺지 못하는 가지는 찍어 불에 던지운다"고 했다. 이 열매는 성도들의 선행을 비유해서 하신 말씀이다. 선행은 꼭 남들이 알아주는 큰 일이 아니라도 괜찮다. 작은 선이라도 할 수만 있으면 매일 매일(1日1善 운동) 할 수 있으면 더욱 아름다운 선행이 될 수 있다. 예를 들면 길거리에 휴지 하나 담배꽁초 하나 줍는 것도 좋고 위로의 말과 격려와 칭찬의 말 한마디도 힘들어하고 지치고 낙심한 자에게는 천금보다 귀한 선행이 될 수 있다. 우리 주위에는 우리의 도움이 필요한 사람들이 많다. 작은 물질도 작은 칭찬도 작은 위로와 격려의 말도 얼마든지 선행이 될 수 있음을 알아야 한다.

마지막 대안
거룩과 성결!

> "하나님의 뜻은 이것이니 너희의 거룩함이라"(살전4:23)
> "너희가 순종하는 자식처럼 이전 알지 못할 때에 좇던 너희 사욕을 본삼지 말고 오직 너희를 부르신 거룩한 자처럼 너희도 모든 행실에 거룩한 자가 되라 기록하였으되 내가 거룩하니 너희도 거룩할찌어다 하셨느니라"(벧전1:14-16)

> "내가 거룩하니 너희도 거룩할찌어다"(레11:45).

거룩과 성결은 우리의 의지나 우리의 노력만으로는 되지 않는다. 위로부터 내려와야 한다. 하나님께서 주셔야 한다.

> "죄인들아 손을 깨끗이 하라 두 마음을 품은 자들아 마음을 성결케 하라"(약4:8).

> "간음하는 여자들이여 세상과 벗된 것이 하나님의 원수임을 알지 못하느뇨"(약4:4).

> "오직 위로부터 난 지혜는 첫째 성결하고 다음에 화평하고 관용하고 양순하며 긍휼과 선한 열매가 가득하고 편벽과 거짓이 없나니"(약3:17).

거룩함과 성결케 됨은 그리스도 예수의 보혈의 공로가 아니고는 안 된다. 날마다 우리는 보혈의 공로를 의지하고 날마다 회개함으로 십자가를 바라 보아야 한다.

요약–**하나님 영광을 위한 대안**	
첫 번째 대 안	삶의 방향 초점을 그리스도로 고정 거룩한 주의 나라를 이루기 위해 모든 것 내려놓음을 실천함
두 번째 대 안	매 시간을 말씀, 기도로 무장 우리 삶의 현장의 물질 세계보다 영의 세계를 올-인함
세 번째 대 안	순간 순간을 범사, 기쁨으로 지속 우리의 삶을 감사의 패턴으로 습관화가 몸에 배도록 함
네 번째 대 안	선행, 선한 삶의 열매를 맺음 남이 인정해 주지 않는 작은 선부터 매일 실행해 가면 아름다운 선행임
다섯 번째 대 안	거룩과 성결을 추구해야 함 이 주제는 예수 그리스도의 보혈로 시작하고, 또 마쳐야 함

〈Table-11〉

47
나의 소원

대한민국의 희망은 교회뿐이다. 교회는 대한민국의 보루(寶樓)이다. 교회의 소망은 '새생명복음 총회'(준비하는 중)이다. 교회는 하나인데 사탄은 우리를 흩어놓았다. 연합하자! 모이자! 사랑하자! 싸워 이기자!

첫째로 하나님을 사랑하고
둘째로 대한민국을 사랑하고
셋째로 한국교회를 사랑하고
넷째로 내 가족을 사랑하고
다섯째로 나와 내 동료를 사랑하면서 살아갈 것이다. 이미 43년간 나의 현재 소유(재산 —5,000만원 뿐)로 남도록 이렇게 살아왔다

〈Table-12〉 나의 소원 5가지

누가 무슨 말을 해도 나는 사실만을 믿는다. 한국 사람들은 사실을 인정할 줄 모른다. 나는 무소유주의자로 사는 것이 자랑도 아니고 부끄러움도 아니다. 하나님께서 내게 주신 은혜대로 믿음대로 사는 것 뿐이다.

우리 모두는 하나님 면전(面前)에서 사는 자가 되어야 한다. 그래야 남을 비판하거나 부러워하거나 시기하고 질투하고 자기를 가장하고 꾸미려고 하지 않는다. 있는 그대로 아는 만큼, 배운 만큼, 가진 만큼 만족하며, 감사하며 좌로도 우로도 치우치지 않으며 사는 것이 바로 행복이 아닐까? 욕심도 명예도 공중에 떠 있는 구름처럼 생각해보길 바란다. 영원한 천국에 입성하기 전에 지금 여기가 천국이 되게 사는 것이 이 땅 위에 사는 그리스도인의 몫이다. 내 안에 천국이 없는 자는 내세의 천국도 의심스럽다(불확실).

인생이란 영원을 위한 일회용이다. 그러나 그 일회용 인생이 영원을 좌우할 것이다. 자랑하지도 말고 교만하지도 말고 부끄러워하지도 말고 진리 안에서 자유하며 감사하며 사는 것이 하나님이 원하시는 삶이다. 누구와도 원수 맺지 말고 용서하며, 화해하며, 기뻐하면서, 시간 시간마다, 날마다, 달마다, 해마다 성숙하며 열매 맺으며 뿌리는 더 깊이깊이 내리며 건강하게 살아가야 하겠다. 다만 우리 후대들이 기억하고 자랑하며 부끄럽지 않은 이름을 남기도록 살아야 한다. 그리고 후대들이 우리가 심은 나무에서 아름답고 맛있는 열매를 마음껏 따 먹으면서 풍성한 삶을 살도록 토양을 아름답게 가꾸어야 하겠다.

마지막으로 한 가지 소원이 있다면…

`저 북녘땅 동토(凍土)의 땅에 아무 죄도 없이 감금당하고 구속당해 고통받는 북녘 동포들을 기억해야 한다. 권력의 횡포 하에 죄 없이 인권을 박탈당하고 자유를 빼앗긴 사람들의 아픔에 동참해 보자. 옥중에서 신음하고 있는 애국인사들과 약자들에게도 따뜻한 햇볕을 마음껏 쬐면서 살

수 있는 공의로운 세상이 이 땅에 펼쳐지도록 기도해야 겠다.
잠든 우리민족 정신을 흔들어 깨우는 범국민 정신혁명, 곧 영적 대각성 운동이 일어나서 우리 민족의 우수성을 전 세계에 알려야 한다. 우리 민족의 맺힌 한을 풀어주어 온 지구상에 Korea의 국위를 다시 한번 드러내는 그 날을 내 생전에 볼 수 있기를 바라며 기도하는 시간을 갖자.

"오직 의인은 믿음으로 말미암아 살리라"(롬12:17).

우리민족이 복음의 진수를 알고 그 복음에 매료되어 분연히 일어난 복음의 증인들이 여기저기에서 배출되어 세계 만방에 복음 증거하는 종들이 많이 배출되도록 기도하고 실천에 옮겨야 할 것이다,

48
성령의 열매와 은사

> "오직 성령의 열매는 사랑과 희락과 화평과 오래 참음과 자비와 양선과 충성과 온유와 절제니 이같은 것을 금지할 법이 없느니라"(갈라디아서 5:22-23).

1. 성령의 열매와 은사는 어떻게 다른가?

성령의 열매는 모든 믿는 자가 반드시 가져야 성품의 변화와 나타나 보이는 열매로 성령께서 우리 안에 역사하시는 결과로 생기는 결과이다. 이 열매는 우리를 하나님의 성품과 형상으로 회복시키시는 산 증거로 아홉 가지 열매를 말하고 있다. 우리가 하나님을 믿는다고 하면서 우리의 삶 속에 열매가 맺히지 않는다고 하면 참된 그리스도인이라고 할 수가 없다.

성령의 은사(the gift of the Holy Spirit)는 개인의 성품을 구원받을 품성으로 변화시키기 위해서만 주시는 것이 아니다. 성령의 은사는 다른 사람을 돕고, 가르치고, 섬기고, 봉사하는 일을 위하여 주시는 것이며, 자신의 구원도 중요하지만, 다른 사람의 구원을 위해서도 주어지게 된다. 그런데 한 가지 중요한 사실은 성령의 열매가 먼저 맺혀야 성령의 은사가 따르게 된다. 만일 성령의 열매가 없는 상태에서 육신의 욕망과 옛 자아가 그대로 살아있는 사람에게 성령의 은사가 주어지면 그 은사는 축복이기보다는 저주의 역할로 나타날 수 있다.

만약 하나님께로부터 받은 재능과 좋은 달란트를 하나님의 영광과 다른 이웃과 성도들의 유익을 위하여 사용하지 않는다면, 자기 자신의 능력을 과시하거나 하나님께 돌려야 할 영광을 자신(본인)이 가로채게 된다. 그러므로 우리가 질투와 교만한 마음을 그대로 지니고 있다면, 그 사람들이 속한 교회나 공동체나 가정이나 어떤 조직이라도 그곳은 많은 문제가 발생할 것이고 여러 가지 불편하고 복잡한 문제로 시달림을 받게 될 것이 분명하다.

그러므로 하나님 안에서 진정으로 거듭난 성도의 삶에 성령의 열매가 풍성하게 맺힌 사람 곧 옛 자아가 주님의 은혜로 완전히 소멸 된 사람이 성령의 은사를 받고 그 은사를 사용해야 한다. 그래야만 하나님께서 영광을 받으시고 그 은사가 다른 사람들에게 유익이 되고 축복의 결과로 나타나게 된다. 다른 말로 표현하면 성령의 열매가 삶 속에 성품 속에 생기게 되면 그 사람에게는 자연스럽게 성령의 은사가 나타나게 된다고 한다. 그러므로 성령의 은사를 원하거나 그 은사 사용하기를 원하기 전에 먼저 예수 그리스도 안에서 진정으로 거듭난 겸손한 사람이 되어야 한다고 말한다.

2. 성령의 열매는 어떤 순서가 있거나 각 사람마다 맺는 열매가 서로 다른가?

성경에는 성령의 열매를 9가지로 순서가 있지만 사실은 성령의 열매가 맺히는 순서는 없다. 다만 열매의 질과 성숙도는 사람마다 다르고 차이가 날 수 있다고 한다. 새로 태어난 갓난아이가 뛰거나 걷거나 할 수 없듯이 성령의 열매도 사람마다 거듭남의 경험과 신앙의 연륜의 차이가 있으며 열매를 맺는데도 차이가 있음을 말한다. 예를 들면 새로 거듭난 사람이 변화된 시간이 짧아서 양이나 질(성숙도)적인 면에서 성숙하고 풍성한 열매를 맺는 것이 힘들 수도 있다.

과일 나무가 어린 나무와 오래된 나무에서 맺는 과일이 여러 가지 측면에서 차이가 생기는 것은 당연한 결과이듯이 오래된 성숙한 사람과 이제 갓 믿는 사람에게 꼭 같은 결과(열매)를 기대하는 것은 무리한 요구이다. 가장 장성한 분량의 열매를 맺으신 분은 예수 그리스도 한 분이시다. 그 분은 이 땅에 사시면서 자기 자신을 위해 살지 않으시고, 모든 인류를 위해 온전히 사랑과 희생의 삶을 사셨기 때문에 모든 사람에게 본이 되신 분이다.

우리가 성령의 역사에 매일 매 순간 굴복하고 순종하고 우리 자아를 매일 매 순간 주님께 바치고 우리의 뜻을 포기하고 하나님의 뜻대로만 살게 되면, 우리는 예수님처럼 성숙하고 장성한 풍성한 열매를 맺으며 살 수 있다고 본다. 날마다 성령의 열매를 맺으며 성장하고 변화되어가는 그리스도인의 삶을 성경은 이렇게 말하고 있다.

> “너희는 사도들과 선지자들의 터 위에 세우심을 입은 자라 그리스도 예수께서 친히 모퉁이 돌이 되셨느니라 그의 안에서 건물마다 서로 연결하여 주안에서 성전이 되어 가고 너희도 성령 안에서 하나님의 거하실 처소가 되기 위하여 예수 안에서 함께 지어져 가느니라”(엡2:20-22).

> “너희가 전에는 어두움이더니 이제는 주 안에서 빛이라 빛의 자녀들처럼 행하라 빛의 열매는 모든 착함과 의로움과 진실함에 있느니라 주께 기쁘시게 할 것이 무엇인가 시험하여 보라 너희는 열매 없는 어두움의 일에 참예하지 말고 돌이켜 책망하라”(엡5:8-11).

그리스도인이 맺는 열매는 착하고 의롭고 선한 행실임을 마태복음 5:16에 “이같이 너희 빛을 사람 앞에 비취게 하여 저희로 너희 착한 행실을 보고 하늘에 계신 너희 아버지께 영광을 돌리게 하라”고 밝히 증거하고 있다.

성령 하나님이 인간의 마음 속에 들어와 내주하시며 인간과 함께 지내시면서, 인간의 내면에 성령의 아홉 가지 열매를 곧 사랑, 희락, 화평, 오래 참음, 자비, 양선, 충성, 온유, 절제 등의 열매가 맺어지게 된다. 그 중에 처음 3가지 열매인 사랑, 희락, 화평은 성령이 임하실 때 나타나는 대표적인 현상이다.

49
성령의 은사란 무엇인가?

“형제들아 신령한 것에 대하여 나는 너희가 알지 못하기를 원하지 아니하노니 너희도 알거니와 너희가 이방인으로 있을 때에 말 못하는 우상에게로 끄는 그대로 끌려 갔느니라 그러므로 내가 너희에게 알리노니 하나님의 영으로 말하는 자는 누구든지 예수를 저주할 자라 하지 아니하고 또 성령으로 아니하고는 누구든지 예수를 주시라 할 수 없느니라 은사는 여러 가지나 성령은 같고 직분은 여러 가지나 주는 같으며 사역은 여러 가지나 모든 것을 모든 사람 가운데서 이루시는 하나님은 같으니 각 사람에게 성령을 나타내심은 유익하게 하려 하심이라 어떤 사람에게는 성령으로 말미암아 지혜의 말씀을, 어떤 사람에게는 같은 성령을 따라 지식의 말씀을, 다른 사람에게는 같은 성령으로 믿음을, 어떤 사람에게는 한 성령으로 병 고치는 은사를, 어떤 사람에게는 능력 행함을, 어떤 사람에게는 예언함을, 어떤 사람에게는 영들 분별함을, 다른 사람에게는 각종 방언 말함을, 어떤 사람에게는 방언들 통역함을 주시나니 이 모든 일은 같은 한 성령이 행하사 그의 뜻대로 각 사람에게 나누어 주시는 것이니라”(고린도전서 12:1-11).

성경이 말하는 성령의 은사에는 여러 가지 종류가 있다. 그런데 많은 그리스도인이 그 은사에 대하여 제각기 다른 개념을 가지고 있다. 어떤 이들은 성령의 은사 중에 방언이 가장 고상한 은사로 알아서 방언을 하지 못하면 성령을 받지 못한 어린 유치원 신앙으로 착각해 버릴 때도 많다. 그러나 성령의 은사에는 높고 낮거나 귀하고 천한 구분이 없고 좋고 나쁜 구별도 있을 수 없다. 물론 사용되는 용도와 목적이 다른 관계로 어떤 은사는 좋아 보이고 어떤 은사는 귀하고 어떤 은사는 크게 보이거나 작아 보일 수는 있지만, 하나님 앞에서는 모든 은사가 다 동일하고 다 귀하게 쓰임 받는 것을 말하고 있다.

1. 성경에 나타난 성령의 은사들

> "하나님이 교회 중에 몇을 세우셨으니 첫째는 사도요 둘째는 선지자요 셋째는 교사요 그 다음은 능력이요 그 다음은 병 고치는 은사와 서로 돕는 것과 다스리는 것과 각종 방언을 하는 것이라 다 사도겠느냐 다 선지자겠느냐 다 교사겠느냐 다 능력을 행하는 자겠느냐 다 병 고치는 은사를 가진 자겠느냐 다 방언을 말하는 자겠느냐 다 통역하는 자겠느냐"(고전 12:28-30).

> "우리에게 주신 은혜대로 받은 은사가 각각 다르니 혹 예언이면 믿음의 분수대로 혹 섬기는 일이면 섬기는 일로, 혹 가르치는 자면 가르치는 일로, 혹 권위하는 자면 권위하는 일로, 구제하는 자는 성실함으로, 다스리는 자는 부지런함으로, 긍휼을 베푸는 자는 즐거움으로 할 것이니라"(롬 12:6-8).

성경의 기록에 의하면 9가지 은사가 주된 은사로 보이지만 반드시 9가지만 있다고 할 수 없다. 성령의 은사는 우리 각자에게 하나님께서 주신 선물이기 때문에 우리가 타고난 재능이나 달란트였다고 볼 수 없다.

믿음이 특별히 좋은 것도 성령의 은사라고 볼 수 있다. 어떤 사람은 아무리 믿으려 해도 천성적으로 부정적인 성격 때문에 믿음이 생기지 않고 의심을 하는 사람이 있고, 또 어떤 사람은 마음이 항상 긍정적이고 아주 단순해서 하나님의 말씀을 즉시로 받아들이는 사람이 있다.

2. 사도바울이 칭찬한 은사

> "너희는 더욱 큰 은사를 사모하라 내가 또한 제일 좋은 길을 너희에게 보이리라"(고전12:31).

가장 큰 은사는 '사랑'이라고 분명하게 말하고 있다. 방언이나 병 고치는 능력이나 가르치는 은사가 아닌 '사랑'을 가장 큰 은사라고 정의하고 있다. 왜 '사랑'이 제일 큰(좋은) 은사인가? 그것은 사랑의 동기가 아닌 이기적이고 자기만족 중심이거나 자기 과시적인 동기에서 하는 모든 선행은 하나님께 영광이 되지 못하고 하나님께 기쁨을 드리지 못하기 때문에 바울이 칭찬한 이유는 온전히 거듭난 하나님의 성품 곧 주님의 마음에서 우러나와야 하기 때문이다.

결국 모든 행위가 사랑의 바탕 위에서 우러나야 한다. 거짓 된 마음과 부정한 동기에서 나오는 행위는 하나님께서 기뻐 받지 않으신다는 것을 의미하는 것이다. 성령의 은사에는 우리가 깨닫지 못하고 인식하지 못하고 있는 곧 선천적으로 받은 은사도 있음을 알아야 한다. 성경은 우리 자신을 우리 것이 아닌 "값으로 산"바 된 존재(고전6:20)라고 말하고 있다. 달란트의 비유(마25:15)에서 처럼 모든 사람이 다 같은 선물을 받은 것은 아니지만 각각 다른 은사를 주시기로 약속되어 있다.
"이 모든 일은 같은 한 성령이 행하사 그 뜻대로 각 사람에게 나눠 주시느니라"(고전12:11).

이 모든 선물은 그리스도로 말미암아 이미 우리의 소유가 되었지만 실제로 그것을 소유하고 사용하는 것은 하나님의 성령을 받아들이는 데에 달려 있다고 본다.

> "우리 각 사람에게 그리스도의 선물의 분량대로 은혜를 주셨나니" (엡4:7).

우리가 어떤 선천적이나 후천적 재능과 은사를 가졌다 해도 하나님의 성령의 역사가 없이는 한 사람의 마음도 단 한명의 죄인도 그리스도를 믿게 할 수 없는 것이다. 반면에 만일 어떤 사람이 그리스도와 연합하고 성령의 선물을 갖게 된다면 아무리 어리석고 무식한 자일지라도 다른 사람의 마음을 움직일 수 있는 능력을 갖추게 될 것이며, 하나님께서는 그들이 이 세상에서 최고의 감동과 감화를 끼치는 통로가 되게 하신다고 믿는다.

내가 스스로 할 수 있는 일은 아무것도 없다. 하나님께서 나를 도구로 사용하셔야만 사람을 변화시킬 수 있고 감동을 주실 수 있다. 그러므로 성령의 은사는 내 것이 아니고 내 의지대로 쓸 수 있는 것이 아님을 알아야 한다. 그리고 모든 성령의 은사는 나를 위한 이기적인 목적을 이루기 위해서 주시는 것이 아니고 하나님의 교회를 위하여, 내가 아닌 다른 사람을 위해서 쓰라고 주시는 것임을 망각해서는 안 될 것이다(Not all the Holy Spirit's gifts are given to achieve selfish purposes for me. for the Church of God, Don't forget what you're giving to use for someone other than me). 구체적인 '은사론'은 다음 기회에 더 많은 시간을 요구하기 때문에 오늘은 서론으로 마치려고 한다.

50
성령 충만을 받자!

"홀연히 하늘로부터 급하고 강한 바람 같은 소리가 있어 그들이 앉은 온 집에 가득하며 마치 불의 혀처럼 갈라지는 것들이 그들에게 보여 각 사람 위에 하나씩 임하여 있더니"(사도행전 2:2-3).

성령 세례를 받아야 산다

사람은 누구나 힘이 있어야 성공도 하고 행복할 수 있는 권리도 쟁취한다. 시골에 농부는 체력이 힘이고, 운동선수는 건강한 신체가 힘이고, 공부하는 학생은 지식이 힘이고, 지도자는 리더십과 지혜가 힘이고, 사업가는 자본과 경영 마인드가 힘이고, 교육자는 해박한 지식과 경륜이 힘이다. 그리고 하나님의 자녀 된 모든 그리스도인은 성령 충만보다 더 큰 힘은 없다고 본다. 하나님의 백성은 이 세상에 사는 동안 저 불신자들처럼 먹고 마시고 즐기고 눈에 보이는 정욕에 집착해서 살 수 없는 존재들이다. 우리에게는 하늘나라 복음증거의 사명이 부여되어있기 때문에 반드시 성령을 받아야 한다. 우리 성도는 교회에 나가서 물세례 받는 것

가지고 만족해서는 안 된다. 성령세례를 반드시 받아야 한다.

> “오직 성령이 너희에게 임하시면 너희가 권능을 받고 예루살렘과 온 유대와 사마리아와 땅 끝까지 이르러 내 증인이 되리라 하시니라”(행1:8).
> “너희는 몇 날이 못 되어 성령으로 세례를 받으리라 하셨느니라”(행1:5).

특별히 사랑하는 제자들에게는 권면하셨다.

> “너희는 위로부터 능력을 입히울 때까지 이 성에 유하라 하시니라”(눅24:49).
> “너희는 온 천하에 다니며 만민에게 복음을 전파하라”(막16:15).

성령의 체험과 그 경험으로 사명 감당함
위의 말씀처럼 거듭거듭 당부하셨기 때문에 우리는 이 분부를 반드시 지켜야 한다. 특별히 복음사역자(목회자, 성직자)는 무엇보다 성령 충만한 체험, 성령의 능력을 받지 않고는 사역현장에 나가지 말아야 한다. 성령의 능력(충만함)을 못 받고 목사가 되면 자기도 죽고 남도 죽이는 사기꾼이 될 가능성이 농후하다. 병원에 의사도 무면허로 하면 불법이요 남의 생명을 도둑질하는 것인데 하늘나라 영생을 아무나 줄 수 있는 것이 아니다.

목회자는 특별히 먼저 하나님과 만남의 체험과 신학적인 지식과 성령 충만의 체험을 반드시 경험해야 복음증거의 주역이 되고 하나님 나라의 증인으로 쓰임 받을 수 있습니다. 지금은 한국교회뿐만 아니라 세계 모든 기독교회가 하향 길로 가고 있는데 그 이유는 모두가 사역자들의 책임이다. 사역을 밥벌이로 생계유지의 수단으로 일신의 영달을 위해서 악용하고 남용했기 때문에 하나님의 영광이 가려지고 하나님의 뜻은 점점 희미해져 가고 있다.

하나님을 착각하면서 '다 안다'라는 삶의 결과…

'지피지기면 백전백승'이라는 말처럼 우리 그리스도인은 하나님을 제대로 알고 제대로 믿어야 성공적인 삶을 이룰 수 있다. 그에 대하여 착각을 하고 살아가면 안 된다. 잘못 아는 것을 착각이라고 하는데 많은 성도, 목회자들까지도 하나님을 알지도 못하면서 '나는 안다'고 '나는 믿는다'고 하는데 이 '안다'고 하는 단어가 히브리어로는 '야다'로 창세기 4:1에 "아담이 그 아내 하와와 동침하매"의 '동침'이라는 단어가 바로 '야다'이다.

이 뜻은 전인적이고 실제적이고 지(知). 정(情). 의(意)가 동반된 그런 체험적인 뜻을 포함하고 있어야 하는데, 우리의 문화로는 그저 머리(이성)로 기억하는 것을 안다고 착각하고 있어서 하나님을 알고 믿는다고 하는 오류를 범하고 있다고 말한다. 우리 성도들은 잘못 알고 믿는 것이 제일 무서운 함정인 것을 깨달아야 한다.

나중 유죄선고 받지 않도록 영이 혼과 육을 지배하는 삶

인간은 구조상으로 신학자들에 따라서 2분설 혹은 3분설로 구분하지만 영과 혼은 다르다. 영의 생각은 마음에서 나오고 혼의 생각은 머리에서 나오는데 사람들은 영이 없이도 혼의 생각으로 육신을 지배하면서 살아갈 수 있다. 곧 사람은 혼(머리)의 지배를 받으며 육신이 원하는 대로 얼마든지 살아갈 수 있다고 한다. 문제는 끝날 하나님의 심판대에서 비로소 무죄선고가 아닌 유죄선고(지옥형벌)를 받을 수밖에 없음을 말한다.

우리가 세상적인 방법으로 살아도 얼마든지 큰일도 하고 성공도 가능하고 인기와 명예를 누리고 살 수 있지만 세상법과 하나님의 법은 정반대이다. 문제는 영이 혼을 지배하고 혼이 육을 지배하면서 사는 것이 가장

이상적이고 정상적인 사람의 삶이다. 그래서 우리는 여호와의 종합병원에 입원하여 영을 먼저 치료한 후에 혼과 육을 치료해야 한다. 그때부터 우리가 성령의 사람으로 변화를 받고 천국생활이 가능해지는 것을 말하고 있다.

혼적(魂的)으로 키우고 영적(靈的)으로 키우지 못한 결과

저자도 목회를 경험하면서 교회를 개척하고 담임을 하다가 후임자에게 맡기고 떠나면 얼마 못가서 그 교회가 어려움을 당하고 목회자가 목회를 실패하고 떠나는 것을 자주 보아왔다. 그 이유는 하나같이 내가 목회하면서 교인들을 혼적(魂的)인 성도로 키우고 영적(靈的)인 단계에까지 키우지 못하고 다 된 줄 알고 그 교회를 맡기고 떠났기 때문이다.

성령의 능력을 받은 목회사역 결과?

늦게 깨달은 비밀이 바로 내가 목회한 교회가 혼적(魂的)으로는 성공했지만 영적(靈的)으로는 실패한 목회였음을 늦게 깨닫게 되었다. 그래서 나는 13년 담임목회를 끝으로 한국교회를 회복시키려면 교회가 이제는 성령의 능력으로 목회하는 그런 교회와 목회자를 꿈꾸고 일신의 모든 소욕과 내 가정까지 희생시켜가며 특수목회를 시작해보았지만, 벽은 너무 높고 단단해서 깨지기는커녕 나 자신도 지쳐서 충전을 하려고 하향하게 되었다. 약4년 동안 충전(영성)한 후에 금번에 한국교회를 사랑하고 뜻을 같이하는 여러 동역자들이 합심하여 '새 생명 복음 선교회'라는 새로운 사역을 시작하게 된 것이다.

이제부터는 어떤 유혹도 이기고 오직 '성령 충만'(Full of the Holy Spirit)으로 무장하여 한국교회를 회복시켜 육신과 영과 혼을 치료하는 종합병원의 역할을 감당하려고 한다. 그래서 교회를 교회되게 하고 하나님의 교회를

새 생명으로 탄생시키는 종합병원으로 영을 살리고, 혼을 온전케 하고, 육신도 강건케 하는 성령 충만한 주님의 몸 된 교회로 회복시켜서 대한민국을 하나님이 기뻐하시는 복지국가로 세워가려는 한다.

어떻게 해야 성령 충만함을 받을 수 있는 것인가?

1. 말씀에 절대 순종해야 한다.

성자 하나님이신 예수님도 성부 하나님께 절대 순종하셨다(히5:8). 제자들과 약속하셨다(행1:3-5). 제자들에게 분부하셨다(막16:15, 눅24:29).

예수 그리스도께서 십자가를 지시기 직전에 까지 순종하신 모범을 우리도 본받아야 한다. 절대로 불순종하는 교만의 죄에 빠져서는 안 된다고 원칙을 세우고 그 기준에 맞도록 노력해야 한다.

> "내 뜻대로 마옵시고 아버지의 뜻대로 하옵소서"(마26:39).
> "순종이 제사보다 낫다"(삼상15:22).

2. 나를 완전 포기하고 십자가를 지고 좇아야 한다.

예수 그리스도께서 제자들을 선택(소명)하실 때 가장 확실한 조건은 제자들의 자신에 대한 부정을 요구하셨다.

> "자기를 부인하고 자기 십자가를 지고 나를 따르라"(막8:34).
> "나더러 주여 주여 하는 자마다 천국에 다 들어갈 것이 아니요 다만 하늘에 계신 내 아버지의 뜻대로 행하는 자라야 들어가리라"(마7:21).

이제는 자기를 다 포기하고 구속하신 주님만 바라보고 십자가만 자랑하는 순교의 제물이 될 각오를 해야 한다. 두 주인을 섬기는 자들은 하나님께서 싫어하신다. 나는 여러 차례 금식기도를 한 후 마지막 금식기도가 끝나는 날 뜨거운 불세례를 체험하고 40년을 넘게 포로 된 삶을 지금까지 유지하고 있음을 감사하지 않을 수 없다.

3. 날마다 말씀을 묵상하며 지켜 행하며 사모해야 한다.

'신앙 따로' '생활 따로'는 이제 안 된다.

> "이 예언의 말씀을 읽는 자와 듣는 자들과 그 가운데 기록한 것을 지키는 자들이 복이 있나니"(계1:3).

'성령 충만'(the Holy Spirit's Filled)은 '예수 충만'(Jesus Filled)이고 그 삶이 '예수화'(Jesusization) 될 때 가능해지게 된다. 하나님 사랑과 이웃사랑은 이론이나 지식이나 사변으로 되는 것이 아니다. 목마른 사슴이 시냇물을 찾아 갈급하듯이 은혜를 사모하고 성령 충만을 뜨겁게 사모해야 한다.

결론적으로 성령 충만하면 어떤 유익이 있는가?(셀 수 없을 정도)

1. 자유인이 된다.

진정한 자유는 진리 안에만 있는 것이다. 육신적인 자유와 영적인 자유는 전혀 비교할 수 없다. 진정한 자유는 죄와 사망의 권세에서 자유하고, 육신의 소욕에서 자족하게 되고, 마음의 평안을 만끽하는 것이다.

"진리를 알지니 진리가 너희를 자유케 하리라"(요8:32).

2. 나를 이기고 세상을 이기는 승자가 된다(세상에 가장 이기기 힘든 적).

사도바울은 고백하기를 "내가 복음을 부끄러워하지 아니하노니 이 복음은 모든 믿는 자에게 구원을 주시는 하나님의 능력이 됨이라"(롬1:16).
다윗은 고백하기를 "여호와는 나의 목자시니 내가 부족함이 없으리로다"(시23:1) 하면서 고난과 시련과 역경과 환난 중에서도 승리의 개가를 부르게 된다. 하나님이 내편이 되시면 아무것도 겁낼 것 없다.

3. 예수님의 성품을 본받고 복음의 증인으로 맡은 사역에 승자가 된다.

성령 충만한 자는 사람의 눈치나 비위를 맞추려하지 않고 주님 한 분만으로 만족하며 주어진 사명완수에 좌절하거나 포기하지 않는다. 성령 충만을 체험하고 나면 스스로 낮아지고 겸손해지고 자비로운 성품으로 변화를 입는다. 성령 충만은 그리스도인이 누릴 수 있는 최고의 특권이고 자랑이고 보배이다. 온 세상을 다 지배하고 모든 것을 다 소유한 것보다 더 큰 축복이다.

51
영성 목회란 무엇인가?

> "내가 주는 물을 먹는 자는 영원히 목마르지 아니하리니 나의 주는 물은 그 속에서 영생하도록 솟아나는 샘물이 되리라"(요한복음 4:24).

예배의 주제에 대한 교훈의 말씀

예수 그리스도께서 이방 여인인 사마리아 여인과 대화하면서 "내가 주는 물을 마셔야 영생을 얻는다"고 말씀 하셨다. 이 말을 들은 여인은 그런 물을 달라고 간청하고 있다. 그러나 예수님께서 말씀하시는 물과 이 여인이 간청하는 물은 전혀 다른 성질의 물이다. 예수님은 이 여인이 원하고 마시는 물보다 더욱 영혼이 갈급한 물을 공급해주는 '예배'에 대한 주제를 말씀하시려는 것을 알 수 있다.

> "아버지께 참으로 예배하는 자들은 신령과 진정으로 예배할 때가 오나니 곧 이때라 아버지께서는 이렇게 자기에게 예배하는 자들을 찾으시느니라"(요4:23).

이 말씀을 하신 후에 "하나님은 영이시니 예배하는 자가 신령과 진정으로 예배할찌니라"(요4:24)고 말씀하셨다. 곧 예수님께서는 이 여인에게 마시는 물보다 더욱 소중한 영혼의 생수를 소개하고 있으며 그들에게 가장 절실하고 중요한 것은, 육신의 양식과 육신을 위한 욕구충족이 아니고 온 세상을 구원한 메시야 곧 온 세상의 구주를 이 여인에게 먼저 깨우쳐주고자 하셨다. 우리 인간이 생존하는데 물이 필요한 것은 삼척동자도 알고 있는 일이다. 그러나 영혼을 살리는 영의 양식인 예배와 말씀은 모두가 모르고 살고 있으므로 예수님께서는 이 여인과 세상 사람들에게 진정한 예배, 생명을 살리는 예배가 더욱 필요하다는 것을 깨우쳐주고 있다.

영혼의 구원은 유대인과 이방인이 구별이 없으며 하나님의 뜻이다. 이방 여인 사마리아인에게도 공통 과제임이 틀림 없다.

1. 영성 목회란 무엇인가?

목회(牧會)란 '목자가 양을 치는 것'(Shepherds feed sheep)인데, 목자는 양을 세상적인 꼴로만 먹여서는 안 되고, 성령의 인도와 하나님의 말씀의 꼴로 먹여야 한다. 곧 하나님이 공급하시는 힘으로 목회해야 한다. 그래서 목회는 내 힘, 내 노력, 내 방법으로 하지 않고 하나님의 힘, 하나님의 능력, 하나님의 은혜로 해야 한다.

우리는 전통적인 인간의 방법으로 '목회'(ministry)하고 '사역'(work)한다고 하지만, 진정한 목회는 성령의 방법과 인도가 반드시 선행되고 사람의 수단과 방법은 배제(排除)되어야 한다. 절대로 목회는 내가 하면 안 된다.

성령님과 동역해야지 그렇지 않으면 그 성도들은 염소밖에 안 된다. 염소를 양이라고 할 수는 없다. 순수하게 양을 먹이려면 영성목회가 필요하며 그것은 내가 하는 것이 아니고 성령님(the Holy Spirit)이 하는 것이어야 한다.

2. 영성 목회는 그리스도 중심-그 원칙이 철저해야 한다.

1) 그리스도 중심은 목회자가 성도들이 나(목회자)를 바라보게 하지 말고, 성도들이 오직 주님만 바라보게 해야 한다. 나를 보면 실패한다. 교회의 주인은 목회자가 아니다. 목회자는 종, 대리인, 에이전트다. 종은 여러 명이 있어도 좋다(부교역자, 전도사). 목회자는 언제나 성도로 하여금 주님만 바라보고 주님만 본받으라고 가르쳐야 한다.

2) 주님 한 분만으로 만족하게 하는 사역을 해야 한다. 다른 것 다 없어도 주님 한 분만으로 만족할 수 있도록 양육해야 한다(시23편 다윗의 고백). 오늘날 교회가 인본주의 사상으로 가득차서 인본주의로 가르치고 있다. 세상 것 다 가지고 신령한 것 하늘의 보화까지 다 가지려고 한다. 목회자는 정치목사가 되면 안 된다. 무관심이 아니다. 양들로 은사에 따라 정치, 교육, 경제, 전문성을 갖도록 길을 영적 차원으로 안내해야 한다.

3) 영성목회는 한 영혼을 귀하게 여기는데 소홀히 하면 안 된다.

a) 영혼의 가치는 수를 세는 것이 아니고 가치를 추구하는 것이다. 양(숫자)을 추구하는 목회는 경영인(종교사업가)에 불과하다.

b) 속이고 속기 쉬운 것이 숫자이다. 세상의 모든 기준은 양, 성적, 시험점수, 경제, 경영, 성공 등 모두가 양(숫자) 기준이다.

c) 많은 숫자는 인격이 없다. 그러나 한 사람에게는 있다.

3. 영성 목회는 고난을 두려워하지 않는 목회다.

1) 고난은 기도를 유발시킨다. 고난이 없으면 기도하지 않는다(약5:13).

2) 고난을 모르면 인생의 본질을 모른다. 그리스도의 좋은 군사는 고된 훈련으로 육성된다(딤후2:3).

3) 고난은 인생의 향기와 같은 것이다.

> "고난당한 것이 내게 유익이라"(시119:71)
> "고난 당하기 전에는 내가 그릇 행하였더니 이제는 주의 말씀을 지키나이다"(시119:67).

오늘날 우리가 사는 이 시대는 모든 것이 혼돈상태다. 선과 악, 정의와 불의, 사랑과 증오, 모든 것이 혼돈된 시대로 모든 사람이 다 미쳐버렸다. 미친 세상이다. 이 미친 세상에서 제정신으로 살려면 다른 방법은 없다. 내 안에 성령이 충만한 상태가 되어야 하고 하나님과 항상 눈이 마주쳐야 된다. '코람데오'의 정신으로 무장되어야 한다.
세상과 눈을 마주치려고 하면 결국에는 나도 미쳐야한다. 교회가 정체성이 완전히 상실된 이대로는 마치 중세시대처럼 미신적이고 우상화된 기독교로는 희망이 털끝만큼도 보이지 않는다. 현재 장로교단의 목사, 장로제도, 강단의 설교, 예배의 프로그램을 자세히 살펴보면 이것이 진짜 기독교인가? 하는 의심이 들 정도이다.

세상이 교회를 꾸짖고 있다
이것이 여호와 하나님을 경외하는 참된 신앙이며 또 개혁자들이 주장했던 그 모습이 조금이라도 있는지(공통점) 살펴보아야 한다. 지금 우리나라의 장로교단 간판을 붙인 교단이 300교단 정도 된다고 한다. 지금은 교회가 세상을 염려하고 이끌어주고 빛과 소금이 되어야 한다고 고민하는 대신, 그 반대로 세상이 교회를 염려하고 교회를 책망하고 꾸짖는 그런 시대가 되었다. 정말 죄송스런 사태가 벌어지고 있다.
목사는 아무나 마음만 먹으면 될 수 있는 흔한 직업처럼 느껴지는 그런 시대가 다 되고 말았다. 왜 오늘날의 기독교는 이처럼 이상야릇한 종교집단, 이기 집단으로 변질되어 버렸는지 심각하게 고민하지 않으면 안 되는 때가 되었다.

영적인 문제 해결을 위해 우리 한국 기독교를 돌아봄

언제나 문제를 푸는 방법은 기초가 중요하다. 시작이 중요하다. 교회(기독교)를 부패, 타락, 변질시킨 시초는 가톨릭이다. 로마 교황의 교황정치가 세상정치, 권력과 야합(野合)하여 교황이 교권과 세상 정치권력을 동시에 장악하면서 기독교가 타락하기 시작했다. 면죄부를 판매하는 것과 성직매매를 공공연히 하기 시작한 것이 발단이 되었다.
교회는 예나 지금이나 마찬가지로 돈과 권력을 가지면 본질에서 빗나가게 되어 있다(무서운 함정). 초대교회 당시 베드로와 요한이 성전미문에 구걸하는 앉은뱅이에게 무엇이라 말했는가? 그 핵심은 은과 금이다.

> "은과 금은 내게 없거니와 내게 있는 것으로 네게 주노니 곧 나사렛 예수 그리스도 이름으로 걸으라"(행3:5~10).

은과 금은 돈과 권력이고 예수 그리스도의 이름은 하나님의 능력이다.
가톨릭이 큰 집이고 개신교가 갈라져 나온 작은 집으로 잘못 가르치고 있는데 이는 잘못된 판단이다. 가톨릭은 원래 유대교와 유사한 반면, 우리 개혁교회는 잃어버린 교회의 원형을 회복한 것이 개신교이다.

이제 우리는 냉정하게 자성의 위치로 돌아가야 한다. 이것이 영성목회요, 참된 교회 모습이다. 한국교회는 구태의연한 옛 사상을 버리고 십자가 복음의 진정한 의미를 깨달아야 한다. 인위적이고 인본주의적인 과거의 전통, 교권, 기득권을 다 쓰레기통에 집어 던져버려야 한다. 사도행전 3장을 자세히 살펴보라!

주님께서 십자가를 지신 참 뜻은 하나님과 우리 인간 사이에 끊어진 길을 다시 수축하여 자녀의 관계를 회복시키시고 나아가 이웃과 이웃의 끊어진 관계를 다시 수축하여 좋은 이웃으로 관계를 회복시키기 위하여, 인간의 몸을 입으시고 십자가에 죽으시고 부활하시고 승천하셔서 지금도 우리를 위하여 하나님 앞에 중보기도하고 계신다.

이 깊고 높고 위대한 진리를 우리가 바로 깨달으면 우리가 어떻게 분리하고 원수 맺고 사분오열(四分五裂)할 수 있는가? 진정한 교회는 그리스도의 몸이다(엡1:23). 그리스도는 교회의 머리다(엡1:22). 그러므로 교회는 철저히 그리스도께 순종하는 유기적 관계가 형성되고 유지되어야 한다(골 1:16-20).

머리 없는 몸은 상상할 수도 없다. 팔, 다리, 손, 발 어느 한 부분이 결여되거나 손상된 인간은 있을 수 있지만 머리가 없는 사람은 현실적으로 불가능하다. 아무리 세련된 아름다운 프로그램이 진행되어도 예수 그리스도께서 임재하지 않고 통치하지 않는 공동체는 하나님의 교회가 될 수 없다.

52
기독교 영성의 뿌리

1. 객관적 측면에서 본 기독교 영성의 진원지

1) A.D 2~3세기경으로 거슬러 올라가 기독교의 교부격인 알렉산드리아의 감독 클레멘트와 리용의 감독 이레니우스와 신학자 오리겐에 의해서 성경중심의 영성신학이 싹트기 시작했다. 그러나 기독교 영성운동이 본격적으로 시작된 것은 A.D 325년에 콘스탄틴 황제에 의해 개신교가 신앙의 자유를 얻게 되면서부터 교회가 급속도로 확장되고 물량적인 성장을 거듭하게 되지만, 반면에 질적으로는 점점 혼탁하고 부패해지기 시작하면서 교리논쟁과 이단 정통시비가 200여 년 동안 계속된다. 이러한 가운데 애굽, 시리아, 팔레스타인 등지에서는 개인적으로 또는 소수의 무리가 사막이나 계곡이나 광야 등으로 은둔하면서 하나님과의 영적교제를 통해 진정한 기독교를 발견하고 진리 안에 살려고 하는 구도자적인 움직임이 여기저기서 싹트기 시작하는데, 이 운동이 바로 기독교 영성운동의 진원지라고 봐야 할 것이다.

2) 그 다음으로 기독교 영성운동이 역사 속에 나타난 것은 가톨릭교

회가 방대해지는 13C~15C경에 타락해가는 기독교를 구명하기 위해 생겨난 도미니칸 수도원 계통과 성 프랜시스 수도원 운동이 활발하게 일어나게 되었고, 그보다 조금 뒤늦게는 독일을 중심해서 마틴 루터 신부가 프랑스와 스위스를 중심해서, 칼빈 선생이 "오직 믿음으로!" "오직 성경으로!" 참된 구원을 받을 수 있다고 증거하는 영적각성운동을 일으키게 되는데, 이것이 2차적 기독교 영성운동의 진원지라고 할 수 있다.

3) 그리고 세 번째로 기독교 영성운동이 역사 속에 가시화된 것은 19세기와 20세기에 걸쳐서 산업혁명과 과학만능 물질문명의 거대한 물결에 휩싸여, 인간의 가치관이 극도로 타락하고 오염된 나머지 홍수 속에서 목말라 갈증을 호소하는 현대의 그리스도인들이 이대로는 안 된다는 자성과 기독교의 정화운동이 여기저기에서 작은 목소리를 내고 있다. 참된 복음의 진리는 기록된 말씀인 성경 속에서 그리고 삶의 현장에서 찾아야 한다고 주장하며 실천하는 교회갱신과 교회개혁운동이 바로 영성의 작은 불씨 임에 틀림없다고 본다.

미국과 아시아 각지와 유럽 등지의 개혁주의 교회와 보수교단을 중심으로 조용히 일어나고 있는 제3의 물결, 이것이 바로 제3의 영성운동의 진원지라고 보아야 한다.

2. 주관적 측면에서 본 영성의 의미

주관적 측면에서 본 영성의 의미는 인간 편에서 해석하기보다는 신적인 측면에서 보는 곧 하나님의 형상이라고 할 수 있으며, 이 하나님의 형상은 영혼과 불가분의 관계인 것이다. 영혼이란 인간이 태고적(太古的)부터 생각해오던 신비의 존재다. 창세기 2:7에 언급된 생령(Living Soul)은 히브리어로 '네프쉬'인데 우리말로 '호흡'이라고 해석된다. 국어사전에서는 인간의 모든 정신적 활동의 근원이 되는 실체 혹은 불멸하는 정신이라고 정의하고 있다.

'영혼'이란 우리 눈에 보이지 않고 손에 잡히지 않는 공기나 전기와 같이 기능적인 개념에 가까운 존재이다. 예를 들면 전기는 우리 눈에 안보이지만 전기의 작용을 통하여 경험할 수 있는 것처럼, 우리의 시각에 따라 영혼의 기능을 경험할 수 있다. 그러므로 영혼의 존재와 기능을 인지하지 못하면 영성이란 의미는 아무런 가치를 갖지 못하게 된다. 그런 의미에서 우리는 영혼의 기능을 먼저 알 필요가 있다.

영혼의 기능

1. 자기를 인식하는 기능, "내가 누구인가?"

인간은 생의 본능 외에 자기실현이라는 독특한 욕구를 가지고 있다. 자기 목표를 향하여 외적이고 수동적인 자극을 조정, 선택하고 새로운 것을 창조하는 힘을 의미한다. 다른 동물은 생리적인 욕구(먹고, 잠자고, 쉬고) 문제가 해결되면 되지만, 인간은 끝없이 자기실현의 욕구가 계속되고 그 욕구 때문에 계속하여 노력을 하게 된다. 이 기능은 여러 가지로 복잡하다. 자기도취, 자기연민, 경쟁의식, 자기비하 등을 말하고 있다.

"나를 어떻게 취급할 것인가?"

그런데 제일 중요한 것은 "나를 어떻게 취급할 것인가?" 그것이 문제이다. 거짓된 자기(가짜), 나를 다른 사람과 비교하지 말아야 한다. 나는 나에게만 책임이 있기 때문이다. 인간의 육신은 객관적으로 비교가 되지만 '참 자아'는 영적존재이기 때문에 다른 사람과 서로 비교가 될 수 없는 것이다. 하나님께서 유일무이하신 분인 것처럼 내 영혼도 마찬가지다.

내가 귀한 존재인 것은 하나님 앞에서 나는 하나밖에 없는 존재이기 때문이다.

> "사람이 만일 온 천하를 얻고도 제 목숨을 잃으면 무엇이 유익하리요 사람이 무엇을 주고 제 목숨을 바꾸겠느냐"(마16:26).

자신을 남과 비교하면 유익이 없다. 왜냐하면 자기보다 나은 사람과 비교하면 열등감에 빠지고, 자기보다 못한 사람과 비교하면 교만에 빠진다. 열등감이나 교만은 건전한 자아상을 갖는데 방해가 되고 자기성장에 손해를 가져온다. 나의 영혼은 하나밖에 없는 유일무이한 하나님의 걸작품이기 때문이다.

2. 환경을 초월하는 기능

흔히 노령층 세계에서 '몸은 늙었어도 마음은 늙지 않았다'고 하는 말을 자주 듣는다. '마음'이란 인간이 주관적으로 영혼을 지칭하는 가장 가까운 용어이다. 객관적으로 보면 몸은 늙고 가난해도 주관적인 마음은 늙고 가난함을 그대로 받아들이지 않고 환경과 육체의 조건을 넘어서 보다 더 완전하고 나은 세계를 쳐다본다. 이것은 영혼이기 때문에 가능하다. 인간은 영원에 대한 욕구와 현실에 대한 제약 때문에 불만을 항상 느끼면서 살아간다. 실존철학에서는 인간존재의 근원을 불안으로 본다. 인간은 늘 이것이냐 저것이냐 선택을 해야 하고 제약을 넘어서 절대적인 세계를 계속 추구하는데서 고민과 불안이 항상 뒤따르는 것이다. 여기에 인간의 고뇌도 가치가 있고 발전도 있게 된다. 자신의 현재와 과거를 무시해버리고 미래에만 집착하는 진보주의(이상주의)자가 많다. 이것은 결코 자랑할 만한 일이 못 된다. 건전한 미래는 과거에 근거를 두어야 한다. 과거에 뿌리가 없는 미래는 무지개나 신기루와 같다. 역사상 피 흘린 두 번의 혁명(블란서, 러시아)이 너무 미래에만 집착한 나머지 역사적 현실을 무시한 결과로 빚어진 큰 희생으로 끝나고 말았다.

3. 영혼의 존재를 발견하는 방법

신구약 성경은 이스라엘 역사의 과거의 구원이며 동시에 미래의 이상을 비춰주고 있다. 그래서 예언자들과 선지자들은 그 당시 사람들에게 회개를 촉구했던 것이다. 그러나 이스라엘 사람들은 자신들의 과거를 무시한 채(역사의 교훈) 허황된 미래의 꿈과 자만에 들떠 있어서 그들에게는 참된 역사의식이 없었다.

예수님께서도 "회개하고 복음을 믿으라"고 외치셨고 "회개하라 천국이 가까웠느니라"고 엄숙하게 외치셨다. 그러나 그들이 회개를 원치 않고 돌이키지 않았기 때문에 영혼의 깨우침이 없이는 온전한 회개가 불가능할 것이다. 그러므로 영혼을 깨우치는 하나님의 영을 '회개의 영'이라고 했다. 그리고 성령님이 우리 영혼 속에 임하시면 제일 먼저 회개하도록 역사하신다. 그래서 회개한 영혼이 바른 역사의식을 갖고 건전한 역사를 주도해나가게 된다.

구약이나 신약이나 마찬가지로 무지한 백성들과 종교지도자들은 영혼의 회개보다는 현상유지 속에 안주하기를 바라고, 듣기 좋은 말로 죽음의 자장가를 불러주었던 사람들이 바로 거짓 선지자들이었다. 이 같은 현상은 예나 지금이나 다를 바 없다.

오늘날에도 성도들의 눈과 귀를 어둡게 하고 이성과 양심을 마비시켜서 진리와 비 진리를 혼돈하게 하는 거짓 선지자 곧 삯군 목자들이 교계를 어지럽게 하고 있는 영적위기의 시대에 우리가 살고 있는 것이다. 그러므로 우리는 육신 중심으로 살 것이 아니라 영혼 중심으로 살기를 힘써야 할 것이다. 그러기 위해서 우리는 기도를 쉬지 않아야 하며, 영혼의 양식이요 영혼의 생명인 말씀을 잠시라도 소홀히 해서는 안 되며 끊임없이 묵상하고 새김질하는 습관이 길들여져야 한다고 본다.

53
예닮 영성이란?

"여호와의 율법은 완전하여 영혼을 소성케 하고 여호와의 증거는 확실하여 우둔한 자로 지혜롭게 하며 여호와의 교훈은 정직하여 마음을 기쁘게 하고 여호와의 계명은 순결하여 눈을 밝게 하도다"(시편 19:7,8).

지금은 인류 역사의 석양이다

해가 서산에 기우는 저녁 때 종말을 살아가는 우리는 어느 시대, 어느 역사보다 막중한 사명을 깨달아야한다. 어느 역사학자가 말하기를 "하나님(신)은 사람을 만들고 사람은 조직을 만든다"라는 유명한 말을 남겼다. 지금 시대는 참 사람이 요청되는 때이다. 참 사람(Holy man, Truth man)은 어떤 사람일까? 준비된 사람, 완성된 사람, 하나님께 쓰임 받을 수 있는 사람은 어떤 사람이며 역사의 주권자 되시는 하나님께서 찾으시는 사람은 어떠한 사람일까? 하나님께서는 우주 만물을 창조하실 때부터 지금까지 이 땅 위에 인간을 당신의 대리자로 세우시고 하나님의 나라를 계속하시기를 원하셨다. 그래서 하나님의 나라는 과거와 현재와 미래를 단절하지 않고 현재진행형(ing)으로 계속하고 계신다.

하나님의 나라는 어디에 있을까?

유럽? 아프리카? 남미? 북미? 아시아? 호주? 그의 나라는 지역과 공간이 상관이 없다. 시공을 초월해 계신다. 성경이 계시하고 하나님께서 원하시는 나라는 여기도 아니고 저기도 아니다(요4:21). 그 나라는 지난 시대도 아니고 미래도 아니다. 그 나라는 이미 여러분과 내 안에 와 있다. 그 나라는 '크로노스'가 아닌 '카이로스'에 있다.

하나님의 나라는 예수 그리스도의 첫 설교 주제이다

> "때가 찼고 하나님의 나라가 가까왔으니 회개하고 복음을 믿으라 하시더라"(막1:15).

하나님께서는 당신의 백성들이 이 세상 속에 살면서 하나님의 형상으로 회복되어 하나님과 동행하시기를 원하신다. 그러나 인간들은 세상을 더 좋아하고 어둠에 속해있어 빛으로 나오기를 원치 않는다. 교회를 출석하고 있는 그리스도인들마저도 하나님의 나라보다 세상 나라를 더 좋아하고 사랑하며 하나님의 마음을 아프게 하고 있다. 참 믿음은 이론도 지식도 현상도 아닌 참된 삶이고 실상이다. 그리고 산 증거이다.

오래전의 일이지만 지금도 생생한 기억으로 경기도 이천에 있는 동역자가 시무하는 교회를 방문했다가 그 교회의 성도가 운영하는 도자기 공장을 견학하면서 놀라운 진리를 하나 깨닫게 되었다. 그곳에서 매일 생산하는 도자기 중에는 우리가 보는 시각과 전문가가 보는 시각은 너무도 달랐다. 다 완성되었고 아무 흠도 없어 보이는 아까운 도자기를 쓰레기장에 사정없이 내버리는 것을 보면서 '토기장이와 하나님의 비유'를 되새겨보았다. 토기장이가 보는 눈과 내가 보는 눈이 전혀 다른 것같이 완벽한 것 같은 아까운 도자기를 쓰레기더미 속에 던져버리는 것을 보면서, 나 자신을 토기장이이신 창조주 하나님께서 보실 때 어떻게 여기실까 곱씹어보았다.

아낌 없이 버리는 모습에서 자신을 돌아봄
분명히 저 정도 도자기라면 우리가 선물로 받으면 백 번 감사를 할 수 있을 텐데 저렇게 아낌없이 버리는 모습을 보고 아쉬움을 지워 버릴 수 없었다. 그러나 그 순간 내가 깨달은 비밀은 하나님께서는 나를 어떻게 여기실까! 혹시 하나님의 눈에 나도 저렇게 보여지면 어쩌지? 하고 자신을 되돌아보았다. 하나님께서는 우리를 당신의 사역자로 쓰시기 위해서 훈련하고 연단하실 때 어느 정도 엄중하실지 재삼 생각해보았다. 하나님께서는 우리를 사용하시기 전에 반드시 검증하시고 단련시키신 후에 불가마 속에 던져 넣으시고 뜨거운 불 속에서 구워내듯이 하실 것이 분명하다.

예닮 영성 훈련과 하나님의 방법?

1. 하나님의 주권은 절대적이다.
출애굽기 14:4,8,17에 보면, 여호와께서는 바로의 마음을 강퍅케 하셨다는 기록이 세 번 반복해서 나온다. 왜 그런가? 모든 사건의 배후에는 반드시 하나님의 허락이 있어야 하므로 이를 깨우쳐주기 위함이다(시139편 참고). 하나님은 우리 인생들의 생사화복을 다 주관하고 계신다. 고로 나는 내가 주인이 되어서는 안 된다. 내가 내 마음대로 다 하다보면 나도 모르는 사이에 거짓의 아비 마귀에게 속는다. 하나님께서는 때에 따라 사자의 입에 자물쇠를 채우신다(다니엘의 사자 굴).
때로는 가난한 과부의 마지막 양식을 하나님의 종 엘리야에게 공궤하게 하신다. 때로는 나귀 새끼나 까마귀를 도구로 쓰시기도 하신다. 하나님의 생각과 우리 인간의 생각은 전혀 다르다. 하나님의 방법은 다양하다.

2. 하나님께서는 우리의 약함을 아시면서도 사용하신다.
하나님께서 인류의 역사 속에 개입하셔서 일하고 계심을 깨우쳐주시기 위하여 늘 준비시키시고 사용하신다. 하나님은 무소부재(無所不在)하시고 전지전능(全知全能)하시지만 연약한 우리를 통해 영광 받으시고 우리를 들어 쓰기 원하신다. 스스로 자랑하지 못하게 하기 위해서 약한 자를 들어 강한 자를 부끄럽게도 하신다. 바울은 병약함을 더욱 자랑했다.

하나님께서 우리를 어떻게 훈련 시키는가?

예수 특공대(정예군사)가 되려면 적어도 7년~10년의 훈련이 필요하다.

1) 적성 검사(검정, 진찰)-2개월 정도
2) 기본(기초) 훈련-2년 정도
3) 섬김, 비움, 나눔-3년 정도
4) 성령 충만으로 영적 무장-5년 정도

한국교회는 훈련 대신 약간의 견학으로 과정을 끝낸다. 그래서 사람은 키우지 않고 건물만 높이 키우고 땅만 넓힌다. 신학교에 7년(신대원 포함)을 공부하려면 1년에 최소한 1,000만원으로 7년이면 7,000만 원 이상 비싼 수업료가 들어가니 본전 찾으려면 직업 목사가 될 수밖에 없다. 신학교 수업은 자비(自費)가 아닌 교회, 혹 노회, 총회가 투자해서 양육하는 것이 정상이다.

육군, 해군, 공군 사관학교는 거의가 국비로 공부한다. 한국교회도 시스템을 바꿔야 한다. 돈이 없어 사명감당을 못하게 되면 그것은 교회와 총회가 책임이 있다. 하나님 나라의 일군(군사)은 교육과 훈련을 겸해야한다. 오직 성령으로 시작해야 한다. 성경적 해답(행1:8, 행20:23, 롬14:17, 고전2:1, 갈5:22-24, 벧후1:19-21, 히12:1-6).

우리는 오직 성령의 충만함을 받고 성령의 인도하심을 따라 온유와 겸손함으로 순종하고 인내할 뿐이다. 내 의지, 내 경험, 내 지식은 다 내려놓고 어린아이처럼 원점에서 새로 시작해야 한다. 제대로 알지도 못하면서 안다고 착각하면 언제까지나 발전하지 못하고 영적 소경으로 영적인 문둥이로 허송세월만 보내고 만다.

방법론?(Methodology)

1. 소수정예

예수님께서 12명의 제자를 훈련시키셨다. 수천, 수백 명은 영성훈련이 불가능하다. 물량주의는 인본주의에서 시작되었다.

2. 무조건 순종하는 훈련

오직 말씀에 전적 순종만 했다. 잔머리 굴리는 사람, 인간의 힘을 과시하는 사람은 하나님 앞에 인정받지 못한다. 예수님께서 제자들과 의논하고 상의하시지 않고 오직 하나님 앞에서 시키시는 대로 순종만 하셨다.

3. 앞으로 영성목회가 절대 필요하다.

지난 세대는 교리, 전통, 지식, 이론으로 가능했지만 앞으로는 영성목회가 절대적으로 필요하고 생활신앙이 반드시 필요하다. 지금까지는 설교목회, 교육목회로 교회부흥과 성장이 가능했지만 앞으로의 시대는 영성이 안 갖추어지면 목회가 힘들다. 모든 문명과 생활패턴이 변하고 급속도로 발전하는데 기독교 신앙은 언제까지 답보(踏步)상태에 있다면 이 시대를 이끌지 못하고 역사의 뒤안길로 밀려나게 되고 만다.

금년 사자성어는 '거세개탁'(擧世皆濁)으로 626명의 대학교수들에게 물어 선정해 교수신문에 기고했다.

"세상이 온통 흐리고 더럽다" 중국 츠나와 충신 굴원의 어부사에 나오는 '거세개탁아독성'(擧世皆濁我獨醒)-'온 세상이 흐리지만 나 홀로 맑고 모두가 취했지만 나 홀로 깨어있다'에서 따온 말이다.
'거세개탁아역탁'-세상이 모두 흐리고 나도 역시 흐리다. 굴원은 다산 정 약용이 가장 존경하던 지식인이다.
'거세개탁 오역불면(吾亦不免)-세상이 온통 흐린데 대해 나 또한 책임을 면할 수 없다는 의미이다.

하나님께 쓰임 받는 영적 세계 지도자(영적세계)

첫째 조건: 리더십이 있어야 한다

1) 통찰력(꿰뚫어 보는 눈)-100~200년 앞을 멀리 바라보아야 한다. 나무는 보면서 숲을 못 보아도 안 되고, 숲은 보면서 나무를 못 보아도 안 된다. 양면을 다 볼 줄 아는 눈 곧 현미경과 망원경 둘 다 가져야 한다.

2) 결단력-우유부단하면 안 된다. 성경에 위대한 사람들 아브라함, 노

아, 다니엘, 에스더, 엘리야, 바울, 요한 등 죽음 앞에서도 두려워하지 않는 용기가 필요하다.

3) 포용력과 친화력-모든 사람을 이해하고 포용할 줄 아는 넓은 마음이 있어야한다. 모세는 자기를 저주하고 배신하는 백성들까지 포용할 수 있었다.

4) 역사의식-과거, 현재, 미래를 무시해서는 안 된다. 공산주의자들은 역사의식이 결핍하여 역사를 왜곡하고 거짓말을 참말보다 잘 꾸며 댄다. 그 정권과 세력은 오래가지 못한다. 북한이 오래 유지하는 것은 기적이다.

이스라엘의 지도자 모세는 이 4가지를 고루 갖춘 리더십으로 자기 백성들이 계속하여 하나님께 불순종하고 범죄 해도 암탉이 날개 아래 새끼를 모음같이 품고 진행을 했다. 우리나라는 이런 지도자를 만나지 못한 것 때문에 70년이 넘도록 분단의 아픔을 면치 못하고, 소시민적인 똘마니 지도자들 때문에 지금도 불행을 면치 못하고 있다(남북분단, 남남갈등). 지금은 더더욱 불행을 자초하고 있다. 좌파정권은 멸망하고 만다. 그러면 어떻게 해야 할 것인가? 가능성이 있는 젊은 세대를 키우는 길 밖에 다른 대안이 없다. 지도자를 밖에서 수입할 수는 없다. 그렇다고 급조할 수도 없다.

이사야는 불행한 시대 위기의 때(사1:2-17)에 웃시야 왕이 죽던 해에 성전에 들어가 하나님을 만나고 자신의 연약함을 깨닫고 비로소 당신의 사명을 깨닫고 위대한 선지자의 사명을 감당할 수 있었다(사6:8-13).

둘째 조건: 하나님을 아는 지식이 있어야 한다.

1) 작금의 우리나라는 세상지식으로는 유능한 지도자가 많으나 하나님을 아는 지도자는 귀하다. 하나님을 아는 지식은 모든 지식의 근본이다(호4:5, 6:1-6, 10:12, 13:4-6). 신학은 이론과 변증법적으로 알고 가르치는데 이것은 아주 위험한 사상이다. 하나님을 바로 알려면 3가지 분명하고 정확한 원칙(기준)이 있어야 한다.

a) Sola Scripture 오직 성경
b) Sola Fide 오직 믿음
c) Sola Gracia 오직 은혜

셋째 조건; 성공적인 지도자(십계명), (빌2:13-16)

1) 거룩한 소원을 품어라(빌2:5). 거룩한 소원은 모든 삶(행동)의 씨앗이 된다. 첫째는 하나님을 소원하고 하나님의 은혜를 소원하고 하나님의 나라를 소원하라.

2) 열린 마음과 긍정적이고 겸손하고 사랑하는 마음을 가지라(고6:11-13).

3) 목표를 분명히 하라. 목표가 분명하고 구체적이어야 한다.

4) 건전한 자화상을 가지라. 자신을 분명히 하지 않으면 위기를 만날 때 흔들린다. 건전한 자화상은 성공과 실패, 행복과 불행의 출발점이다.

5) 성결 된 삶을 살라. 성결은 하나님의 뜻이고 본질이다. 성결은 세상을 이기는 영적 능력이다.

6) 헌신하는 삶을 추구하라. 헌신이란 나를 하나님께 드리는 것이다. 헌신은 하나님의 일을 의미하는 말이다(고전4:2). “그리고 맡은 자들에게 구할 것은 충성이니라”.

7) 은사를 활용하라. 은사는 하나님의 선물이다(딤전4:14-15). 조그마한

은사도 소홀히 하지 말고 제일 큰 은사는 '사랑'임을 잊지 말라(고전 13:1-13).

8) 시간을 아끼라. 시간은 하나님께서 내게 맡기신 최고의 재산이다. 시간의 관리는 성공과 행복의 열쇠이다. 시간을 미루거나 낭비하는 습관을 버리고 시간에 집중해야한다(엡5:16).

9) 인간관계에 유의하라. 신앙도 인간관계에서 시작된다. 행복과 성공도 인간관계에 달려있다. 좋은 사람을 멘토로 친구로 삼으라.

10) 규모 있는 삶을 살라. 규모 있는 삶이 하나님의 뜻을 이루기 때문이다(살후3:6-11 참고). 자기의 분수를 모르고 즉흥적이고 감정적으로 살면 하나님께 죄악이고 이웃에게는 해악이 된다.

54
예수 그리스도의 영성과 우리의 영성

"하나님께 속한 자는 하나님의 말씀을 듣나니 너희가 듣지 아니함은 하나님께 속하지 아니하였음이로다"(요한복음 8:47).

당신의 형상대로 지으심은 무엇을 의미하는가?

하나님께서 우리 인간을 당신의 형상대로 지으셨다고 하는데 그 형상은 무엇을 의미하는가? 영어 성경에는 'Form' 또는 'Image'로 번역하고 있는데 구체적으로는 해석이 안 되고 있다. 하나님께서는 우리 인간을 사회적인 동물(사회성)로 지으셨지만 지성, 감성, 예술성, 정치성, 도덕성 그리고 가장 중요한 영성과 그 형상 속에 포함시켜 놓았다. 그래서 영성이란 영적인 삶을 살 수 있는 능력 곧 전능자이시요. 창조자이신 하나님과의 관계성을 의미하는 것이다.

참된 영성은 주님과 밀접한 관계로 들어가야 함

주님 안에서~ 주님과 더불어~ 주님과 함께~ 주님 앞에서~ 주님을 위하여~ 사는 삶을 의미하고 있다. 그래서 사도바울의 영성은 먹고 마시는 것까지 주님과의 관계(고전10:31)를 연관시키고 있다. 이사야 선지자는 다음과 같이 고백하고 있다.

> "무릇 내 이름으로 일컫는 자 곧 내가 내 영광을 위하여 창조한 자를 오게 하라 그들을 내가 지었고 만들었느니라 이 백성은 내가 나를 위해 지었나니 나의 찬송을 부르게 하려 함이라" "이스라엘의 왕인 여호와 이스라엘의 구속자인 만군의 여호와가 말하노라 나는 처음이요 나는 마지막이라 나 외는 다른 신(神)이 없느니라"(사43:7,21).

이사야 선지자는 일생을 하나님의 영광과 장차 오실 메시야(성자 예수님)에 대하여 선포하는 일에 생을 바칠 수 있었다.

누가복음 19장에는 '삭개오'라는 인물이 있는데 그는 세리장이요 큰 부자였지만 인격적으로 환영받지 못하는 불행한 자였다. 그러나 그는 주님을 만나고부터는 그의 신분이 극과 극으로 달라졌다. 그가 주님과 인격적인 만남을 갖기까지는 세속적이고 탐욕적이고 물질의 노예였지만, 주님과 인격적인 만남을 갖는 그 순간부터 그는 영성의 사람으로 변하기 시작했다.

영성은 수직이 아니고 수평관계이다

참된 영성은 수직적인 관계에서 끝나는 것이 아니고 수평적인 관계로 삶의 변화까지 가져오며, 이웃과의 바른 관계로 열매까지 맺게 되는 것을 말하고 있다. 그러므로 참된 믿음의 사람은 실제로 삶에서 열매를 맺으며 우리의 존재가 주님을 닮아가는 모습으로 변화되면서, 삶의(全人)치유까지 이루어져서 하나님께서 원하시는 삶을 살아가는 것을 의미한다.

내 믿음대로 살아갈 수 있는 영성

진정한 영성이란 우리의 삶의 현장에서 내 믿음대로 살아갈 수 있는 그 능력이 바로 영성이라는 것이다. 아무리 기도를 잘하고 성경을 많이 안다고 해도 그 삶이 말씀대로 살아갈 수 없으면 영성이 있다거나 성령의 사람이라고 보기는 어렵다고 할 수 있다.

진정한 예수의 영성은 복음의 능력이 우리의 삶 속에서 나타나게 될 때 그것이 진정한 영성이라고 말할 수 있다. 그리고 우리의 영성에 방해되는 요소와 장애물이 항상 우리의 삶 주변에 대기하고 있다는 것도 알아야 한다. 그 대상은 여러 가지 중에 다음과 같은 것들이 대표적인 것임을 알아야 한다.

그리스도인의 영성에 방해되는 요소		
1-교만(자만)한 자아	모태신앙, 오랜 직분자, 율법주의	
2- 옛 사람(중생 이전)	죄의 법, 사망의 법에 매임	롬6:6, 7:23-25
3-세상의 가치	문화의 유혹, 등 세속성의 헛됨	요일2:15-16
4-사탄(귀신)	영적 교만, 거룩성 방해, 부정 등	딤전3:6
5-감정(육신적)	내면의 상처, 누적된 분노	

〈Table-13〉

이 같은 장애물 외에도 수많은 장애물이 있고 우리의 삶에 방해되는 것들이 사방에 산재해있음을 모르면 원치 않는 세속적인 삶에 얽매여 살게 되고 만다.

55
물질(세상)과 하나님

인간에게 가장 큰 고난이 있다면 사람에 따라 환경에 따라 여러 가지가 있겠지만 일반적으로는 물질의 문제일 것이다. 하나님의 은혜로 사는 자는 영적인 고난도 무시할 수 없지만 이 고난은 스스로 인내하고 혼자서 처리가 가능한 문제이다. 그러나 물질의 고난은 상대적인 부분이 있어서 스스로의 힘만으로는 해결하기가 힘든 것이라고 본다.
생존자체에 직접 관계를 주기 때문에 아무리 강하고 훈련받은 자라도 물질의 고리에 세게 걸리면 어떤 영웅호걸, 천하장사라도 버티다 못하여 두 손 두 발 다 들고 역사의 무대 뒤로 쓸쓸하게 사라져버리고 만다.

하나님께서 인간을 가두시고 터치하시는 방법 중에 가장 급수가 높은 고난으로, 물질을 절단하고 완전봉쇄를 하는 것이 최고의 방법인 것이다. 인간의 약점을 가장 먼저 사용하신 것은 물질을 쳐서 그 물질의 고난으로 욥을 꺾을 수 있다고 장담을 한 것이다. 아무리 자신만만하고 기가 등등하던 사람도 소유가 마이너스에까지 내려가고 목이 조이는 고난의 밑바닥까지 내려가면, 그 물질문제 때문에 옛 자아의 껍질이 서서히 벗겨지고 존재 자체마저 무너져 내리기 시작하게 된다.

이렇게 자아가 무너지기 시작하면 비로소 인간은 하나님을 찾기 시작하고 하나님의 인도와 처리하심에 자아를 맡기기 시작하게 되는 것이다. 그래서 물질은 하나님의 백성들에게는 위대한 교사가 되고 영혼의 유익을 선물로 얻게 되는 것이다. 물질의 고난이 극도에 이르러 물질이 완전히 차단 봉쇄될 때 그 영은 하나님을 바라고 하나님을 의식하고 하나님을 찾기 시작하게 되는 것이다(저자의 경우).

물질은 우리의 혼과 육신과 너무 밀접한 관계를 맺고 있기 때문에, 모든 소유가 바닥날 때 우리 영혼은 순수한 세마포 흰옷으로 갈아입게 되는 것이다. 필자는 그 때부터 무소유주의자로 변화 받았고 물질의 문제를 초월하는 비결과 자족하는 비결을 깨닫게 되었다. 물질의 고난이 오면 어쩔 수 없이 하나님 앞에 꿇어 엎드려 영적전쟁을 치를 수밖에 없이 자유를 상실하게 되고, "주신 자도 여호와시요 취하신 자도 여호와시니" 라고 고백하게 되는 것이 인간의 본래 모습을 발견할 수 있다.

자고로 영적인 위인들은 대부분이 무소유주의자였고, 사람의 영혼이 맑고 깨끗하게 성화되는 과정에도 물질 문제가 먼저 정리 정돈된 후에 순수한 영으로 하나님을 만날 수 있게 된다. 물질의 문제로 고난을 받게 될 때 우리는 그 기회를 하나님을 찾고 만나라는 신호로 알아야 한다. 하나님의 사람 중에서도 물질 문제로 심한 고통을 받게 될 때, '내가 지금 하나님 앞에 더 깊이~ 더 가까이~ 다가서라'는 신호로 아는 것이 지혜이다. 물질이 넘칠 정도로 풍요하고 자유로우면 인간은 하나님과 멀어지는 것이 다반사(茶飯事)이고, 사람이나 환경에 포로가 되는 것이 공통적인 인간세계의 모습이다.

하나님께서 우리에게 물질문제로 고난을 주실 때, 우리는 이 모든 고난과 연단이 우리의 영혼을 맑고 깨끗하게 성장시키기 위한 하나님의 배려인줄로 알고 이 때를 감사와 기쁨으로 받아들여야 한다. "나의 약함이 하나님의 강함이요 나의 가난이 하나님의 부요함"인줄을 알고 모든 것이 다 사라지고 소멸되어도 하나님 한 분만으로 기뻐하고 감사하는 영성이 될 때, 마침내 하나님께서 나를 당신의 도구로 충성된 종으로 사용하실 것으로 믿는다.

사도바울은 선교여행 중에 자신에 대해 고백하고 있다.

> "근심하는 자 같으나 항상 기뻐하고 가난한 자 같으나 많은 사람을 부요하게 하고 아무 것도 없는 자 같으나 모든 것을 가진 자로다"(고후 6:10).

시편에서 다윗 왕은 다음과 같이 고백하고 있다.

> "여호와는 나의 목자시니 내게 부족함이 없으리로다 그가 나를 푸른 풀밭에 누이시며 쉴 만한 물가로 인도하시는도다 내 영혼을 소생시키시고 자기 이름을 위하여 의의 길로 인도하시는도다 내가 사망의 음침한 골짜기로 다닐지라도 해를 두려워하지 않을 것은 주께서 나와 함께 하심이라 주의 지팡이와 막대기가 나를 안위하시나이다 주께서 내 원수의 목전에서 내게 상을 차려 주시고 기름을 내 머리에 부으셨으니 내 잔이 넘치나이다"(시23편).

56
사탄의 정체를 알아야 한다

"이에 예수께서 말씀하시되 사단아 물러가라 기록되었으되 주 너의 하나님께 경배하고 다만 그를 섬기라 하였느니라 이에 마귀는 예수를 떠나고 천사들이 나아와서 수종드니라"(마태복음 4:10-11).

사탄은 영적 존재이면서 많은 명칭(名稱)들을 가지고 있다. 성경에 200번 이상 언급되고 있다. 상황에 따라 어떤 경우에 따라 사탄에 대하여 부르는 그 명칭이 다양하고 수 많은 이름으로 불려지고 있다.

우는 사자, 거짓의 아비, 마귀, 옛 뱀, 원수, 광명의 천사, 어둠의 영, 권세 잡은 자, 이 세상의 영, 공중권세 잡은 자, 루시퍼, 살인자, 도적, 참소하는 자, 악한 자, 괴롭히는 자, 대적, 시험하는 자 등

사탄은 인간처럼 육체를 가진 물질적 존재가 아니고 영적 존재이기 때문에 인간의 이성과 지성과 감각으로는 쉽게 알 수 없다. 우리 인간처럼

살과 피를 가진 인격체는 아니지만 실제로 존재하는 실체 임에는 틀림 없다. 사탄은 사람들과 마찬가지로 한 인격을 가진 존재로 활동하면서 다음의 행동 속성을 내 보이고 있다.

> 인간의 의지, 목적, 계획, 교만, 권세, 열망, 탐욕, 시기, 분노, 질투 등등 육체를 제외한 모든 것을 가지고 있는 존재이다.

예수님도 마태복음 4장에서 한 인격으로 직접 다루고 있으며 사탄과 직접 결투를 벌이셨다. 예수님의 수제자 베드로도 사탄에 대한 대적하는 방법을 성경을 통해 권면해 주고 있다.

> "근신하라 깨어라 너희 대적 마귀가 우는 사자같이 두루 다니며 삼킬 자를 찾나니 너희는 믿음을 굳게 하여 저를 대적하라"(벧전5:8-9).

이렇게 예수님도 사단을 물리치시기 위해 하나님의 말씀을 무기로 사용하실 것을 원하시고 계신다. 그럼에도 많은 그리스도인은 악령에 대하여 잘 모르고 있다는 것이 안타까운 일이 아닐 수 없다.

귀신(demon, devil)은 지적인 존재이며 지식의 영역이라는 뜻을 지니고 있다. 그래서 많은 사람은 점성가, 무당, 역술가들을 찾아간다(옛날에 어른들 日 물어보러 간다, 알아보러 간다는 지적인 용어를 씀). 옛날뿐만 아니라 지금의 현대인들도 이런 미신을 찾아가고 상담하고 자문을 받으러 다닌다. 무식한 사람만 가는 것이 아니고 최고학부를 나오고 심지어 박사학위를 가진 사람도 국회의원들도 선거철만 되면 안 찾아가는 사람이 별로 없다고 한다. 이전 노 대통령은 노골적으로 무당 찾아간 이야기를 글로 남겼다.

지금 우리나라 무당은 60만 명이나 된다고 하는데 목사 숫자보다 훨씬 많다. 직업적으로 돈벌이로 하는 숫자이다. 구약성경 신명기 18:9~22 내용은 신비주의와 거짓 종교에 대하여 말하고 있다. 사단이 역사하는 영역은 광범위하다. 지구상에 있는 모든 종족은 다 귀신을 숭배한다. 문자가 없고 언어가 없는 종족은 있어도 종교(神)가 없는 종족은 없다.

> "그 아들이나 딸을 불 가운데로 지나게 하는 자나 복술자나 길흉을 말하는 자나 요술하는 자나 무당이나 진언자나 신접자나 박수나 초혼자를 너희 중에 용납하지 말라 무릇 이런 일을 행하는 자는 여호와께서 가증히 여기시나니 네 하나님 여호와께서 네 앞에서 쫓아내시느니라 너는 네 하나님 여호와 앞에 완전하라"(신18:10-13).

오늘날 교회에 다니는 많은 사람이 이런 명령을 아무 생각 없이 받아들이고 있다. 사단이 하는 일을 너무 몰라서 하는 짓이다.

> "도적이 오는 것은 도적질하고 죽이고 멸망시키려는 것뿐이요 내가 온 것은 양으로 생명을 얻게 하고 더 풍성히 얻게 하려는 것이라"(요 10:10).

도적이 바로 사탄인 것을 모르고 있다

현대에 들어와서는 강대국들이 최첨단의 살상 무기를 개발하고 막대한 국방비를 투자하고 있다. 거기에 그치지 않고 적의 동태를 살피고 감시하기 위해 엄청난 투자를 하여 감시 장치인 인공위성을 개발하고 있어 서로가 '너 죽고 나 살자'는 식으로 전쟁준비에 광분하고 있다.

사탄의 전략에 무지한 현실

최근에 일본 언론에서 공개한 바에 의하면 문 대통령 재임 중에 김정은이 남침하여 하루 만에 부산까지 초토화 시킨다 하면서 주한 일본인들을 철수시켜야 한다고 했다. 또 한편의 정보에 의하면 미국의 전략은 미 정찰기가 24시간 북한 지역을 샅샅이 살피고 있다. 만약 미국에서 무기를 발사하면 몇 분 내에 김정은 정권이 구축한 지하 벙커를 30센티미터 오차 범위 내로 초토화할 준비를 갖추고 있다는 것이다. 이것이 타락하여 범죄한 사탄의 족속들의 모습이다. 그런데 오늘날 교회는 영적존재인 사탄의 공격에 대하여 무방비 상태이고 알려고도 하지 않고 있다. 사탄의 공격에 대해 무방비, 무관심하고 무지한 것이 현실이다.

"내 백성이 지식이 없으므로 망하는도다"(호4:1-6).

하나님을 아는 지식도 필요하지만 사탄에 대하여도 알아야 한다. 성경은 수없이 많은 곳에 사탄의 활동에 대하여, 사탄과의 싸움에 필요한 무기에 대하여, 전투방법에 대하여, 전략에 대하여 우리에게 가르쳐주고 있다. 그런데도 지도자들이 모르고 무관심한 상태에서 벗어나기를 기도해야 한다. 우리나라 국정의 고위층에 있는 분들이 공산주의가 어떤 체제인지, 본질이 무엇인지 모르고 정치한다고 권력을 잡고있는 것과 하나도 다를 바 없다. 정치 지도자가 사상 체계를 모르면 자기도 죽고 백성도 죽이고 만다.

인간사 모든 영역에 침투한 사탄의 영향력

악령은 영적인 영역뿐만 아니고 문화, 정치, 교육, 경제 모든 분야에까지 영향력을 행사하고 있기 때문에 모든 사람들의 삶의 구석구석에까지 침투하고 개입하고 있다. 가정의 행복, 교회의 연합, 나라의 평화와 발전, 모든 영역에 사탄이 개입하지 않는 곳이 없다. 부부간의 다툼, 이혼, 자살, 온갖 질병과 사건 발생 등에서 그렇다. 인간이 생존하는 모든 영역에 마귀(사탄)는 호시탐탐 기회를 노리고 있다. 구약의 욥기서를 참고하면 사탄의 정체에 대한 많은 자료를 얻을 수 있다. 하나님의 구속사에 까지 사탄은 손을 펼쳤지만 예수님의 능력과 권세 앞에 속절 없이 실패했다. 우리 스스로는 사탄을 못 이기지만 하나님의 능력 앞에는 사탄의 세력은 아무 것도 아니다. 두려워하고 겁먹고 쩔쩔매고 고개 숙여 봐 달라고, 용서해 달라고 빌어야 할 존재가 아니라 "더럽고 악하고 망할 자식아 썩 물러가라"며 큰소리 치면서 발로 밟아버려야 할 존재가 바로 사탄(귀신)이다.

신학교에서 어느 교수님의 표현으로 사탄은 고삐에 매인 사자와 같다고 배웠다. 곁에만 안 가면 해를 입지 않는다는 뜻인데 그 같은 비유보다는 몽둥이로 골통을 쳐버려서 마음 놓고 다녀도 아무 걱정 없는 존재라고 함이 합당한 비유라고 생각한다. 하나님의 사자(창22:11-12, 사42:19, 계1:20)인 목사가 여호와의 군대 장관으로(수5:14) 마귀 새끼 하나 못 때려잡으면 하나님 앞에 부끄럽고 죄송한 줄 알아야 한다. 지금 우리는 코로나 방역을 빌미로 하나님의 교회를 폐쇄하고 주의 백성들을 괴롭히는 저 악랄한 사탄의 핍박을 두려워하고 그 앞에 굴종하는 것은 하나님의 사람들이 할 일이 아니다. 나 혼자 싸워도 이길 수 있는데 20만 목회자가 손들고 입 다물고 있는 것은 말도 안 된다. 우리가 두려워하고 경외할 대상은 여호와 하나님 한 분 뿐이시다.

57
영적 전쟁에 승리하려면-1

"우리의 씨름은 혈과 육에 대한 것이 아니요 정사와 권세와 이 어두움의 세상 주관자들과 하늘에 있는 악의 영들에게 대함이라 "(에베소서 6:12).

세상만사가 원인 없는 결과가 없고 결과 없는 원인도 없다고 한다. 시작과 끝이 반드시 있다. 원인과 결과를 마치 손바닥과 손등의 관계만큼이나 가깝고 불가분의 관계라고 말할 수 있다. 많은 사람이 지금의 한국교회를 가리켜 심각한 위기국면에 처하고 있다고 염려하고 있다. 그 위기가 어디에서 어떻게 시작되었는지 원인만 찾아내면 해결의 실마리는 쉽게 풀려질 것이며, 앞으로 우리 한국교회는 조국의 튼튼한 보루가 될 수 있다. 오히려 위기에 처한 우리조국을 위기에서 건져주고 악의 축인 좌경세력을 막아내는 마지노선의 역할을 감당할 수 있을 것이 틀림없다고 보고 있다.

21C를 살아가는 현대인들은 고도의 과학문명과 최첨단 기술 산업과 풍

요한 물질문명의 혜택을 입고 사는 반면, 영혼의 존재가치와 영적 세계에 대하여는 거의 무지하고 무관심하게 살아가는 것을 언제 어디서나 흔하게 볼 수 있다.

'신은 죽었다'고 주장한 불신 신학자 니체가 말하기를 "현대인은 2가지 큰 질병을 갖고 있는데 하나는, 자아를 상실한 병이고 또 다른 하나는, 상실한 자아에 대하여 전혀 무관심하고 있다"고 했다. 우리 인간의 진정한 자아란 이성적이고 객관적이고 영성적인 내면의 자아 곧 속사람을 의미한다고 말한다. 참 자아란 주관적이고 개성적이고 현상적인 표면의 자아가 진정한 자아가 아니다.

오늘 우리는 세상이라는 전쟁터에서 생존경쟁(生存競爭)에 시달리고 있으며, 죽느냐 사느냐는 심각한 전쟁터에서 한 치 앞도 안 보이는 미지의 세계를 향하여 가고 있다. '지피지기(知彼知己)면 백전백승(百戰百勝)'이란 말이 있다. 전쟁은 먼저 적을 알고 나를 알아야 싸워 이길 수 있다는 말이다. 우리는 이 전쟁터에서 우리가 싸워야 할 상대가 누구인가? 어느 정도의 병력을 가지고 있는가? 그들의 전술과 주 무기가 무엇인가?를 알아야 그 전쟁에 승리할 수 있다.

그리스도인에게 여러 종류의 적이 있다. 그 중 주적은?

사탄(히. 디아블로스)

사탄은 마귀, 귀신, 악한 영, 뱀, 미혹하는 자, 살인자, '사타나'(히)에서 비롯된 말로 '적대하는 자' '파괴하는 자'의 의미를 가지고 있다. 사탄은 본래부터 악한 성질과 대적하고, 파괴하고, 속이고, 죽이고, 미혹하는 나쁜 악한 존재가 아니었다. 원래는 하나님을 섬기는 천사들 중 가장 높은 지위에 있는 천사장으로, 하나님이 지으신 피조물 가운데 평범한 영적 존재였다. 그런 그가 어느 날 시기, 교만, 허영심이 발동하여 자기 신분을 망각하고 하나님을 대적하고 하나님의 영광의 보좌를 찬탈(簒奪)하려다가 싸움에 패배하여 이 땅으로 쫓겨온 존재로서 세상을 두루 돌아다니면서 닥치는 대로 사람들을 꾀어(미혹, 속임) 자기의 군물(軍物)로 삼으려고 발악하고 있는 존재임을 알아야 한다.

거듭남은 선택이 아님, 필수적 조건

천사가 언제 쫓겨났는지 성경에 구체적으로 기록되어 있지는 않지만 인류의 범죄와 타락보다 먼저인 것이 틀림없다. 아담과 하와를 유혹하여 범죄 하게 한 것을 보아서 증명이 된다. 한 가지 중요한 사실은? 우리가 불과 성령으로 거듭나지 못한 상태에 있다면 아담의 DNA를 그대로 전수하고 우리가 사탄의 하수인(종, 대변인)이 된다. 그래서 우리 그리스도인은 반드시 거듭남의 체험이 선택이 아닌 필수적 조건이 된다.

교회는 성숙한 천국백성 되게하는 터전

기독교인의 핵심(본질)은 중생하여 성령의 인도와 지배를 받는 단계에 도달해야 한다. 그냥 교회 다니는 조건으로만 교회가 우리 영혼을 구원시키지 않는다. 교회는 훈련소, 병원, 학교 역할은 하지만 100% 책임지는 조건이 아니다. 봄에 밭에 씨를 뿌렸다고 가을에 그냥 추수할 수 없고, 산에 나무를 심었다고 가을에 과일을 그냥 딸 수 없다. 교회는 우리 영혼구원을 돕는 역할, 곧 양육과 훈련과 치유와 삶에 관해 교육받고 훈련받으며, 교제를 통해서 성숙한 그리스도인으로 장성해도록 전인 양성을 위한 터전이며 공동체이다.

1. 사탄의 정체와 증세?

1) 종교를 가장하여 많은 사람을 지옥(멸망)으로 끌고 간다.

구원을 보장할 수 없으면서 평화를 보장한다는 속임수로 적그리스도 이슬람교, 여호와의 증인, 통일교, 신천지, 뉴 에이지 각종 이단 종파들이 나타내는 공통적 증상은 '내가 예수다!'라는 가짜 예수 증상이 40명이상이라고 밝힌다. 그들은 외면적으로 웃음, 평화, 자유를 말하나 내면적으로 칼과 싸움을 준비하고 자유를 구속하거나 인권을 박탈하는 공산주의와 같은 악랄한 속성이 있다.

2) 거짓말, 사나운 언어, 부정적 언어

사탄은 꼼수가 있어 사람의 혀를 최대한 악용한다. 혀의 조절이 어렵게 만들어 감정적인 언어, 부정적인 언어를 통하여 남의 마음에 상처를 주거나 화평을 깨트린다. 거짓말은 식은 죽 먹듯이 하고 불필요한 말을 많이 하여 남을 괴롭히며 때로는 가정의 화목과 교회의 평화와 공동체의 연합(하나됨)을 파괴한다.

> "만일 말에 실수가 없는 자면 곧 온전한 사람이라 능히 온 몸도 굴레 씌우리라"(약3:2).
> "그러므로 너희는 죄가 너희 죽을 몸을 지배하지 못하게 하여 몸의 사욕에 순종하지 말고"(롬6:12).
> "분을 내어도 죄를 짓지 말며 해가 지도록 분을 품지 말고 마귀에게 틈을 주지 말라"(엡4:26-27).

3) 불안, 시기, 다툼의 감정

마귀가 우리를 공격할 때 타겟은 우리 마음의 약한 부분을 노린다. 남을 미워하고 시기, 의심, 불평, 짜증, 감정의 혼란을 부추긴다. 마음의 평안을 빼앗아 가며 자기의 잘못을 남의 탓으로 돌리기 일쑤다. 정치권에서 보면, 우리 정권의 핵심에 있는 인사들의 편 가르기, 내로남불 같은 '내 편은 합법, 네 편은 불법 같은 것'이라고 할 수 있다.

4) 모든 일에 욕구충족, 감정 조절이 안 됨

중독, 지나친 탐욕, 교만, 모든 일에 욕구가 충족되지 않고, 스스로 감정 조절이 안 되어 다른 외부적인 조건에 의존하려 한다. 심한 증세로 술, 담배, 마약, 도박, 섹스, 약물중독 등이 바로 그것이다.

> "도적이 오는 것은 도적질하고 죽이고 멸망시키려는 것뿐이요 내가 온 것은 양으로 생명을 얻게 하고 더 풍성히 얻게 하려는 것이라"(요 10:10).
> 마귀가 예수님의 인류 구속사역까지 방해하고 공격(마4:3).
> 하나님께서 교만한 자를 대적하시고 겸손한 자들에게는 은혜를 주심(벧전5:5-8).

2. 사탄을 이기는 승리의 비결

1) 하나님의 말씀으로 무장

생명의 말씀이 내 안에 내가 말씀 안에 충만해야 한다.

> "내 백성이 지식이 없으므로 망하는도다 네가 지식을 버렸으니 나도 너를 버려 내 제사장이 되지 못하게 할 것이요 네가 네 하나님의 율법을 잊었으니 나도 네 자녀들을 잊어버리리라"(호4:6).

"내가 주께 범죄 하지 아니하려 하여 주의 말씀을 내 마음에 두었나이다" (시119:11).

"성령의 검 곧 하나님의 말씀을 가지라"(엡6:17).

매일 하나님의 말씀을 묵상, 읽고, 듣고, 배워야 영적인 권세가 임한다. 거대한 기계를 움직이는 힘은 바로 전력(電力)이듯, 그리스도인의 힘도 하나님의 말씀과 함께 베풀어지는 성령의 능력이다.

2) 기도로 깨어 있어야 한다.

마귀가 눈에 보이지는 않지만 기도하는 성도를 마귀는 두려워한다. 가까이 왔다가도 감히 함부로 대들지 못하고 슬그머니 후퇴(살전5:15-18)하는 속성이 있다. 하루 3시간 목표. 하루 세끼 식사하듯 말씀과 기도가 필수적이다. 기도 없이 영적전쟁에 나가는 것은 빈손 들고 전쟁터에 나가는 것과 마찬가지다.

3) 찬송

"여호와는 나의 목자시니 내가 부족함이 없으리로다"(시23:1).

개척교회 당시(성도교회) , 인디언 빌리지(유학생 때)~ 찬송의 위력을 우리는 체험해야 한다. 찬송은 노래가 아니라 그리스도인의 승전가이다. 기도로 안 나가는 귀신도 찬송으로 쫓아 낸 여러 번 경험으로 찬송의 위력을 체험했다.

4) 하나님의 전신갑주(성령 충만으로 무장)

전인(全人) 치유가 대안이다(Whole-person healing is an alternative). 마귀는 인간보다 훨씬 지혜롭다. 상대를 보고 공격을 한다. 나보다 센 사람은 절대 대들지 않는다. 우리가 성령으로 충만해져 있으면 마귀가 아무리 대들어도 두렵지 않다. 마귀는 고삐에 매여 있는 사자나 마찬가지로 상태에 있으므로 하나님께서 이겨 놓은 싸움에 우리는 그저 출전하기만 해도 승리는 내 것이다. 용기가 있어야 한다. 여호수아에게 "강하고 담대하라"(수 1:5-9)고 했다.

미리 겁을 먹고 메뚜기 콤플렉스에 걸린 10 족속에게 절대적으로 필요한 무기이다. 성령으로 충만한 여호수아와 갈렙처럼 하나님의 관점으로 원수 마귀를 대하면 원수 마귀가 아무리 강할지라도 우리를 이길 수 없다.

Our captain 예수 그리스도가 우리의 대장이요
With us 우리와 함께 하시므로
Win every game 백전백승의 승리를 거머쥘 수 있다.

〈Table-14〉 10 족속에게 필요한 무기

58
영적 전쟁에 승리하려면-2

세상 사람은 전혀 인식 못하는 영적 전쟁

지금 우리가 사는 이 세상은 전쟁터나 다름이 없다. 그런데 시대에 따라 지역에 따라 전쟁의 개념은 다양하다. 전쟁의 사전적 의미는 국가와 국가 사이에 무력충돌을 전쟁이라고 말한다. 인류의 역사는 전쟁의 역사라는 말도 있다. 역사가 진행되는 동안(6,000년) 전쟁이 없었던 기간은 불과 몇 백 년밖에 없었다. 우리나라만 해도 934번 전쟁을 치른 기록이 있다. 문제는 전쟁의 개념상 눈에 보이는 전쟁으로 각종 무기, 전술 등 여러 가지 형태로 싸우는 전쟁이 있는가 하면 또 다른 전쟁도 있다. 무역 전쟁, 입시 전쟁, 고통 전쟁, 취업 전쟁, 범죄와의 전쟁, 마약과의 전쟁 이 정도에서 그치지 않는다. 또 하나의 전쟁은 하나님의 백성들만이 아는 전쟁이다. 세상 사람은 전혀 인식하지 못하는 영적전쟁이 있다.

목회자에게 영적 전쟁은 필수과목이다

본문 말씀은 사도바울이 에베소 교회 성도들에게 경고하는 영적전쟁이며, 성령님께서 오늘 이 자리에 모인 우리에게 경고하는 말씀이다. 우리 목회자들에게는 영적전쟁은 필수과목이다. 그러나 신학교 과정에서는 그런 용어조차 생소하다. 교수님들도 잘 모르는 과목이다. 신학생들은 영적전쟁을 제대로 알 리가 없다. 그런데 목회현장에 나가면 당장 부딪히는 것이 영적전쟁이다. 최근에 읽은 글 중에 재미있는 내용이 있는데 충북 괴산군 복음의원 의사(원장) 한 분이 쓴 글인데 'Are you Morticians or Divine doctors?' 목회자를 향한 질문이다. '당신은 죽은 시신을 처리하는 장의사인가? 아니면 영혼을 치유하는 영적인 의사인가?'

우리 목회자는 성도 한 사람, 한 사람 영혼에 깊은 관심을 가지고 사역해야 한다. 제 발로 걸어 다닐 때보다 임종 직전에 사단과의 싸움에서 구원의 확신을 심어주지 못하고 병원(의사)에 다 맡겨 놓았다가, 죽은 후에 장례예배 드리는 일이 교회의 책임을 다하는 것처럼 하는 것은 심각한 문제이다. 믿음이 약한 성도는 사탄이 공격한다. 이런 부분까지 관심이 필요하다.

영적 지도자가 영적 전쟁을 치르는 데 가장 중요한 일

1. 제일 중요한 일은 하나님을 아는 것이다.

목회자는 영계에 대하여 무식해선 안 되고 성도들의 영, 혼, 육의 치유에 책임감을 가지고 병원과 의사에게만 맡겨서도 안 된다. 목회자는 치유의 은사도 필요한 사역의 한 부분이다. 오늘날 영적전쟁을 잘 모르는 목회자들은 죽은 시신 처리나 하는 장의사 사장이 되어서는 안 된다고 생각한다. 목회자들이 주로 하는 일이 사람 모으고, 땅 사고, 집 짓고(예배당, 수양관, 기도원 등) 하는 일에 너무 바빠서 영혼관리 하는 일에 무관심하면 안 된다. 목회자가 영적전쟁을 모르면(대 교회를 담임, 유명한 스타) 정상적인 목회가 아니다. 실패한 목회이다. 전쟁에서 승전하는 조건 첫째가 실전 경험일 것이다. 전쟁은 이론과 실전을 경험해야 한다.

호세아 선지자는 예배가 전부가 아니라고 권면한다. 그 내용은 하나님에 대한 지식, 예배에 관한 하나님의 지식을 말한다. 그러기 위해서 하나님(여호와)을 전력을 기울여 알아야 한다고 요구한다. 하나님의 자비와 긍휼을 깨닫지 못한 예배는 예배를 받으시는 하나님 그분께서 원하지 않는다고 하신다.

Knowledge-"내 백성이 지식이 없어 망한다"(호4:6). **Knowing**-"우리가 여호와를 알자 힘써 여호와를 알자"(호6:3). **Mercy**--"나는 인애를 원하고 제사를 원치 아니하며 번제보다 하나님을 아는 것을 원하노라"(호6:6).

〈Table-15〉 호세아 선지자의 권면

이사야 선지자는 요구한다. 적당히 형식적인 신앙생활을 하면 하나님 만나는데 장애가 많다. 부모의 심정으로 '우는 아이에게 먼저 젖을 주게 된다.' 그러나 어렸을 때 또는 성숙한 신앙이 되었을 때는 다르다. 우리는 언제나 하나님이 누구신지 어떤 분이신지 깨달아야 한다고 다음 말씀으로 권면하고 있다(사45:5-7).

> "너희는 여호와를 만날만한 때에 찾으라 가까이 계실 때 그를 부르라"(사55:6).

2. 우리가 영적전쟁에 승리하려면 그 다음으로 중요한 일은?

실전 경험이 중요하다. 지금 우리나라 젊은이들은 20~60대까지는 6.25 참상(慘狀)을 경험하지 않았기 때문에 공산주의를 모른다. 공산주의는 레닌의 이론에 의하면 지상에 유토피아를 건설해야 한다고 수 많은 영혼을 지옥으로 끌어갔다. 가장 가까운 예로 70년대 초반~80년대 재일교포 약 10만 명이 북한 공산주의 사상 선전에 평양을 지상낙원으로 속아 북송선 타고 평양(북한) 땅으로 가서 소식조차 단절되었다. 영적세계 영적전쟁도 마찬가지다. 실제로 경험해보지 않았기 때문에 당한다. 지금 우리나라는 한 번도 경험해보지 못한 나라를 보게 될 것이라고 문대통령이 말했다. 공산주의와 사탄은 동일하다.

3. 지피지기면 백전백승이다. 전쟁은 언제나 상대를 알아야한다.

하나님을 아는 것으로 다 된 것은 아니다. 적의 본질을 알아야 영적전쟁도 세상전쟁처럼 양면을 다 알고 있어야 한다. 마귀의 존재에 대하여 사단, 마귀, 귀신, 용, 거짓의 아비 등 여러 가지 이름이 있다. 마귀는 하나님이 지은 피조물이 아니고 천사장(하나님을 돕는 존재), 하나님과 동등한 위치를 노리고 반역을 일으킨 악한 영이다.

하나님 앞에서 추방당한 후 인간세계에 내려와 사람들을 미혹하고 괴롭히고 고통을 주는 악역을 전담한다. 예수님도 미혹(시험)하려고 나타나 넘어뜨리려 했지만 결국은 패배했다(마4장1-11). 특히 우리 믿는 지도자들이 공격대상이 되어 공격을 늘 당한다.

4. 무장, 훈련, 하나님의 전신갑주로 무장하고 항상 임전태세를 갖춘다.

군인이 총 쏘는 법도 모르고 총 들고 전쟁터에 나가면 그 총이 짐이 된다. 군인은 전쟁터에 적과 싸우러 나가기 전에 반드시 훈련을 받아야 한다. 논산 훈련소에 입소하여 6주간 훈련소에서 기본동작부터 훈련해야 한다. 절대로 훈련 없이 무장하지 않고 전쟁터에 나가서는 안 된다. 우리 기독교인이 훈련 안 받고 무장하지 않아서 나약하여 다른 종교인과 별로 다르지 않아 무기력하고 패한다. 하나님의 말씀과 기도로 철저하게 무장해야 하고 훈련을 통과해야 한다.

5. 대적하는 전략

> "그런즉 너희는 하나님께 복종할지어다 마귀를 대적하라 그리하면 너희를 피하리라"(약4:7).

가장 힘든 적은 내 안에 있다! 전쟁은 무기만 가지고 이기지 못한다. 월남전에서 미국이 패배한 원인? 기드온의 300용사가 교훈이 된다. 지금 우리나라는 코로나 전쟁을 이겨야 한다. 바이러스와의 전쟁, 선진국(미국)을 의지하는 것은 결코 바람직하지 않다. 미국이 우리를 대신 싸워주기를 바라지 말고 우리는 스스로 싸울 수 있는 전략이 있어야 한다. '한마음 폭탄'이 원자폭탄보다 더 위력이 있다. 지금 시대는 적당히 신앙생활할 때가 아니다. 죽기 살기로 사생결단하고 전쟁에 임해도 싸워 이기기가 쉽지 않다. 영적생활도 마찬가지다.

59
영적 전쟁에 승리하려면-3

목회자에게 가장 큰 고민이 무엇인가?
각자가 다 다를 수 있다. 영성의 목회자는 변하지 않는 교인! 왜소증에 걸린 자녀를 둔 부모의 심정을 알아야 한다. 얼마 전에는 연천군에 물 홍수가 나서 6명의 사상자를 냈다. 그런데 한국에는 말의 홍수인 거짓말 홍수가 전국을 강타하고 있다. 소리 없는 전쟁, 총성이 들리지 않는 보이지 않는 전쟁이 대한민국 전역에서 벌어지고 있다. 우리가 싸워야 할 적이 누구인가? 군사력은 무엇인지 병력은 얼마나 되고, 무기는 무엇인지 지피지기면 백전백승, 적도 알고 나도 알아야 전쟁에서 이길 수 있다는 말이다.

지금 우리는 생존경쟁이 치열한 전쟁터에서 살고 있다. 오늘날 우리 기독인들에게는 세상 사람이 모르는 또 다른 영적전쟁이 우리를 삼킬 듯이 엄습해 오고 있다. 영적전쟁이란 과목은 우리 목회자들에게는 필수과목이다. 신학교 안에서는 여러 가지 과목이 있지만, 그중에서 가장 중요한 과목은 조직신학, 역사신학, 실천신학, 교의신학, 선교신학도 필요하지만 그 중에서 가장 중요한 과목은 영적전쟁이라는 과목이 있어야 겠다. 영적전쟁은 인간관계가 아니고 사물과의 관계도 아니다. 그것은 마귀 사탄과의 다툼이고 영적인 문제들이라서 그렇다.

신학교 마치고 목회현장에 나가면 세상 일로 바쁨

저자는 1978년도 신학대학원에 들어가기 전에 생각하기를 신학교에 들어가면 천사 같은 분들이 많이 있는 줄 알았는데 막상 들어가 보니 실망이었다. 신학대학교에서 영계(靈界)에 대하여는 노코멘트, 신학교 교수들도 모르는데 어떻게 강의하는가? 등 목회를 오랫동안 경험한 신학교 이사, 총회 총대들이 이 문제를 총회에 상정해야 만 할 것이다. 그런데 처음부터 신학교 커리큘럼에서 빠져있다. 신학교에서 배우지 않은 것을 목회현장에서 배우고 경험하면 될 수 있다. 그런데 막상 목회현장에 나가면 너무 바빠서 영적전쟁에 대해서 배우고, 깨닫고, 경험하고 할 시간이 없다. 현장에 나가면 당장 급한 일은 사람 모으는 일, 다음은 땅 사는 일, 다음에는 집 짓는 일 등으로 여유가 없다.

이런저런 일들에 너무 바빠서 그쪽 일은 생각할 겨를이 없다. 평신도들은 피지도자이니까 몰라도 어쩔 수 없지만, 목회자가 영적전쟁을 모르면 정상적인 목회자가 될 수 없다. 목회는 이론도 지식도 경륜도 필요하다. 그러나 실제로 전쟁터에 나가서 싸워 본 사람하고 전쟁을 경험하지 않은 사람들은 6.25 참상을 잘 모른다. 지금 우리나라 정치인중 정상적인 정치인은 잘 안 보이지 않은 것 같다. 공산주의를 모르고 정치를 하면 그 정치는 실패하고 만다. 이와 마찬가지로 우리 그리스도인도 영적세계를 알아야 하고 우리의 대적인 사단과의 전쟁에 대해서도 적극적으로 공부를 해야 한다.

유학한 한국 학생의 보편성-영어 듣는 것이 미숙함

저자가 미국에 유학 가서 일반대학에 들어가 제일 먼저 경험한 것 레벨 테스트를 하는데 너무 억울해서 교수하고 따졌다. 레벨 3이 되어야 강의실에 들어갈 수 있는데 나는 들어갈 수 없으니 분통이 터졌다. 읽고, 말하고, 듣고 이 세 가지 중에 듣는 것이 미숙(未熟)하다고 한다. 그래서 할 수 없이 6개월간 어학코스를 끝내고 다른 학교로 전학을 할 수 있었다. 우리가 제대로 신학하려면 인간학(人間學)부터 해야 영적전쟁에서 승리할 수 있고, 신론(The Doctrine of God)에서 구체적으로 하나님을 알아야 하나님 나라의 사역을 방해하는 대적 사단에 대하여(사단의 정체, 본질, 역사) 알아야 감당할 수 있다.

안 가르쳐준 것은 신학교의 책임이고, 문제는 내가 스스로 체험하고 실전(實戰)을 치러야 한다. 신학교 졸업장, 목사고시 패스했다고 안심하면 안 된다. 호세아 선지자는 "의인의 입술은 여러 사람을 교육하나 미련한 자는 지식이 없어 죽느니라"(잠10:21)고 했다. "우리가 여호와를 알자 힘써 여호와를 알자"고 했으며, "나는 인애를 원하고 제사를 원치 아니하며 번제보다 하나님 아는 것을 원하노라"했다.

> "나는 여호와라 나 외에 다른 이가 없나니 나 밖에 신이 없느니라 너는 나를 알지 못하였을 찌라도 나는 네 띠를 동일 것이요 해 뜨는 곳에서든지 지는 곳에서든지 나밖에 다른 이가 없는 줄을 무리로 알게 하리라 나는 여호와라 다른 이가 없느니라 나는 빛도 짓고 어두움도 창조하며 나는 평안도 짓고 환난도 창조하나니 나는 여호와라 이 모든 일을 행하는 자니라 하였노라"(사45:5-7).

하나님에 대하여 다 설명하기에는 시간이 부족하다.

> "태초에 말씀이 계시니라 이 말씀이 하나님과 함께 계셨으니 이 말씀은 곧 하나님이시니라"(요1:1).

1. 훈련, 무장이 필요하다.

군인이 전쟁터에 나가려면 훈련소에 입소하여 발맞추어 걷는 것부터 훈련해야 하고 총을 쏘는 법과 칼로 찌르는 훈련을 받아야 한다. 교회는 영적전쟁의 훈련소다. 훈련을 받는 이유는 전쟁터에서 싸워 이기기 위해서 전쟁과 비슷한 힘든 훈련을 받아야 한다. 한국교회가 영적전쟁을 하기 위해 영적훈련을 받아야 하는데, 훈련을 안 시키기 때문에 다른 종교와 별로 다를 것이 없다.

이단종파인 이슬람교, 몰몬교, 여호와의 증인들은 우리보다 훨씬 강한 훈련을 시킨다. 무장은 하나님의 말씀과 기도(금식기도), 성령의 검, 하나님의 전신갑주이다(엡6:14-17).

2. 훈련을 받았다고 다 한 것이 아니다. 나가 싸워야 한다.

우리 그리스도인은 '의의 군사'(Righteous army)이다.

> "그런즉 너희는 하나님께 복종할찌어다 마귀를 대적하라 그리하면 너희를 피하리라"(약4:7).
> "네가 그리스도 예수의 좋은 군사로 나와 함께 고난을 받을찌니 군사로 다니는 자는 자기생활에 얽매이는 자가 하나도 없나니 이는 군사로 모집한 자를 기쁘게 하려 함이라"(딤후2:3).

우리는 치열한 삶의 현장에서 거룩함을 추구하는 그리스도인이다. 또 영적전쟁에 임하는 사역자나 성도로서 반드시 기억해야 할 일은 하나님을 기쁘시게 하는 것이다. 이 사실을 잊으면 전쟁에 실패한다. 전쟁은 하나님께 있다고 했다. 영적전쟁은 더더욱 그렇다. 우리의 싸울 적은 밖에만 있는 것이 아니고 내 안에 있다(롬7:18-20).

3. 무기가 가장 중요하다.

무기에는 여러 가지가 있다.

1) 말(긍정적, 살리는, 죽이는)이 있다.

에덴동산에서 아담과 하와가 실패한 원인은 하나님께서 먹지 말라고 명령한 선악과를 따 먹음으로 불순종했다. 이 분쟁의 원인은 90%가 말에서 시작된다(안 된다, 못 한다, 없다, 비방하는 말, 부정적인 말). 전부가 사단의 도구가 된다. 우리 그리스도인은 말을 잘해야 한다.

하나님께서 무에서 유를 창조하실 때 말씀으로 하셨다.
"우리가 다 실수가 많으니 만일 말에 실수가 없는 자라면 곧 온전한 사람이라 능히 온 몸도 굴레 씌우리라"(약3:2).

2) 기도(찬송)

찬송은 곡조 붙은 기도이다. 기도의 능력으로 마귀가 물러가고 병 고침을 받지만 찬송으로도 얼마든지 가능하다고 증거하고 있다.

"모든 기도와 간구를 하되 항상 성령 안에서 기도하고"(엡6:18).

3) 성령의 검(하나님의 말씀)

"진리로 너희 허리띠를 띠고" 하나님의 말씀에 성령의 능력이 임하면 검이 된다. 목사의 힘은 성경에서 나온다(엡6:14).

하루 3시간 말씀의 골방에 들어가서 씨름을 하고 나서 일을 시작해야 한다. 목사들이 바쁘다는 핑계대면 안 된다. 목회자는 심방, 전도. 상담, 멘토링하러 나갈 때에 반드시 성령의 검을 가지고 다녀야 한다.

4) 전략, 전술에 예민해야 한다.

군인은 숫자와 무기만 가지고 싸우면 거의 실패한다. 이 시대는 전략과 전술이 꼭 필요하다. 여러 가지 전략, 전술 중에 가장 중요한 것은 상호 공감과 원활한 소통이다. 인간관계가 실패하면 모든 것이 실패한 것과 마찬가지다. 영적전쟁은 주님의 음성에 예민하게 귀를 기울이고 있어야 상관의 명령을 들을 수 있다. 불복종하면 전시에는 사형에 처해도 합법 이듯 주의 군사 된 우리가 주님의 음성에 예민하지 않으면 사탄의 계략에 속기 쉽다. 지금은 정보화시대라 정보가 원활하지 않으면 전쟁에 실패하기가 쉽다.

60
남은 자와 말씀대로 사는 자

이스라엘 백성을 왜 광야로 보내셨는가?
목회자에게 가장 큰 보람과 소원은? 교회 부흥, 사례금, 인기, 환영받는 것? 모두가 낙제 점수다. 하나님의 종은 하나님의 소원과 일치되어야 참 종이다. 하나님께서 원하시는 것은 그런 것이 아니다. 하나님께서 이스라엘 백성을 애굽 땅에 살도록 내버려두지 않으시고 왜 광야로 이끌어 내셨는가? 부르짖고 기도해서? 어린아이 같이 철부지 때는 시퍼런 칼이 몹시 위험해도 무서운 줄 모른다). 자식이 칼을 달라고 해서 원하는 것을 함부로 내주는 부모가 이 세상엔 없다. 만약 그런 부모가 있다면 친부모가 아닐 것이다.

하나님께서 우리에게 멍에(짐)를 메우게 하고 괴롭게 하시려고 이런저런 법과 계명을 주시지 않는다. 사랑하는 부모님께서 어린 자녀에게 바라시는 소원이 있다. 그것은 자식을 멋대로 방치하지 않고 잘되라고 아침 일찍부터 들볶고 공부하라고 야단치는 것이다. 이 사실을 언제 깨닫게 되는가? 내가 자식 낳고 부모 자리에 있을 때 알게 된다.

우리 성도는 그 무엇보다 꼭 필요한 것은 배고픔의 고통을 겪어봐야 한다. 하나님 말씀에 굶주린 경험이 있어야 한다. 이런 경험이 없는 사람은 영혼에 문제가 있는 사람이다. 하나님의 관심은 성도들이 배고픈 것을 안타까워서 가능하면 굶기지 않고 인도하신다. 그보다 더 큰 관심은 영혼의 양식의 굶주림을 더 안타까워하신다.

> "주 여호와께서 가라사대 보라 날이 이를찌라 내가 기근을 땅에 보내리니 양식이 없어 주림이 아니며 물이 없어 갈함이 아니요 여호와의 말씀을 듣지 못한 기갈이라 사람이 이 바다에서 저 바다까지, 북에서 동까지 비틀거리며 여호와의 말씀을 구하려고 달려 왕래하되 얻지 못하리니 그 날에 아름다운 처녀와 젊은 남자가 다 갈하여 피곤하리라"(암8:11-13).

성도는 영의 양식을 많이 먹고 잘 먹어야 다. 영양실조에 걸리지 않으려면 잘 먹고 소화해야 한다. 많이 먹기만 한다고 그것이 다 우리 몸에 유익한 것은 아니다. 먹은 것을 새김질하고 소화를 잘 시켜야 한다. 어떤 성도들은 성경도 많이 읽고 집회도 부지런히 쫓아다니고 신앙 연조도 오래 되었지만, 허약한 사람이 있고, 어떤 성도는 교회 나온 지 얼마 되지 않고 신앙연조도 길지 못해도 은혜가 충만하고 속이 꽉 찬 그런 성도가 있다.

왜 그런 결과가 나타나는가?
하나님의 말씀을 읽고 들을 때마다 눈과 귀로만 보고 듣지 않고, 마음으로 읽고, 열린 마음으로 듣고, 가슴으로 읽고 듣고 배우므로 소화가 잘 되는 것이다. 전부가 생명의 양식이 되고 영양분이 되어 먹는 대로 피와 살로 흡수되어 영이 성장하므로 무슨 일을 맡겨도 잘 해낸다.

그 반대로 어떤 사람은 아무리 많이 먹어도 살도 안찌고 말라 있고 소화를 못 시켜 먹고 마신 것이 부서지고, 깨어지고, 녹아지지 않아서 그대로 배출되므로 언제나 영양결핍증으로 비실대다가 한 번도 쓰임 받지 못하거나 주인에게 충성하지 못하고 끝나고 만다.

이스라엘 백성이 선택받은 선민(選民)이었지만 다 천국백성이었는가? 교회 오래 다녔다고 천국이 보장되는가? 하나님의 법도는 공의롭기 때문에 세상 법처럼 불의하고 악한 자들이 잘 되고, 우상을 숭배하고 하나님의 법과 질서를 거역하고 악행 하는 자들처럼 네 새끼, 내 새끼 편 가르기 하고 편애하고 이중 플레이를 하지 않는다.

> "하나님 앞에서는 율법을 듣는 자가 의인이 아니요 오직 율법을 행하는 자라야 의롭다 하심을 얻으리니"(롬2:13).

> "대저 표면적 유대인이 유대인이 아니요 표면적 육신의 할례가 할례가 아니라 오직 이면적 유대인이 유대인이며 할례는 마음에 할찌니 신령에 있고 의문에 있지 아니한 것이라 그 칭찬이 사람에게서가 아니요 다만 하나님에게서니라"(롬2:28-29.

하나님께서 스바냐 선지자에게 알려준 심판은 유다와 이스라엘(남, 북)을 적대하는 나라들에 대한 무리들 곧 악인(하나님 없는 불신자)과 유다와 예루살렘 모든 거민, 제사장들, 우상 숭배자, 말감을 가리켜 맹세하는 자(혼합주의자), 하나님을 경외하지 않는 자, 기도하지 않는 자를 반드시 심판하신다. 하나님은 언제나 공의의 법과 사랑의 법을 잣대로 사용하신다. 하나님께서는 어떤 자들을 구원하시는가?

"수치를 모르는 백성아 모일찌어다 모일찌어다 명령이 시행되기 전, 광음이 겨 같이 날아 지나가기 전, 여호와의 진노가 너희에게 임하기 전, 여호와의 분노의 날이 너희에게 이르기 전에 그리할찌어다 여호와의 규례를 지키는 세상의 모든 겸손한 자들아 너희는 여호와를 찾으며 공의와 겸손을 구하라 너희가 혹시 여호와의 분노의 날에 숨김을 얻으리라"(습 2:1-3).

하나님께서는 유다 백성을 향하여 먼저 회개할 것을 촉구하신다. 모든 거민을 상대로 모든 주권자들을 멸절시키고 "유다 족속의 남은 자에게로 돌아갈지라!" 하신다. 하나님의 심판에는 어느누구도 어떤 민족이나 인종도 예외가 없다. 내 새끼라고 눈감아 주는 그런 분이 아니시다. 하나님의 심판은 이스라엘의 주변국가 블레셋, 모압과 암몬, 구스와 앗수르, 초강대국(미, 중, 소)도 예외가 없다. 하나님의 심판대 앞에서는 권력자들, 지도자들의 책임이 더 크다. 방백, 재판장, 선지자들, 제사장들 다 멸절당해도(습3:3-4) 보호받을 자가 있다.

"이스라엘의 남은 자는 악을 행치 아니하며 거짓을 말하지 아니하며 입에 궤휼한 혀가 없으며 먹으며 누우나 놀라게 할 자가 없으리라"(습 3:13)

유다 이스라엘의 남은 자들이 바벨론 포로생활에서 자유(해방)를 얻어 본토로 돌아올 때 기뻐한 것처럼, 만왕의 왕 되신 그리스도께서 천하 만민을 심판하시고 주의 이름을 부르며 믿음을 지켰던 온 천하 세계 각국에 흩어져있던 믿음의 사람들을 세계 각 곳에서 모으게 될 것이다.

"하나님의 나팔소리 천지 진동할 때에~ "(찬송168장).

세상 사람들은 이를 갈고 통곡하고 우리 성도들은 신랑 맞이하는 감격과 기쁨으로 가슴 설레임을 체험하게 될 것이다.

"마라나타!"

(Maranatha, 아람어: מרנא תא: maranâ thâ).

아멘 주 예수여 어서 오시옵소서. 아멘!!

(Yes, I am coming soon." Amen. Come, Lord Jesus).

부록/Appendix

부록-1

새생명복음선교회 목적

"너희는 이 세대를 본받지 말고 오직 마음을 새롭게 변화를 받아 하나님의 선하시고 기뻐하시고 온전하신 뜻이 무엇인지 분별하도록 하라"(롬12:2).

이 세상 모든 사람은 한 사람도 예외가 없이 어떤 목적을 가지고 그 목적을 이루기 위해서 힘이 들고 어려워도 삶을 포기하지 않고 열심히 살아간다. 목적(目的)과 목표(目標)는 유사한 단어이면서 조금 다른 점은 목적은 무엇에 도달하려고 하는 목표나 방향이라고 한다면, 목표는 어떤 뜻을 이루려고 뜻을 정하고 이루려고 하는 대상을 의미하는 것이다.

우리 모두는 각자가 목적이 있고 목표를 가지고 이 세상을 산다. 나는 20대 후반까지는 양심적인 정치 지도자가 되어서 우리나라를 복지사회 선진국을 만드는 것이었다. 그러나 30대 초반 하나님을 만나는 체험을 하고 이전의 꿈(목적)은 깨어지고 두 번째로 찾은 꿈은 "내 복음으로 네 민족을 구하라"는 하나님이 주신 꿈을 가지고 거듭난 성령의 사람(온전한 하나님의 사람)으로 꿈을 갖고 지금까지 한 길만 달려왔다.

그 꿈은 아직 미완성이다. 예수님께서 제자들 앞에 산상수훈을 가르치신 후 마지막 (마5:48)에 "그러므로 하늘에 계신 너희 아버지의 온전하심과 같이 너희도 온전하라"는 말씀을 하신 것은 의미심장한 교훈이다. 이 말씀의 진정한 의미는 제자들에게 삶의 최고 가치를 의미한다고 해도 맞을 것이다.

살아있는 모든 존재는 동물, 식물, 인간도 마찬가지로 변화를 한다. 죽으면 변화가 불가하고 퇴화되고 소멸되지만 살아있는 동안은 변화와 발전을 반드시 하게 되어 있다. 인간사회는 끊임없이 변화와 발전을 거듭하고 진행되고 있다. 물질세계뿐만 아니라 정신세계와 영적세계도 변화되고 발전되어야지 그냥 중지되거나 죽어있으면 어떠한 발전도 행복도 없어지고 만다.

(마19:16)에 한 유능한 젊은이가 예수님께 찾아와 "내가 무슨 선한 일을 하

여야 영생을 얻으리이까"라고 질문했을 때 예수님께서는 "계명을 지키는 일이 중요하다"고 하셨다. 그 때 청년이 "계명을 벌써부터 다 지켰다"고 자신만만하게 대답했을 때 예수님께서는 "네가 온전하고자 할찐대 가서 네 소유를 팔아 가난한 자에게 나누어 주고 그리고 나를 따르라"고 하셨다.

이 부자 청년은 조금 전처럼 당당하지 못하고 근심하며 돌아갔다고 했다. 인간의 최고의 욕구는 소유(재산)인 것을 증명해주고 있다. 그래서 온전한 회개는 주머니가 회개해야 한다는 말이 있다. 우리 그리스도인도 예외가 아니다. 하나님보다 소유를 더 귀하게 여기면 온전한 그리스도인이 되지 못한다. 소유(물질, 재산, 어떤 것)를 포기할 수 있는 데까지 정상에 도달해야 안심할 수 있다.

고린도전서 12장은 은사에 관한 내용들이고 13장은 사랑 장으로 은사는 여러 가지나 성령은 같고, 직분은 여러 가지나 주는 같으며, 역사는 여러 가지나 역사하시는 하나님은 같다고 하는 뜻은, 성령의 각종 은사와 교회 안에서 부르는 직분과 믿음으로 행하는 사역은 다 각각 다르지만, 이 모든 것이 몸된 교회를 위하여 하나님께서 각자에게 필요한 대로 허락하시고 거저 주시는 하나님의 선물이지 개인을 위하여 사사롭게 주시는 그런 특권이 아니다. 그래서 우리가 하나님께 받은 은사와 직분이나 능력을 사사로이 사용하고 잘못 사용해서는 안 된다는 것이다. 어떠한 은사에 대한 직분이나 능력도 사랑(아가페)이 없는 인위적인 목적으로 사리사욕을 채우는데 사용해서는 안 된다.

고린도전 13:10에서 "온전한 것이 올 때에는 부분적으로 하던 것이 폐하리라"고 했다. 기독교가 변질되고 타락하고 부패하여진 원인은 여러 가지 이유가 있지만, 그 중에서 가장 뚜렷한 것은 교회에 대한 관점과 편협 된 시각의 차이가 너무 지나치게 왜곡되고 있는 데에 있다고 보고 있다. 교회를 하나님의 관점에서 보지 않고 좁은 인간의 편견으로 이해하고 주장하려고 하기 때문에, 교회의 본질은 사라지고 인간의 좁은 판단과 지식에 따라 천태만상으로 나누어졌다. 교리와 교단의 분파가 심하여져서 사랑이 본체이신 하나님의 주권은 희미해지고 인간들의 주장이 하나님의 교회를 훼손시키고 있는 실정이다.

새 생명으로 거듭난 지도자들이 교회를 섬기고 이끌어야 하는데 그 정반대로 교권주의와 물량주의와 교회를 사유재산으로 잘못 알고 있는 지도자들이 인본주의로 교회를 무너지게 하고 있다. 참으로 성령으로 충만한 하나님의 사람, 온전한 사람들이 하나님의 백성인 교회를 이끌어가는 본보기가 되어야 하는 것이다. 사도바울이 문제가 많은 고린도교회를 향하여 "다 같은 말을 하고 같은 마음과 같은 뜻으로 온전히 합하라"(고전1:10)고 하는 말씀에 모든 교회는 순종해야 할 것이다.

기독교의 박물관이 되어 버린 한국교회 회복의 대안이 없을까?

우리 모두 함께 고민해야할 시대적 사명이라고 생각한다. 아무리 오랜 세월 교회를 다녔어도 아직까지 변화를 경험하지 못했다면 그는 참 성도가 아니다. 수많은 시간을 내가 구원받은 성도라는 착각 속에 빠져서 실존의 하나님을 체험하지도 못하고 그림자만 쫓아다니면 마지막에는 허무와 절망 속에 후회 해봐도 헛된 것뿐이다. 우리가 믿는 기독교는 여타의 종교와 다르게 계시와 새 생명의 타력종교임에도, 안타깝게도 오늘의 한국교회는 유대교와 가톨릭의 혼혈아가 되어 영적인 새 생명과 복음이 빠져 버린 외식과 율법의 종교로 전락해가고 있다.

성육신하신 예수님께서 공생애를 시작하시면서 제자들을 부르시고 산상수훈이라는 하늘나라의 교훈을 가르치신 후, 곧 이어서 제자들에게 엄숙하게 "너희는 먼저 그의 나라와 그의 의를 구하라 그리하면 이 모든 것을 너희에게 더하시리라"(마6:33)고 말씀하셨다. 여기에서 그의 나라는 어떤 무엇보다 우선적이고 가장 중요한 삶의 가치를 의미하고 있다.

인간의 삶에 가장 중요한 것은 의식주이다. 자세히 살펴보면 그의 나라는 먹고, 입고, 마시는 곧 의식주 문제보다 더욱 우선순위를 말하고 있다. 마태복음 6:19-32까지의 내용보다 (33절) 한 절의 말씀을 우선시하고 있음을 부인할 수 없다. 왜냐하면 "그리하면 이 모든 것을 너희에게 더하시리라" 하셨기 때문에 의심할 여지가 없는 교훈으로 받아 들인다.

우리가 세상을 살아갈 때 우선순위는 무시할 수 없는 삶의 조건이고 방식이다. 그러면 그의 나라는 어디에 있고 무엇인가? 지상에 그의 나라는 어디이며 무엇을 의미하는가? 나라의 핵심은 영토와 주권과 백성이 먼저이다.

하나님의 나라는 하나님의 주권(말씀)과 영토(통치권)와 백성(국민)이 먼저 있어야 하는데, 그 곳은 바로 교회를 상징한다고 말할 수밖에 없다. 이 세상에 하나님의 백성들이 모여서 하나님의 말씀의 권위에 순종하고 서로 교통할 수 있는 곳은 유일하게 교회뿐이다. 교회('에클레시아')란 밖으로 불러낸 사람들의 공동체이다.

하나님께서 아브라함을 본토 친척 아비 집을 떠나 새로운 곳으로 가게 하신 것처럼(창12:1), 오늘날 지상의 교회는 세상 밖으로 불러내어 새로운 삶을 시작하게 한 것과 마찬가지다. 진정한 교회란 여러 가지 조건과 과정이 있을 수 있지만 가장 으뜸이 되는 것은 건강한 교회라야 한다(진정한 교회). 우리 인생에도 여러 가지 필요하고 중요한 것이 있지만 가장 요긴하고 중요한 것은 건강이라고 한다.

사람이 사는 데는 돈, 명예, 권세, 자유, 행복, 지식, 꿈, 그보다 귀한 것은 건강이다. 교회도 건강한 교회와 그렇지 못한 교회가 있다(통계조사에서 밝힌 것). 건강한 교회란 영적으로 성숙한 성도들이 모인 교회이다. 모든 것이 다 갖추어져 있어도 병들고 불구가 된 사람에게는 그 모든 것이 아무런 의미가 없다. 성숙한 교회, 건강한 교회도 여러 가지 조건이 따른다. 우리교회가 신앙의 성숙과 건강하기를 원하지만 저절로 되거나 초고속으로 되는 것은 아니다.

사람이 태어나 건전하게 정상적으로 성장하려면 20년 이상 시간이 소요된다. 신앙의 성숙에도 한 단계로 끝나는 것이 아니고 일곱 단계가 있음을 알 수 있다. 우리가 신의 성품에 참예하는 자가 되려면 "너희가 더욱 힘써 너희 믿음에 덕을 덕에 지식을 지식에 절제를 절제에 인내를 인내에 경건을 경건에 형제우애를 형제우애에 사랑을 공급하라"(벧후1:4-7)고 말씀하고 있다.

신앙이 성숙하려면 껑충 건너뛰려고 하지 말고 한 걸음 한 걸음 주님과 함께 가야한다. 신앙이 성장하려면 지름길을 찾기보다 건강하게 성장하고, 주님과 함께하고, 그의 가르침을 잘 따르는 길이 가장 안전하고 유일한 비결이다.

예수님께서는 제자들에게 말씀하시기를 "너희가 내 안에 거하고 내 말이 너희 안에 거하면 무엇이든지 원하는 대로 구하라 내가 아버지의 계명을 지켜 그의 사랑 안에 거하는 것같이 너희도 내 계명을 지키면 내 사랑 안에 거하리라 내 계명은 곧 내가 너희를 사랑한 것 같이 너희도 서로 사랑하라 하는 이것이니라 너희가 나의 명하는 대로 행하면 곧 나의 친구라"(요15:7,10,12,14) 하셨다. 나 혼자 걷는 것보다 주님과 함께 걸으면 늦어지는 것같이 보여도, 매일 시간마다 주님을 친구로 삼고 주님과 대화하며 주님과 함께 기뻐하며 주님 말씀에 순종하여 뚜벅뚜벅 소(牛)처럼 걷다보면 더 빠르고 더 안전하게 목적지에 도착하게 된다.

나도 한 때는 열심이 특심하여 밤낮을 안 가리고 수고를 했지만 기대만큼 열매는 없고 지쳐있을 때 조용한 주님의 음성이 들려 왔다.

"네가 나보다 앞서 가는구나!" 그 음성을 듣고부터 속도를 늦추었더니 마음에 평안이 갑절로 더해왔다. 내가 급하다고 서둘러도 내 뜻대로 되지 않는 것이 하나님 나라이고 하나님의 일이다. 가장 중요한 것은 주님 안(in Jesus)에 있는 것이다. 주님 떠나면 모든 것이 헛되고 만다. 내가 주님 안에 있고 주님께서 내 안에 계시면 내가 하는 일은 너무 쉽고 간단하다. 주님의 말씀 안에, 주님의 사랑 안에 거하면 이제까지 수동으로 하던 것이 자동으로 바뀌진다.

성령의 열매는 "사랑과 희락과 화평과 오래 참음과 자비와 양선과 충성과 온유와 절제"(갈5:22-23)다. 성도의 기준은 누구보다 예수님을 닮는 것이다. 오직 예수! 완벽한 조화를 보여 주신 예수님을 닮아가는 과정이 건강하게 성장하는 비결이다.

"모든 육체는 풀과 같고 그 모든 영광은 풀의 꽃과 같으니 풀은 마르고 꽃은 떨어지되 오직 주의 말씀은 세세토록 있도다 하였으니…"(벧전1:24-26). 꽃은 잠시는 화려해 금방 지고만다. 우리는 꽃 성도가 아니라 열매 성도가 되어야 한다. 내 중심이 아니라 하나님과 함께 동행해야 한다. 내 모든 주권을 주님께 다 맡기고 전적으로 위탁해야 한다. 아무리 바빠도 바늘허리에 실 꿰어 바느질할 수 없다. 신앙연조가 오래고 직분이 화려해도 열매가 없으면 건강한 교회, 행복한 삶이 아닌 것처럼, 건강한 교회와 성도는 시절을 따라 좋은 열매를 풍성하게 맺어야 한다. 말씀과 기도로 조화를 이루며 성령의 열매(전도, 부흥)를 계속 맺으며 부흥, 성장하는 교회는 시냇가에 심은 나무처럼 풍성한 열매로 하나님께 영광과 기쁨을 드릴 수 있다.

부록-2

금언(金言)_답답하거나 힘이 들 때!

〈목회를 성공하고 싶으면!〉

1. 한 눈을 팔지 말아야한다. 주님 외에는 바라보지 말라.
2. 자기부인(否認)과 자아성찰을 끊임없이 실천하라.
3. 모든 만남을 예사로 여기지 말고 만남에 의미를 부여하라.
4. 훌륭한 멘토(사상적 스승)을 반드시 정해두고 수시로 상의하라.
5. 조급하거나 서둘지 말라. 냄비근성은 우리 민족성이다.
6. 공짜는 절대금물이다. 불로소득은 최고 비싼 달러돈이다.
7. 남과 비교하지 말라. 자칫하면 우월감이나 열등의식에 빠지게 된다.
8. 매사를 개척정신으로 시작하라. 내 몸에 맞는 옷이 제일 고급이다.

〈후회 없는 인생을 원하면!〉

1. 생(生)과 사(死)의 차이는 종이 한 장 차이도 안 된다.
2. 성공한 인생도 실패한 인생도 모두가 내 책임으로 그 이상도 이하도 아니다.
3. 하나님 없는 인생은 나침반이 고장 난 배와 마찬가지다.
4. 인생의 3대 발견; 첫째는 하나님. 둘째는 자아. 셋째는 사명.
5. 지혜로운 인생은 물처럼 살아야한다(상선약수).
6. 작은 불씨가 자칫 방심하면 화마로 변한다.
7. 진정한 리더십은 침묵과 겸손이다.
8. 성공하기 원하면 포기를 포기하라! 칠전팔기를 체험하라.
9. 돈에 노예가 되면 인격이 추해지고 돈돈하고 돌아다니면 마침내 돌아버린다(정신이상자보다 추함).
10. 돈은 버는 것보다 쓰는 것이 더 어렵다.
11. 건강은 돈으로 살 수 없는 소중한 재산이다.

12. 모든 것을 내가 아니면 안 된다고 생각지 말라. 내가 없어도 이 세상은 잘만 돌아갈 것이다.
13. 모든 것을 사고 팔 수 있어도 시간은 사고 팔 수 없다. 시간을 낭비하면 시간은 나를 천대할 것이다.
14. 가장 미련한 사람은 시간을 낭비하고 시간을 천대하는 사람이다.
15. 이 세상에서 가장 공평한 것은 시간(세월)이다(빈부귀천, 남녀노소).
16. 사랑과 행복의 차이는 문자의 차이에 불과하다.
17. 사랑은 지고의 예술이며 내가 경험해보지 않으면 안개와 같은 것이다.
18. 오늘이 내 인생의 종말처럼 여기고 살면 끝 날이 되어도 후회가 없을 것이다.
19. 시간은 돈으로 바꿀 수 없는 무형의 재산이다.
20. 시간을 천대하라 그리하면 그 시간은 당신을 갑절로 천대할 것이다.
21. 가장 어리석은 바보는 시간개념이 없는 방랑자이다.
22. 시간은 사용하지 않아도 저절로 없어진다.
23. 시간은 사람에 따라 그 가치가 다르다.
24. 사고 팔 수 없는 것은 시간뿐이다.
25. 시간은 누구에게나 공평한 자산이다.

자신의 사명(할 일)을 찾은 사람은 이미 행복을 찾은 것이다. 행복과 불행의 차이는 좋은 생각과 나쁜 생각의 차이에 지나지 않는다. 어리석은 사람은 멀리서 행복을 찾으나 지혜로운 사람은 가까운 곳에서 행복을 찾는다.

〈그리스도인의 행복 비결!〉

1. 하나님을 일순위로 만나라.
2. 하나님을 전적신뢰하고 의지하라.
3. 감사의 조건이 많아야 행복이 온다.
4. 자족을 배워야 행복이 온다.
5. 자기를 발견한 사람이 행복을 발견한다.
6. 불행을 극복해야 행복이 온다.
7. 욕망을 비워버리고 좋은 친구와 사귀면 행복이 친구가 되어 준다.

세상은 속이고 속는 것들뿐이다. 그러나 하나님은 속이지도 않으시고 속지도 않으신다. 사람을 붙잡고 하나님의 일은 안 된다. 하나님의 일은 하나님 한 분만 붙잡으면 성공이 틀림없다.

_이 세상에서 가장 현명한 사람은 늘 배우는 사람이고
_이 세상에서 가장 강한 사람은 자기를 이기는 사람이고
_이 세상에서 가장 행복한 사람은 범사에 감사하는 사람이고
_이 세상에서 가장 성공한 사람은 하나님을 바로 만난 사람이고
_이 세상에서 가장 부요한 사람은 자족할 줄 아는 사람이고
_이 세상에서 가장 멋쟁이는 하나님과 동행하는 사람이고
_이 세상에서 가장 훌륭한 사람은 겸손의 덕을 갖춘 사람이다.

부록-3

애국 호소문

투쟁정도로는 안 된다. 혁명으로 정리해야 한다. 대한민국의 위대한 건국과(이승만, 박정희)의 역사적 업적을 재인식하고, 제주도의 4.3폭동, 광주5.18 폭동, 세월호 음모, 박근혜 대통령 반헌법 탄핵, 4.15 부정선거 등. 치욕스러운 역사적 범죄를 모두 바르게 정리하고 곧 떠나게 되는 우리 늙은이들은 박수를 치고, 우리 다음으로 이 나라의 주역이 될 젊은이들이여 이제 자리를 박차고 나와 궐기하라! 혁명으로 가자!~

이제 모든 것을 이해할 만큼 진실이 만천하에 드러났다. 친중 종북, 반미 세력은 단순한 정치적 적대세력이 아니라 반국가, 반인륜, 반문명 사탄의 세력이다. 그러므로 이론적 투쟁만으로는 안 된다. 행동으로 혁명해야 한다. 이 엄청난 사실을 국민들이 알고 있는가? 소리 없이 진행되는 적화전략! 우리가 말로만 듣던 이야기 대한민국이 망해가고 있다는 우려 뒤에 무슨 일이 있었는지 국민들이 구체적으로 알아야 한다.

연평 해전에서 전사한 군인들에 대한 보상금이 고작 1인당 3,100만원에서 6,500만원이고, 6.25 참전용사들이 매월 쥐꼬리만 한 18만원을 받고 추운 방에서 라면을 끓여 먹는 우리나라 현실에서 광주 5.18국가 반란 폭도들은 민주투사로 둔갑시켜 6~8억 원을 지급하였으며, 대한민국을 파괴하려고 조직되었던 민혁당 그리고 민청학련 관련자들에게 6~25억 원을 지급했다. 여행 가다가 교통사고로(세월호) 죽은 사망자들에게 8억 5,000만원~12억 5,000만원을 지급했다.

우리가 이런 사실을 알고도 입을 다물어야 하는가? 위대한 대한민국의 국부 이 승만 대통령의 기념관 동상 하나 없는 이 나라에서 19대 국회는 김대중의 치적을 기리기 위한 아세아 문화 궁전법(아문법)을 제정하고, 광주에 그 전당을 짓기 위하여 기금 5조원을 지불하고 매년 800억 원을 5년간 보조하기로 결의하였다.

지금 전국에 김대중을 찬양하기 위한 기념관과 도서관 동상들이 널려 있다. 광주에 김대중 컨벤션센터를 목포에 노벨상 기념관, 전남도청에 김대중 홀 등, 연세 대학교에 김대중 도서관, 경기도 북부도청에 김대중 홀, 강원도 양주군 평화 댐에 김대중 동상, 서울에 김대중 평화재단, 전남 신안에 김대중 다리와 김대중 동상(간판은 민주화 운동, 속내는 적화운동), 서울 동교동에 김대중 도서관 등.

좌경세력들이 주장하는 소위 남한의 민주화 운동은 모두가 북한의 대남 공작 작전에 있다. 민주화 세력으로 분류된 사람들은 거의 다 친북 공산주의자들이다. 그런데도 지금까지 국가는 주적인 공산주의자들을 '민주열사'라는 면류관을 씌워 이들로 하여금 사회를 통제할 수 있게 해주고 있다.

5.18에 관련된 국가반역 폭도들이 지금 자칭 '민주열사'의 최고봉에 서있다. 이어서 과거의 간첩사건, 시국사건, 국보법 위반사건들을 일으킨 당시의 반역자들에게 차곡차곡 민주열사의 면류관을 씌워주고 있다.

김대중과 노무현은 역사를 뒤집기 위해 3개의 위원회(민보상위, 위문사위, 진실화해위)를 설치하였다. 민보상위(민주화운동 관련자), 명예회복 및 보상 등 위원회는 2000년 8월 1일에, 위문사위(진상규명 위원회)는 2000년 10월 17일에, 과거사위촉 진실화해 위(진실화해를 위한 과거사 정리위원회)는 2005년 12월 1일에 설치되었다.

3개 조직에 빨치산 간첩 출신들을 대거 영입했다. 이와 같은 역사 쿠데타가 한창 이루어지고 있을 때, 북한은 노골적으로 "간첩을 조사했던 자들에 대해 3족을 멸하라"는 대남지령문을 보냈다. 이와 때를 같이 하여 3개의 역사 뒤집기 위원회는 간첩을 조사한 조사관들에 대해서는 공소시효를 박탈하겠다며, 과거에 간첩사건을 조사한 조사관들을 마구 불러들여 조사했다.

김영삼 시절(1994년) 4년 동안 옥살이한 남매 간첩단 사건의 오빠 김상억을 의문사위에 영입해 놓고, 현역 국방부장관과 1군사령관 등을 불러다 취조를 했다. 참고로 김상억의 매형은 386간첩단 사건의 우두머리인 김기영이다.

2000년 8월 22일 김대중이 끝까지 전향하지 않은 간첩 빨치산 출신 63명을 조건 없이 북으로 보냈다. 김정일은 이들 비전향 장기수 63명에게 30~40년간 고초를 준 남한의 반동분자들과 그 자식들까지 처단하고, 아울러 10억을 배상하라는 취지의 고소장을 노무현 정부 당시 통일부에 보냈다. 그리고 이 고소장을 '위문사위'와 '과거사위'에 전달할 것을 통일부에 요구했다.

김정일의 지령문이 노골적으로 국가기관을 통해 이들 3개 위원회에 전달된 것이다. 이들 3개 위원회는 서로 희희낙락하며 전문성에 따라 과거 사건들을 서로 분배해 맡아가면서 과거사를 모두 뒤집었다.

어제의 충신이 역적이 되고 어제의 간첩과 빨치산이 충신으로 둔갑하면서 왕년의 빨치산과 간첩들에게 1인당 수억, 수십억 대의 배상금을 안겨주었다. 사회주의 세력이 공산주의자들에게 넘어가고 있는 것이다.

*아래에 대표적인 사건들 중 몇 개의 예를 정리해 보겠다.

1. 2002.4.27 민보상위 : 동의대, 남 인천, 한총련 활동을 민주화운동으로 뒤집었다. 386간첩단 사건을 2명을 민주화 운동가로 인정하고 이들 각각에게 3,900만원을 보상금으로 지급했다.

민주당 현역 국회의원인 이학영 그는 남민전 핵심으로 혁명자금과 역사문제 연구소의 자금을 확보하기 위하여 동아건설 최원식 회장 집을 침입 강도질하다가 체포되어 감옥에 갔다. 중앙정보부 해체를 목표로 하여 구성된 민청학련 사건에도 연루되어 2차례나 감옥에 갔다.

조선 공산당을 창당한 박헌영의 아들이 지금 서울에 살고 있다. 서울 종로 조계종의 승무회 요직으로 활약하고 있는 박원경이 바로 그 자다. 그는 전 서울 시장 박원순과 함께 역사문제 연구소를 설립하였다. 이 조직의 주동 인물이 한홍구와 이학영이다. 이들이 한국 중.고등학교 교과서를 집필하면서 북한의 정통성을 부각시키고, 남한의 정체를 폄하하고 부정하는 날조를 치밀하게 구축하였다. 이런 잘못된 역사 교과서를 전교조 교사들이 우리의 어린 자녀들에게 가르쳤다. 미련한 우리 역대 정부가 이런 엄청난 비리를 바로잡지 못하고 방관만 하였다는 사실을 우리는 용납할 수 없는 일이다.

지금 대한민국을 부정하는 역사변조와 전교조의 일체 활동을 전 서울시장 박원순이 장악하고 있었다. 뒤늦게나마 박근혜 대통령이 그 심각성을 파악하고 역사교과서를 다시 편찬하여 잘못된 교과서를 대체하려고 시도하였으나, 종북 좌파세력이 거부하고 끝내는 박근혜 대통령을 불법적으로 몰아내고 탄핵시키고 이 나라를 시궁창으로 끌고 가고 있다.

연혁당과 민청학련의 잔당이 주축이 되어 조직된 남민전(남조선 민족해방전

선)에서 남한전복을 위한 문화혁신 인민 해방군 창설준비 등 핵심 당원으로 활약한 국가보안법 위반 전과자 이학영이 5년 형을 받았다. 출옥하자마자 그에게 정치자금을 지원하고 경기도 군포에서 국회의원에 출마하도록 밀어주고 드디어 19대 국회의원에 당선되도록 한 사람이 바로 문재인이다. 그리고 노무현이 집권하자마자 남민전 사건을 민주화 운동으로 판결을 뒤집을 때 이학영을 애국자로 명예회복을 시킨 후 무려 13억 1,000만 원의 보상금을 주었다.

2. 2002.7.1 위문사위(한상범 위원장) : 비전향 장기수 3명(최석기, 박융서, 손윤규)을 민주화 열사로 등극시켰다. 이들이 양심을 지키기 위해 부당한 공권력에 저항한 민주인사들이라고 한다.

3. 2002.7.9. 의문사위 : 경찰에 쫓기다 추락해 사망한 한총련 간부 김준배를 의문사 당한 희생자로 규정하고 그를 민주화 인사로 등극시켰다. 1998년대 법원이 이적단체로 대법원 위에 의문사위가 있다.

4. 2004.7.5 의문사위 : 미국정부가 독자조사를 통해 북한 소행으로 판정한 김현희에 의한 KAL858기 폭발사고를 안기부 조작사건으로 덮어씌우려는 온갖 시도를 다하였고, 김재규는 민주화 열사로 지정하려 시도하였다. 그러나 국민저항에 부딪치고 팩트가 없어 실패했다.

5. 2004.7.16 의문사위 : 1994년 김영삼 정부시절에 간첩혐의로 징역을 살았던 김삼석 등 3명이 현역 국방장관과 1군 사령관을 포함해 과거 간첩사건을 조사했던 대상의 수사관들을 줄줄이 소환조사를 했다. 국가를 위해 수고하던 옛날의 대공수사관들이 80세 나이가 되어 젊은 간첩 출신들에게 줄줄이 불려가 하루 종일 수모를 당하며 눈물을 흘렸다.

6. 2004.10.1 의문사위 : 1974년 비전향 간첩 최석기에 대한 전향 공작과정에서 당시 대공 수사관 조모씨가 최씨를 폭행해 숨지게 했다는 혐의가 있다며 조씨를 대검찰청에 고발했다. 폭행치사는 공소시효가 7년이지만 의문사위는 간첩을 조사한 공안 수사관들에게는 공소시효를 배제한다며 이 같은 초법적 조치를 취했다.

7. 2005.12 민보상위 : 이철, 유인태, 이해찬 등 9명의 민청학련 주동자들에 대해 민주열사 지위를 부여했다. 이후 이들은 재심과 손해배상 소송을 통해 수억, 수십 억대의 배상을 받았다.

8. 2006.3.6; 민보상위 : 남민전 38명을 민주열사로 등극시켰다. 이들 역시 재심과 손해배상소송을 통해 각자 10억 이상을 배상받았다.

9. 2006.12.4. 민보상위 : 골수간첩 황인욱을 민주화 유공자로 지정했다. 황인욱은 불법으로 정권을 장악한 전두환 정권에 항거함으로써 민주헌정질서회복에 기여한 민주열사라는 것이다. 기타 자민통, 혁노맹, 혁명의 불꽃그룹, 반미 청년회, 구국학생연맹, 임시혁명정부, 쟁취학생 투쟁위원회 관련자들을 민주열사로 등극시켰다.

10. 2008.4.23. 과거사위 : 사북탄광 사건은 계엄사에 의해 저질러진 인권침해 사건이라면서 국가는 피해자들에게 사과하고 명예회복과 보상을 해주라고 권고했다.

11. 2008.12 과거사위 : 유신판사 492명의 명단을 발표하겠다고 기승을 부리다 저항에 부딪쳐 포기했다.

12. 2009.7.7 과거사위 : 학림사건(이태복 등 26명 무기징역) 관련자들을 민주인사로 등극시켰다.

글쓴이 마이클 리

부록-4

한국교회 지도자들의 죄악 목록

(설문조사에서 발췌한 것임)

1. 하나님이 받으실 모든 영광을 자신이 가로챘다.
2. 하나님 말씀을 변질시켰다. 말씀보다 기적, 은사, 표적에 관심을 갖게 만들었고 자기 지식으로 마음대로 말씀을 풀었다.
3. 세상 정치에 관심을 갖고 참여했다.
4. 양떼를 우선으로 사랑하지 못했고 하나님의 양떼를 자기 소유인양 취급했다(영혼 사랑이 없었다).
5. 영혼이 천국가게 하는데 목적을 두지 않고 교회부흥과 내 명예를 위해 양떼들을 이용했다.
6. 물질 욕심을 버리지 못했다. 돈을 엄청 쌓아 두었고 자기명의로 된 집문서와 땅문서들이 수두룩하다.
7. 우상의 제물을 먹었고 우상숭배를 했다.
8. 명예욕(높아지고 싶은 욕심)에 사로잡혔다(방송설교, 건축, 대 교회 집회, 유명 목사들, 유력인사, 정치인들 모임에 참석).
9. 하나님의 말씀보다 유명 목사들 눈치를 보았다.
10. 오직 예수, 오직 회개, 오직 천국과 지옥을 외치지 않고 혼합주의와 다원주의가 되어 교회를 이끌어갔다. 귀에 듣기 좋은 설교만 했다.
11. 음란함을 버리지 못했다(음란은 명예와 물질과 깊은 연관이 있다).
12. 기도하기를 싫어했고 여가 활동에 바빴다.
13. 양들을 돌보지 않고 맛있는 것 찾아다니고 놀러 다니기에 바빴다.
14. 가난한 성도는 외면하고 부자 성도들만 반겼다. 가난한 성도 심방가는 것은 싫어했고 헌금 많이 하고 선물 잘하는 성도들만 좋아했다.
15. 사례비, 퇴직금 때문에 일했던 직업적인 목사였다.
16. 내 안에 예수보다 세상 것으로 가득 찼었다(돈, 명예, 인기, 유행).
17. 지식만 추구했고 말씀도 자신이 깨닫고 묵상한 것이 아니라, 다른 사람 것을 표절 했다.

18. 천국과 지옥이 믿어지지 않았다. 설교는 부지런히 했다.
19. 회개를 가르치지 않았고 성도들이 떠날까 봐 죄에 대해 책망하지 않았다.
20. 대접하는 것보다 대접 받기를 즐겼다.
21. 사탄이 씌워준 교만의 왕관을 썼다. 자기를 높이는 성도들 말에 우쭐했다.
22. 영혼이 천국 가는데 관심이 없고 오직 자기 욕심만 채우기에 바빴다.
23. 세상 문화, 유행, 쾌락을 버리지 못했다.
24. 자신은 전혀 회개하지 않으면서 회개를 외치는 삶을 살았다.
25. 기도와 말씀에 전무하지 않았다.
26. 기도의 줄을 놓쳐버려 마귀에게 이리저리 끌려 다니는 삶을 살았다.
27. 주님이 주신 훈련과 십자가 사명이 무겁다고 내팽개쳤다.
28. 교회의 주인이 예수님이 아니라 목사, 사모가 되었다. 섬기기보다 성도들 위에 군림했다(왕 놀이).
29. 고집이 세고 자존심을 버리지 못하고 짜증과 혈기가 많고 원망, 불평, 시기, 질투, 의심하면서 자신이 다듬어지지 않았다.
30. 술과 담배를 끊지 못했다.
31. 교회가 소란할까봐 목사와 성도들 앞에서 안하무인한 사모를 책망하지 못했다.
32. 귀신 쫓아내고 천국과 지옥을 보고 능력이 나타나는 목사를 이단으로 정죄 했다.
33. 성령 충만함을 입지 못해 순교 현장에서 주님을 부인했다.
34. 교회 건축을 통해 자기 자랑, 교회 자랑하려고 했다.
35. 교회 여자 성도와 음란에 빠졌다.
36. 교회 성도들보다 자기 아내와 자기 가족을 더 사랑했다.
37. 강단에서 예수님만 높이지 못하고 자기 지식과 자기 자랑만 했다.
38. 성도들로 하여금 예수님을 붙잡게 한 것이 아니라 목사를 붙잡게 했다.
39. 고난의 십자가를 지려고 하기보다 좋은 집, 좋은 차, 좋은 음식, 자녀 출세에 관심이 더 많았다.
40. 성령 충만하지 못했고 첫 사랑을 회복하지 못했다.
41. 예수가 마음 중심에 없고 천국과 지옥을 믿지 않았고 회개를 안 가르쳤다.
42. 하나님보다 교단 사람, 세상 눈치를 더 보았다.
43. 영적인 즐거움보다 선물, 먹는 것, 사우나, 쇼핑을 더 좋아했다.

44. 예수만 전하지 않고 다른 것을 섞어서 전했다(지식, 철학, 징조, 뉴스.등).
45. 회개 없는 충성, 봉사, 헌신, 구제, 찬양, 전도를 했다.
46. 교회를 ‘만민의 기도하는 집’으로 만들지 않고 내 소유로 만들었다.
47. 전심으로 하나님을 믿지 않고 내 편리한 대로 적당하게 믿었다.
48. 기도할 때 부르짖지 못하고 졸면서 기도하다가 마귀의 밥이 되었다.
49. 내 교회만 채우려고 이웃 교회 성도(양)를 도둑질했다.
50. 헌금할 때 감사함으로 하기보다 억지로 사람눈치 보며 할 때가 많았다.

부록-5
이승만박사의 반공정신과 대한민국 건국

1945년 8월 15일 연합국의 승리로 선물된 한반도의 해방공간은 남과 북의 치열한 이념 전쟁이었다. 북은 소련 공산화전략으로 김일성의 공산당 정부가 즉각 설립진행 되었고, 남은 미군정의 무제한적인 자유로 인해 공산당과 그 아류들의 악랄한 방해공작이 극심하여 자칫 공산화의 일보직전에서 이승만 박사의 투철한 반공정신에 입각한 치열한 전쟁 끝에 인간의 지고 가치인 자유 민주주의와 시장경제 체제로 1948년 8월 15일 대한민국이 건국되었다. 한반도에 선물로 주어진 해방공간에서 남은 자유민주주의 시장경쟁 경제체제로 건국되었다. 북은 독재 공산주의로 설립하였기에 남북의 삶의 질은 오늘 하늘과 땅 만큼이나 차이가 나 있다. 즉 이승만박사의 반공정신이 오늘 우리가 여기 있게 한 원동력이다. 우리 모두는 이 건국의 은혜를 잊는 배은망덕의 국민이 되어서는 안 될 것이다.

2017년 금년은 저 악명 높은 레닌이 제정러시아를 혁명으로 정복하고 공산당의 소련을 세운지 100년이 되는 해이다. 참혹한 인류재앙으로 1억 명의 무고한 목숨을 앗아간 저 공산주의 신기루의 거짓 유토피아를 쫓는 무지한 백성이 저 북의 처참한 광경을 직접 목도하면서도 오늘도 대한민국의 거리에는 널부러져 있다. 과거 역사에서 교훈 받지 못하는 민족은 또 다시 역사의 역습을 받게 될지 모른다는 두려움을 안고 현자 그 분의 예리한 미래통찰력을 빌려 경고하려고 그 분의 글을 빌려 작년에 책을 내었다.

일찍이 고도 하와이에서 독립운동과 교포 계몽운동에 심혈을 기울이던 1923년 그가 설립 운영하던 "태평양잡지"에 "공산당의 당부당"이란 짧은 논문을 기고했다. 칼 마르크스가 1848년 "공산당선언"에서 스스로 밝힌바와 같이 공산당은 "유럽에 떠돌고 있는 유령"이었다. 이승만은 이 논문에서 1917년의 러시아혁명이 인류를 유토피아로 이끌 것이라며 온 세계가 광분하고 있을 때 그는 이 논문에서 이 유령 신기루인 공산주의의 폐해를 세계 최초로 정확하고 예리하게 분석하고 또 이 공산주의가 인류사회를 기만하고 피를 흘리게 한 다음 살아질 것이라며 예언했었다. 이승만은 이 거짓 신인 "공산주의"를 철저히 신봉하는 한반도의 공산당과 해방공간에서 피 흘리는 치열한 싸움 끝에 자유 민주주의와 반공을 두 축으로 하는 대한민국을 1948년 8월 15일 건국하였다. 미래 대한민국의 무궁한 발전을 위해 문맹의 대한민국을 개화시켜 문명대한민국으로 성장시켜 선진세계화의 초석을 다져주셨다. 또한 공산당의 6.25남침에서 40년간 그가 선진해양문명국에서 펼친 외교력으로 유엔의 힘을 빌려 대한민국을 지켜냈으며, 전쟁의 폐허위에서 북의 도발의 울타리인 한미상호방위조약 체결로 5천년 아시아의 최빈(最貧) 변방국에서 세계 10위권의 경제대국으로 초석을 놓아준 국부(國父)이시다. 이러한 사실에도 불구하고 세계에서 국부와 건국일이 없는 유일한 나라의 왜곡된 부끄러운 역사를 사실(事實, 史實)에 입각하여 바로잡는 조그마한 날개짓이라도 하려 이 책을 저술한 것이다.

丁酉年 새해아침에 저자 김현태

부록-6

시국 선언문 2013을 맞으며!

고요한 아침의 나라 우리조국 대한민국! 동녘의 아침 햇살처럼 여명을 깨우며 서서히 떠오르기 시작하는 나라 대한민국은 이제 우리의 요람이며 우리의 보금자리입니다. 5000년 거칠고 암울했던 역사의 격랑을 해치고 하늘로부터 비춰진 한줄기 소망의 빛을 붙잡고 인고의 날들을 끝내고, 마침내 민족 본연의 기개를 더 높여 전 세계가 선망하는 자랑스러운 나라로 우뚝 솟아오르고 있습니다.

이제 우리 조국 대한민국은 위대한 민족사적 대업을 완수하고 세계 모든 나라를 선도하는 일류국가가 되어 새로운 시대적 정진을 이루어야 할 중차대한 역사적 분기점(교차로)에 직면해 있습니다. 그리고 지나온 반만년 우리 조상들이 피땀 흘려 쌓아온 민족애환이 담긴 역사를 우리 모든 국민들이 똑바로 인지하고 전수하는 일이 무엇보다 중요한 일이라고 생각합니다. 역사란 과거를 토대로 현재를 거쳐서 미래를 부단히 흘러가는 물줄기와 같은 것입니다.

그러므로 과거가 없는 현재가 존재할 수 없고, 현재 없는 미래도 존재할 수 없습니다. 이제 우리는 세계열방을 선도하기 위해서 우리의 과거 역사로부터 편향과 오류가 없이 정확하고 분명하게 먼저 인지하고 나아가 세계의 역사를 가감히 바로 알고 나서 나아갈 방향과 정답을 내 놓을 수 있어야 할 것입니다. 지난 36년간의 치욕적인 역사와 6.25 동족상잔의 뼈아픈 부끄러운 역사를 우리 자손들에게 가르치지 않았고 알려고도 하지 않았기 때문에 젊은 세대들과 자라고 있는 청소년 세대들은 우리 역사를 너무도 모르고 있습니다.

그런가 하면 이웃나라 일본과 중국은 스스로 역사를 훼손시키며 숨기고 과장하기에 급급하고 있으며, 북녘 땅 김일성 삼부자 세습정권에서는 역사를 뒤집어 왜곡하기를 식은 죽 먹듯 하고 있으니 이 얼마나 불행한 일입니까!! 역사의식이 없는 민족은 미래도 없고 방향도 정하지 못하는 불행한 나라요 불행한 국민입니다.

안타깝게도 우리의 기성세대들은 우리나라가 일제 강점기 식민지 시대를 너무 망각한 나머지 세계 양대 세력에 국토분단을 위탁해야 했고, 곧이어 전쟁광 김일성의 불법 남침으로 수많은 생명을 잃고 전국토를 피로 물들인 6.25를 참 너무 쉽게 잊어버리고 남의 일처럼 무관심 했습니다. 그 결과 지금 우리 젊은이들은 일부 편향되고 좌경화된 선동자들의 잘못된 교육과 왜곡시켜버린 역사를 사실인양 그대로 인식하고 있어서 정권이 바뀔 때 마다 온 나라가 전쟁터처럼 혼란스럽고 어지럽게 합니다. 좌경화된 세력들은 국론을 분열시키고 저들의 야욕을 채우기 위해서 수단과 방법을 가리지 않고 국민이 선출한 지도자들을 폄하하고 비방과 공격을 서슴치 않고 있습니다. 대한민국 건국의 초대 국회에서 임시의장 이승만 박사는 이윤원 의원에게 먼저 기도하게 한 후 본회의를 진행했다고 회의록에 남아 있습니다.

우리는 그 정신을 계승해야 할 것이고 어떠한 불순 세력이나 비 민주주의 이념의 거짓된 속임수에도 넘어가서는 안 되며, 또 다시 지난날의 비운의 역사를 되풀이 해서는 안될 것입니다. 역사를 왜곡하고 국론을 분열시키면 아무리 거대한 경제, 정치, 군사, 국방의 힘도 모래위에 세운 집(사상누각)과 같이 쉽게 무너지고 마는 것입니다. 말로는 국민을 위한 국민중심의 정치, 평화와 정의를 외치고 있지만 저들의 속셈은 정권탈취와 야심을 성취하기 위한 속임수에 지나지 않음을 쉽게 알아 볼 수 있습니다.

진정으로 나라를 사랑하고 국민의 행복과 통일조국을 후대에 물려 줄 수 있는 지도자는 권력의 비호세력이 아니고, 약자의 눈에 눈물을 닦아주고 소외된 자를 품어주고 변방을 스스로 찾아가 섬김과 나눔을 실천, 실행하는 살신성인의 리더십을 가진자요 경천애인 사상으로 오랜 세월 삶으로 열매를 맺는 준비된 지도자라야 합니다.

우리 전국기독인연합회는 이 시대를 위해 준비한 하나님의 예정과 섭리에 의해 탄생된 작은 단체이지만, 분명한 것은 한국 교회와 대한민국의 대안과 희망이 될 것을 약속드리며 권고와 성원을 부탁드리는 바입니다.

2013. 3

전국기독인연합회 대표 회장 이평소 목사

편집후기

당신의 삶은 지금 몇 시인가?

What's Your Time?

목숨을 부지하며 살아가는 사람을 가리켜 인생(人生)이라고 정의하며, 살아서 진행되는 일생을 '삶'이라 한다. 인생은 누구나 자기 몫의 삶을 가지고 생존한다. 그러나 그 '생존하는 몫이 각각 다르다'는 것은 어쩌면 정해진 이치이면서, 이런 물음을 대부분의 사람이 외면하려 한다.

관심을 끌거나 잊으려 한다 해서 망각(忘却)이 되면 좋으련만 사람들이 사는 시간은 그것에 상관없이 계속 흘러가고 있다. 이런 이치를 잘 아는 사람이 '인생이 얼마나 짧은 것'을 알기 위해서 '80살을 하루로 잡고', '아침 7:00부터 밤 12:00까지 당신의 나이가 지금 몇 시를 가르키고 있나 보라'고 했다.

10살, 시간은 오전 3시 00분이며, *20살, 시간은* 오전 6시 00분이며, *30살, 시간은* 오전 9시 00분이며, *40살, 시간은* 오전 12시 00분이며, *50살, 시간은* 오후 3시 00분이며, *60살, 시간은* 오후 6시 00분이며, *70살, 시간은* 오후 9시 00분이며, *80살, 시간은* 오후 12시 00분이라고 한다.

인생은 유한(有限)하지만, 인생이 살았던 업적은 무한(無限)하다. 기왕이면 유한을 가지고 무한을 남기는 삶이 되기 위하여, 우리가 지금 이 땅 위에서 하나님을 섬길 수 있는 시간은 앞으로 얼마나 남아 있는가? 대오각성하여 남은 삶을 미련 없이 주의 영광을 위해 바쳐야 마땅하지 않을까?

'내가 만난 하나님'에 부여하는 의미

What it means to this topic

그러기에 '**내가 만난 하나님**'에 의미를 부여하면서 그로부터 하나님과 관계된 삶, 시간 속에서 삶을 돌아보며 여유와 감동을 자아내 본다. 내가 하나님을 만난 후의 여유와 감동은 곧 목표를 지향하게 되고 그 한곳을 향해 나가고 싶다. 그 목표는 두말할 나위 없이 ***예수 그리스***도이다. 그분 만이 분명한 목표이시다.

우리의 분명한 목표

Our Definite Goal

누가 방황하고 있다면 주님은 길이시오,
누가 헐벗었으면 주님은 의복이 되시며,
누가 굶주림에 처했다면 주님은 빵이 되신다.
누가 종이라면 주님은 자유이시오.
누가 약하다면 주님은 참 능력이 되신다.

죽은 자에게는 생명을, 병든 자에게는 건강을, 눈먼 자에게 보게 함을, 가난한 자에게 부유함을, 상처 입은 자에게 치유함을, 절망에 헤매는 자에게 소망과 위로되시며, 불안과 초조한 자에게 안식과 평안이 되시며, 증오와 갈등에 빠진 자에게 이해와 관용이 되시며, 슬픔과 불행에 젖어있는 자에게 끊임없는 기쁨과 소망이 되시는 ***예수 그리스도는*** 우리의 분명한 목표가 되신다. 샬롬!

_여기까지 이어 온 사역의 여정을 추억하면서…!

내가 만난 하나님

The encounter with God

첫 번째 찍은 날-2021. 06. 15
첫 번째 펴낸 날-2021. 06. 21

글쓴이-이 소 평(舊 李평소)
펴낸이-배 수 영

엮은곳-도서출판 러빙터치 Jesus Loving Touch
펴낸곳-도서출판 러빙터치 Jesus Loving Touch

등록/제25100-2016-000073(2014.2.25)
서울 도봉구 덕릉로 66길 17, 주공 1709동 203호
010-3088-0191
pjesson02@naver.com

저자 : 이소평(舊 이평소)
모빌폰 : 010-6732-1003
사무실 : (02) 487-0087
새생명복음선교회 대표 이소평 목사
Managing Director(Pastor)
New Life Gospel Missionary Society
서울 서초구 서초중앙로 5길 10-8
우성쁘띠오피스텔 10층 1004호